用于国家职业技能鉴定

国家职业资格培训教程

YONGYU GUOJIA ZHIYE JINENG JIANDING • GUOJIA ZHIYE ZIGE PEIXUN JIAOCHENG

智能楼宇管理师

编审委员会

主　任　刘　康

副主任　陈李翔　宋　建

委　员　（按姓氏笔画排序）

牛云陞　王平健　仲　静　张　伟　李奇一

陈　蕾　孟昭鹏　赵　欢　徐　强　徐庆继

黄佩君　康立红

本书编写人员

主　编　牛云陞

副主编　徐庆继　孟昭鹏

编　者　（编者按姓氏笔画排序）

牛云陞　王平健　仲　静　李奇一　张　勇

孟昭鹏　赵晓波　徐庆继　黄佩君　董明忠

戴维兴

ZHINENG

LOUYU

GUANLISHI

中国劳动社会保障出版社

图书在版编目(CIP)数据

智能楼宇管理师/中国就业培训技术指导中心组织编写. —北京：中国劳动社会保障出版社，2007

国家职业资格培训教程

ISBN 978-7-5045-6035-3

Ⅰ.智…　Ⅱ.中…　Ⅲ.智能建筑-管理-技术培训-教材　Ⅳ.TU855

中国版本图书馆 CIP 数据核字(2007)第 116769 号

中国劳动社会保障出版社出版发行

(北京市惠新东街1号　邮政编码：100029)

出 版 人：张梦欣

*

中国标准出版社秦皇岛印刷厂印刷装订　　新华书店经销

787 毫米×1092 毫米　16 开本　18.25 印张　272 千字

2007 年 7 月第 1 版　　2021 年 8 月第 7 次印刷

定价：33.00 元

读者服务部电话：(010) 64929211/84209101/64921644

营销中心电话：(010) 64962347

出版社网址：http://www.class.com.cn

前　言

为推动智能楼宇管理师职业培训和职业技能鉴定工作的开展，在智能楼宇管理从业人员中推行国家职业资格证书制度，中国就业培训技术指导中心在完成《国家职业标准——智能楼宇管理师（试行)》(以下简称《标准》）制定工作的基础上，组织参加《标准》编写和审定的专家及其他有关专家，编写了《国家职业资格培训教程——智能楼宇管理师》(以下简称《教程》)。

《教程》紧贴《标准》，内容上，力求体现“以职业活动为导向，以职业能力为核心”的指导思想，突出职业培训特色；结构上，针对智能楼宇管理师职业活动的领域，按照模块化的方式，分级别编写。《教程》的基础知识部分内容涵盖《标准》的“基本要求”；技能部分的章对应于《标准》的“职业功能”，节对应于《标准》的“工作内容”，节中阐述的内容对应于《标准》的“技能要求”和“相关知识”。

《国家职业资格培训教程——智能楼宇管理师》适用于智能楼宇管理师的培训与鉴定，是职业技能鉴定推荐辅导用书。

本书共分六章，第一章由徐庆继编写；第二章由黄佩君编写；第三章的第一节由戴维兴编写，第二节由孟昭鹏编写，第三节由董明忠、张勇编写；第四章第一、二节由牛云陞编写，第三节由李奇一编写，第四节由仲静编写；第五章由王平健编写；第六章由仲静编写；赵晓波参加了第四章部分内容的编写。其中牛云陞作为主编负责了全书的统稿，徐庆继完成了书中部分章节的统稿。

本书是在国家职业资格培训鉴定实验基地（天津）有关人员的大量工作和积极支持下完成的。与此同时，在编写过程中得到了天津中德职业技术学院、清华同方股份有限公司等单位的大力支持与协助，在此一并表示衷心的感谢。

由于时间仓促，不足之处实所难免。欢迎读者提出宝贵意见和建议。

中国就业培训技术指导中心

目　录

CONTENTS《国家职业资格培训教程》

第一章

综合布线系统的设计与验收

第一节 系统的设计

学习目标

通过学习，掌握综合布线系统的 6 个子系统及综合布线系统各种防护措施的设计方法，掌握相关的设计标准和规范及布线产品的选型原则。

相关知识

一、综合布线系统设计标准

1. 综合布线系统的国际标准

（1）ANSI/EIA/TIA—569《商业大楼通信通路与空间标准》。

（2）ANSI/EIA/TIA —568—A《商业大楼通信布线标准》。

（3）ANSI/EIA/TIA—606《商业大楼通信基础设施管理标准》。

（4）ANSI/EIA/TIA—607《商业大楼通信布线接地与地线连接需求》。

（5）ANSI/TIA TSB—67《非屏蔽对绞线端到端系统性能测试》。

（6）EIA/TIA—570《住宅和 N 型商业电信布线标准》。

（7）ANSI/TIA TSB—72《集中式光纤布线指导原则》。

（8）ANSI/TIA TSB—75《开放型办公室新增水平布线应用方法》。

（9）ANSI/TIA/EIA—TSB—95《4 对 100Ω5 类线缆新增水平布线应用方法》。

2. 综合布线系统的国内标准

（1）GB/T 50311—2000《建筑与建筑群综合布线系统工程设计规范》。

（2）GB/T 50312—2000《建筑与建筑群综合布线系统工程验收规范》。

二、综合布线系统设计指标

综合布线系统的设计指标是指综合布线的通道、缆线及相关连接硬件的技术性能指标。综合布线系统有 A 级、B 级、C 级、D 级和光缆级 5 种应用级别，其中 A 级综合布线系统的最高传输频率为 100 kHz；B 级综合布线系统的最高传输频率为 1 MHz；C 级综合布线系统的最高传输频率为 16 MHz；D 级综合布线系统的最高传输频率为 100 MHz；光缆级综合布线系统所支持的传输频率为 10 MHz 以上。

三、综合布线系统的设计等级

综合布线系统的设计要遵循一定的设计等级。目前，综合布线系统分为基本型、增强型和综合型 3 种设计等级。它们都能支持语音、数据等系统，在设备配置和特点及适用场合方面有所不同，可以满足不同用户的实际需要。而且这 3 种等级的综合布线系统可以相互衔接，能够随着用户客观需要的变化，逐步增加、完善和提高通信功能。

1. 基本型

（1）基本型有如下的配置

1）每个工作区有 1 个信息插座。

2）每个信息插座最少配置 1 条 4 对非屏蔽对绞线电缆。

3）接续设备全部采用夹接式交接硬件。

4）每个工作区的干线电缆至少有 2 对对绞线。

（2）基本型有以下特点

1）能支持语音、数据或高速数据系统。

2）能支持多种计算机系统的数据传输。

3）工程造价较低，且能够适应今后发展要求，可逐步向高级的综合布线系统发展。

4）技术要求不高，日常维护管理方便。

5）采用气体放电管式过压保护和能够自复的过流保护。

2. 增强型

（1）增强型的设备配置如下

1）每个工作区有 2 个以上的信息插座。

2）每个工作区的配线电缆最少是 2 条 4 对非屏蔽对绞线电缆。

3）接续设备全部采用夹接式或插接式交接硬件。

4）每个工作区的干线电缆至少有 3 对对绞线。

（2）增强型有以下特点

1）每个工作区有 2 个以上的信息插座，功能齐全，能适应发展要求。

2）任何一个信息插座都可提供语音和数据处理等多种服务。

3）维护管理简单方便。

4）能适应多种产品的需要，适应性强、经济有效。

5）采用气体放电管式过压保护和能够自复的过流保护。

3. 综合型

综合型综合布线系统的特征是把光缆纳入了综合布线系统。

（1）综合型的设备配置如下

1）综合型一般在建筑群子系统和建筑物垂直干线子系统上根据需要采用光缆。

2）每个工作区的设备配置能满足各种类型的配备要求。

（2）综合型有以下特点

1）每个工作区有 2 个以上的信息插座，灵活机动、功能齐全。

2）任何一个信息插座都可提供语音和数据处理等多种服务。

3）以光缆为主与铜缆混合组网。

4）维护管理简单方便。

5）能适应多种产品的需要，适应性强、经济有效。

四、综合布线系统产品的选型

综合布线是智能建筑内的一项基础设施，其质量的好坏关系到整个建筑的使用性能。因此，对综合布线系统相关设备和器材的选型是一个非常关键的环节。

1. 综合布线系统产品的选型原则

在对综合布线系统产品进行选型时，一般按以下原则考虑：

（1）必须结合工程的实际情况

选型的目的是为了更好地为用户的需要服务，因此，在进行产品选型时要结合工程实际情况，根据智能化建筑的主体性质、所处地位、使用功能、建设规模、客观环境等特点，在满足用户目前及将来使用要求的前提下，选择性价比相对合理的综合布线系统产品。

（2）必须符合产品标准

所选产品应符合我国国情和有关技术标准（包括国际标准和我国的国家标准及行业标准等），同时还应符合设计中的规定，未经设计单位同意，不应采用其他产品代用。

（3）应坚持近期和远期相结合的原则

在综合布线系统工程设计中，首先应考虑智能建筑近期的信息业务和网络结构等需要，再适当预留一定的发展余地（包括技术性能和设备容量等），以便适应相当一段时期的发展需要。

（4）应按照系统特点服从整体的原则

综合布线系统存在的目的是为了解决智能建筑中各种信息系统的布线部件各不相同难以互通的问题，因此，具有较强的系统性和整体性。目前综合布线系统的产品较多，不同的产品在部件结构、容量配置、规格尺寸、技术性能、可靠程度等方面存在一定差异，且无互换性。因此，在产品选型时应从全局考虑，根据系统的特点选用一家既符合现行标准，又认证合格的产品，避免因选用多家产品而在技术性能和可靠程度等方面出现互不匹配的现象，影响综合布线系统的整体性能。

（5）应按照技术先进和经济合理相统一的原则

目前，我国已有相应的标准对综合布线系统的系统指标做了规定。综合布线系统进行产品选型时，所选产品（包括设备和器材）的各项技术性能指标一般应高于系统指标，以保证全系统的技术性能指标达到要求。但要注意所选产品的技术指标也不能太高，因为这样会大大增加工程造价，造成经济上的浪费。

2. 综合布线系统的主要产品

（1）美国朗讯科技（Lucent Technologies）公司的结构化综合布线系统

朗讯科技公司的前身是 AT&T 公司，它是综合布线的先驱，其产品严格遵循 EIA/TIA 568—A 标准。

（2）美国安普（AMP）开放式布线系统

安普公司设计生产了 AMP NETCONNECT 布线系统，该系统完全符合国际布线标准，可应用于任何网络结构，并提供极其灵活的拓展特性以适应未来的变化。

（3）美国西蒙（SIEMON）公司系列产品

美国西蒙公司是智能布线专业制造厂商，拥有符合国际标准的全套布线系列产品，涉及终端、跳接、保护、标识、测试等各个领域，并在全球率先推出 6 类全系列产品及系统。

（4）美国 IBM 先进布线系统

IBM 先进布线系统向用户提供了一套完整的、高质量的布线系统。不仅能满足用户当前的需要，而且还考虑了未来高速网络技术的发展，具有很强的适应性、可扩展性、可靠性和长远效益。

（5）南京普天综合布线系统

南京普天主要综合布线产品包括非屏蔽布线产品、屏蔽布线产品、光纤产品等。南京普天是国内最大的综合布线产品及配线设备生产供应商之一，产品性能完全满足国际及国内标准。

能力要求

一、综合布线子系统设计

1. 工作区子系统设计

工作区子系统位于终端设备接线处和信息插座之间，由信息插座、连接软线和适配器组成，如图 1—1 所示。

在综合布线系统工程中，施工人员接触到的工作区子系统的设备一般仅是信息插座，其他的设备可以在系统运行时根据实际需要随时添加。

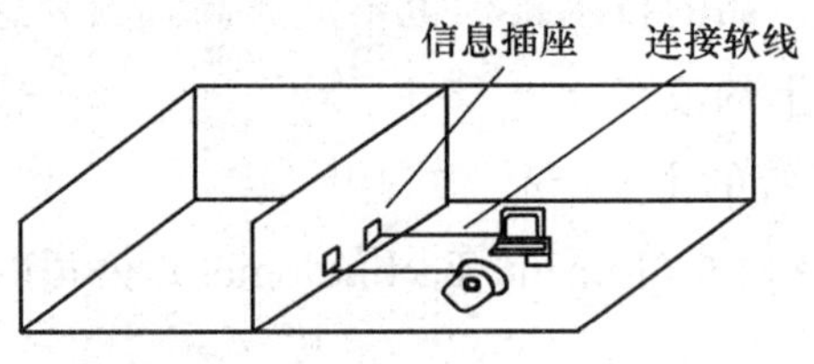

图 1—1　工作区子系统

所以，工作区子系统的设计也可以说是对信息插座的设计。

工作区子系统的设计步骤如下：

(1) 确定信息插座的接线方式

目前，对绞线电缆与信息插座的端接有 T568A 和 T568B2 个国际标准，在设计中要注意同一个综合布线系统中只能使用一种标准，2 个标准在同一工程中不能混用。

(2) 确定信息插座的类型

信息插座模块有 3 类、5 类、超 5 类、6 类等多种类型，一般在未来使用要求还不明确的情况下，宜全部采用 5 类以上级别的线缆和插座。在使用要求明确的情况下，可以在满足用户要求的前提下尽量降低综合布线系统的投资。

(3) 估算信息插座的数量

1) 确定工作区子系统的服务面积。一个工作区的面积一般在 5～10 m^2之间，也可根据不同的应用环境对服务面积做出调整。

2) 计算工作区的数量。工作区的数量＝工作区的总面积/一个工作区的服务面积。

3) 估算信息插座的数量。信息插座的数量＝工作区的数量×一个工作区内信息插座的数量。

(4) 确定信息插座的安装方式

新建筑物的信息插座通常采用暗装方式，旧建筑物的信息插座一般采用明装方式。

2. 水平子系统设计

水平布线子系统的功能是将干线子系统线路延伸到用户工作区。该系统从各个楼层配线间出发，连向各个工作区的信息插座。水平子系统如图 1—2 所示。

水平子系统对布线的距离有着严格的规定，从楼层配线架的机械终

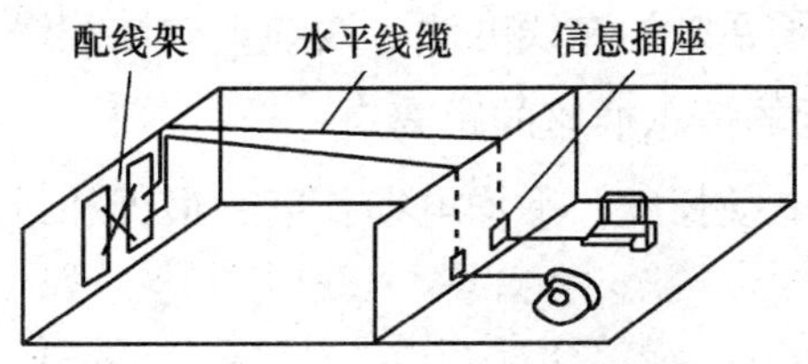

图 1—2　水平子系统

端到信息插座之间缆线的最大长度为 90 m。另外还有 10 m 长的软缆，这 10 m 软缆包含工作区的电缆或光缆及楼层配线架上接插软线或跳线。其中接插软线或跳线的长度不应超过 5 m，并要求整个系统要一致。

在楼层配线架和信息插座之间根据需要可以设置转接点，但要求最多转接一次，且要保证整个水平电缆最大长度 90 m 的要求不变，否则会使电缆的传输特性恶化而降低通信质量。

水平子系统的设计步骤如下：

（1）确定电缆类型

水平子系统目前多采用超 5 类 4 对对绞线，对于用户有更高要求的场合，可采用 6 类对绞线或采用光纤直接到信息插座的方案。

（2）确定布线方式

水平布线的方式有很多，需要根据建筑物的特点及用户的不同需要灵活掌握。一般多采用图 1—3 所示的吊顶线槽和墙壁暗管相结合的布线方式。对于大开间的办公场所，一般采用地板下线槽布线法和地板下管道布线法。

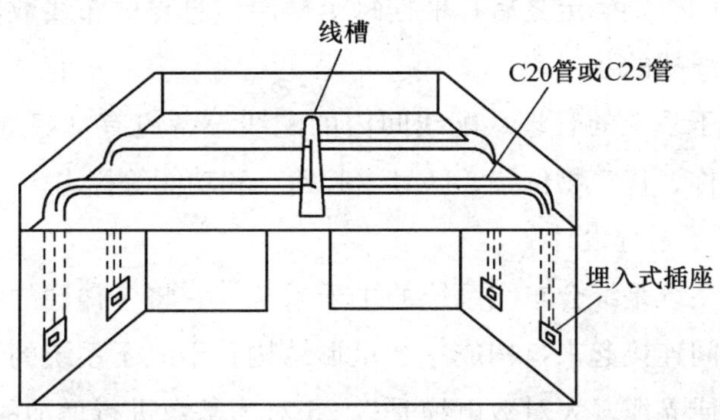

图 1—3　吊顶线槽和墙壁暗管相结合的布线方式

（3）确定电缆长度

1）根据水平子系统的布线方法、线缆走向和配线间的位置来确定离配线间最远和最近的信息插座的距离。

2）求出平均电缆长度。平均电缆长度＝最近和最远的两条电缆的总长的1/2。

3）计算总电缆长度。总电缆长度＝［平均电缆长度＋备用部分（平均长度的10%）＋端接冗余6 m（变量）］×信息点数量。

4）估算总订购线缆箱数。总订购线缆箱数＝电缆总长度（m）/305（m）。

3．管理子系统设计

管理子系统设置在每层楼的交接间内，除了起到连接干线子系统和水平子系统的作用外，还能对本层信息点进行管理。管理子系统的主要设备是配线架，因此，该子系统的设计主要是确定配线架的类别及配线架的数量。

（1）确定配线架的类别

配线架分为光纤配线架和对绞线配线架2类，具体使用哪类取决于布线系统使用哪类传输介质。如果布线系统的传输介质是光纤，就应选用光纤配线架；如果布线系统的传输介质是对绞线电缆，就应选用对绞线配线架。对绞线配线架又有多对数型和快接型之分。其中快接型适用于信息点较少，用户经常对线路进行修改、移位或重组的场合；多对数配线架适用于信息点较多且线路基本固定的场合。

（2）计算管理子系统配线架容量

配线架的类别确定之后，根据每个楼层信息点的布线数量即可算出所需楼层配线架的数量。

为了便于系统的管理，配线间内的配线设备应有良好的系统标志，如建筑物名称、建筑物位置、区号、起始点和功能等标志。

4．干线子系统设计

干线子系统是综合布线系统的主干系统，它将各楼层的配线间与本大楼的设备间连接起来，构成一个星形结构。干线子系统的硬件主要是大对数电缆或光缆。大对数电缆是以25对为基数进行增加的，每25对线组成一束，每束线为一个独立单元。在使用中要注意同一束线中不能出现不同功能的线对，以免相互干扰。干线光缆一般采用六芯多模光缆。

（1）干线子系统的传输距离

干线子系统传输距离的原则是：如果使用多模光纤，传输距离可达2000 m。使用大对数电缆，当要求带宽大于5 MHz时，线缆长度不宜超过90 m，当带宽要求小于5 MHz时，最长能到800 m。

（2）确定干线电缆的连接方法

干线电缆的连接方法有点对点端接法、分支递减端接法和直接连接法3种。

1）点对点端接方法。点对点端接方法是最简单、最直接的连接方法。它要求只用一根电缆独立供应整个一层楼，干线子系统每根电缆从设备间引出直接延伸到指定的楼层和交接间。点对点端接方法如图1—4a所示。

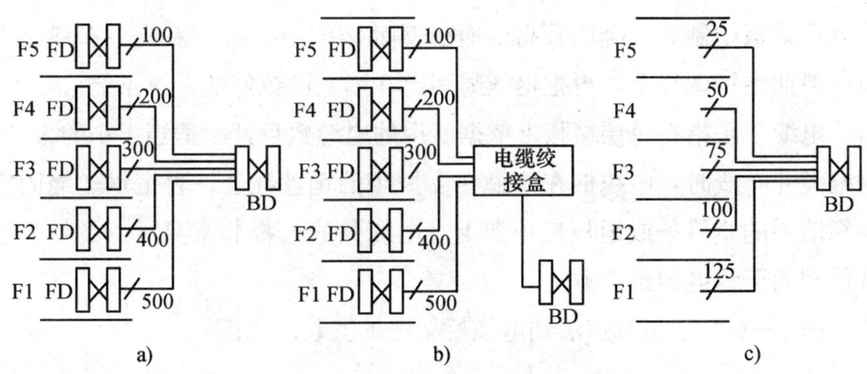

图1—4　干线电缆的连接方法

a）点对点端接法　b）分支递减端接法　c）直接连接法

2）分支递减端接法。分支递减端接方法是用1根大容量干线电缆（其容量足以供应若干个交接间或若干楼层），经过电缆接头保护箱分出若干根小容量电缆，这些小容量电缆分别延伸到每个交接间或每个楼层，并端接于目的地的连接硬件。分支递减端接方法如图1—4b所示。

3）直接连接方法。直接连接方法是将线缆直接从设备间敷设到各信息插座的一种连接方法，这种方法一般在整个综合布线系统信息点的数量较少的情况下采用。直接连接方法如图1—4c所示。

（3）确定干线电缆的布线方式

垂直干线通道有电缆孔法和电缆井法2种布线方式可供选择，水平干线通道也有管道法和电缆桥架法可供选择。

图1—5所示是电缆井法和电缆孔法的安装示意图。

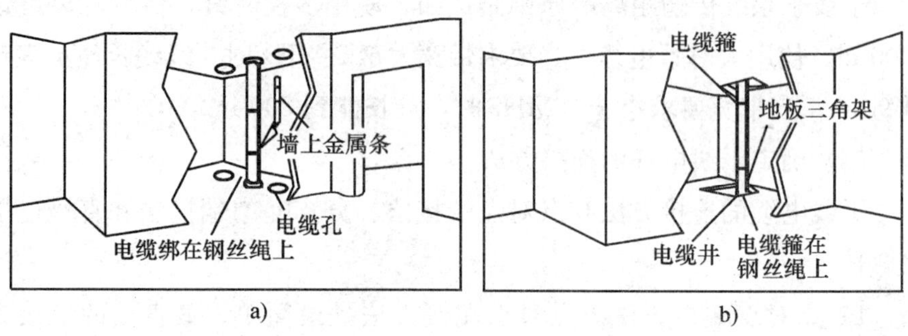

图 1—5　电缆孔法和电缆井法安装示意图

a）电缆孔法　b）电缆井法

干线通道所用的电缆孔是在浇注混凝土地板时将直径 10 cm 的金属管嵌在地板中制成，金属管高出地板表面 2.5～10 cm。在进行布线时电缆一般捆在钢丝绳上，再把钢丝绳固定在墙上已钉好的金属条上。

电缆井是指在每层楼板上依据所用的电缆数目开出适当大小的方孔。用电缆井布线时，电缆捆在或箍在支撑用的钢丝绳上，再把钢丝绳固定在靠墙上的金属条或地板三角架上。电缆井的选择非常灵活，是目前经常使用的干线电缆敷设方法。

图 1—6 所示是管道法和电缆桥架法的安装示意图。

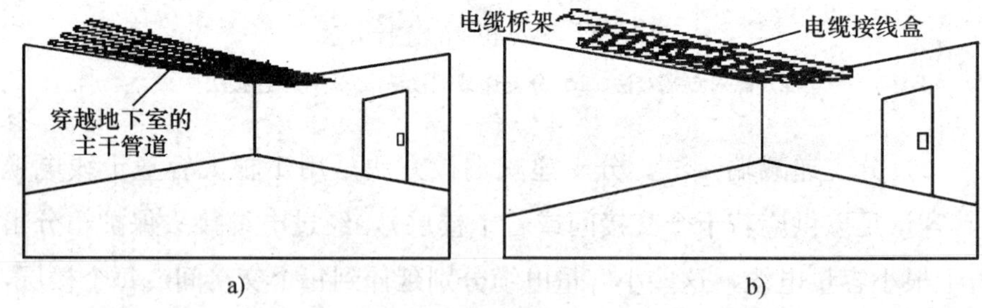

图 1—6　管道法和电缆桥架法安装示意图

a）管道法　b）电缆桥架法

在开放式通路和横向干线走线系统中（如穿越地下室），管道对电缆起机械保护作用。管道不仅有防火的优点，而且它提供的密封和坚固的空间使电缆可以安全地延伸到目的地。但是管道很难重新布置，因而不太灵活。

在利用电缆桥架布线时，将电缆固定在桥架上，由固定卡子固定，必要时还要在桥架下方安装电缆绞接盒，以保证在桥架上方已装有其他电缆时可以接入电缆。

(4) 计算干线子系统缆线用量

1) 干线子系统使用大对数电缆时，线缆用量的计算按下列步骤进行：

①根据各楼层工作区的数量及每个工作区所需干线电缆的对数计算各层干线子系统电缆对数。

②根据各楼层干线子系统电缆总对数和电缆的规格选择电缆，并计算各层所需干线电缆的根数。

③计算各层干线子系统电缆长度。每根电缆长度＝层交接间至设备间的距离＋电缆预留长度（一般为 6～12 m）。

干线子系统电缆总长度计算按电缆的规格分别合计。

2) 干线子系统使用光缆时，线缆用量的计算按下列步骤进行：

①计算每根光缆长度。每根光缆长度＝层交接间至设备间的距离＋光缆预留长度（一般为 10～12 m）。

②按光缆的规格，分别合计出光缆总长度。

5. 设备间子系统设计

设备间是指在每一幢建筑物适当的地点设置进线设备，进行网络管理且有管理人员值班的场所。设备间子系统可以说是整个综合布线系统的中心单元，它可以完成各个楼层水平子系统之间的通信线路的调配、连接和测试等任务，还与建筑外的公用通信网连接形成对外传输的通道。其硬件大致与管理子系统的硬件相同，基本是由光纤、铜线电缆、配线架及跳线构成，只不过规模比管理子系统大得多，并且有时要增加防雷、防过压、防过流的保护设备。

设备间子系统硬件方面的设计在管理子系统的设计中已经讲道。在这里我们主要考虑设备间的位置、大小和环境要求。

(1) 设备间的位置要求

设备间的位置一般应按下列原则确定：

1) 设备间应尽量建在干线子系统的中间位置。

2) 设备间应尽量靠近建筑物电缆引入区和网络接口。

3) 设备间应尽量避免设在建筑物的高层或地下室以及用水设备的下层。

4）设备间应尽量远离强振动源和强噪声源。

5）设备间应尽量避开强电磁场的干扰源。

6）设备间应尽量远离有害气体源以及存放腐蚀、易燃、易爆物的地点。

7）设备间的位置应便于接地。

（2）设备间的建筑要求

1）设备间的最小面积至少应为 14 m^2，根据实际需要还可相应地扩大。

2）设备间的净高不应小于 2.7 m。

3）设备间内应铺设架空地板、地面线槽或网络地板，为地下配线提供方便。楼板活载荷按 5 000～7 500 Pa 设计。

4）设备间周围维护结构的构造和材料应满足保温、隔热、防火等要求。

5）设备间室内装饰应选用气密性好、不起尘、易清洗，在温度、湿度变化作用下变形很小的材料。

6）设备间内应禁止不相关的管道穿过。

（3）设备间的照度要求

1）设备间内距地 0.8 m 处的照度不应低于 200 lx，事故照明距地 0.8 m 处的照度不应低于 5 lx。

2）灯具应选用无眩光灯具或眩光指数为 1 级的灯具。

（4）设备间的温度、湿度要求

设备间温度应保持在 10～30℃之间，相对湿度应保持在 20%～80%，并能实现自动调节和控制。

6. 建筑群子系统设计

建筑群子系统的硬件由建筑群配线架、大对数铜缆（或光缆）构成。由于建筑群子系统是户外敷设，与室内敷设的电缆相比，在外层保护上有所不同，以适应户外使用。对于进入建筑物的外线一定要接入独立的配线架，对于铜缆要进行电气保护，以保护接入设备不受过流过压的损坏；对于光缆不必进行电气保护。建筑群子系统的电缆可以采用架空敷设、直埋敷设、地下管道敷设、巷道敷设或者这四种敷设方式的任意组合进行敷设。

建筑群电缆布线方案的设计，一般应按如下步骤进行：

（1）确定敷设现场的特点。

（2）确定建筑物的电缆入口。

（3）确定明显障碍物的位置。

（4）确定主电缆路由和候选电缆路由。

（5）选择所用电缆类型和规格。

（6）确定每种选择方案的劳务成本。

（7）确定每种选择方案的材料成本。

二、综合布线系统防护设计

综合布线系统的防护设计是系统工程设计中的一个组成部分，它的主要内容是各种缆线和配线设备的选用和接地系统的设计两部分。所涉及的内容不是很多，但它是综合布线系统工程设计的关键环节，对于保证综合布线系统的正常运行起着重要作用。

1. 缆线和配线设备的选用

综合布线系统各种缆线和配线设备的选用宜符合以下要求：

（1）当综合布线系统所在的周围环境干扰场强度或综合布线系统的噪声电平低于防护标准（综合布线系统发射干扰波场强限值见表 1—1）的规定时，可以选用非屏蔽缆线系统和非屏蔽配线设备。

表 1—1　　　综合布线系统发射干扰波场强限值

设备类别和测量距离 / 干扰波场强限值		A 类（第三产业）设备 30 m	B 类（住宅）设备 10 m
频率范围	30～230 MHz	30 dBμV/m	30 dBμV/m
	230 MHz～1 GHz	37 dBμV/m	37 dBμV/m

（2）综合布线系统的周围环境干扰强度或综合布线系统的噪声电平均高于防护标准的规定时，应根据其超过标准的量级大小，选用 FTP、SFTP 和 STP 等不同屏蔽结构的缆线系统和具有屏蔽性能的配线设备。此外，如果综合布线系统距离其他干扰源的间距（综合布线系统与其他干扰源的间距要求见表 1—2）不能满足要求时，应采取适当的保护措施。

（3）如果综合布线系统的周围环境干扰场强度很高，采用屏蔽系统也无法满足各项标准的规定时，应采用光缆系统。

表 1—2　　　　综合布线系统与其他干扰源的间距

类别	与综合布线接近状况	最小净距（mm）
380 V 电力电缆小于 2 kV·A	与缆线平行敷设	130
	有一方在接地的金属线槽或钢管中	70
	双方都在接地的金属线槽或钢管中	10（平行长度不大于 10m）
380 V 电力电缆 2～5 kV·A	与缆线平行敷设	300
	有一方在接地的金属线槽或钢管中	150
	双方都在接地的金属线槽或钢管中	80
380 V 电力电缆大于 5 kV·A	与缆线平行敷设	600
	有一方在接地的金属线槽或钢管中	300
	双方都在接地的金属线槽或钢管中	150
荧光灯、氩灯、电子启动器或交感性设备	与缆线接近	15～30
无线电发射设备	与缆线接近	大于等于 150
配电箱	与配线设备接近	大于等于 100
电梯	尽量远离	大于等于 200

（4）当智能建筑内的用户对综合布线系统中传送的信息有保密要求时，应采用具有屏蔽性能的配线设备和电缆或采用光缆系统。

2. 接地系统设计

在智能建筑综合布线系统中，缆线与相关连接硬件的接地是提高系统可靠性、抑制噪声、保障安全的重要手段。在现代建筑中，综合布线系统的各种接地都独立设置且保持相应的间距是很难办到。因此，推荐采用联合接地方式，即利用建筑柱筋作接地引下线，利用建筑物基础内的钢筋网作为自然接地体，使整个建筑的接地系统组成一个均压整体。

接地系统的设计应按下述层次进行：

（1）接地线

接地线是综合布线系统的各种设备与接地母线之间的铜连接绝缘导线，其截面积应不小于 4 mm^2。当综合布线系统的电缆采用金属管槽敷设时，应保持良好的电气连接，并在管槽两端有良好的接地。

（2）接地母线

接地母线是水平布线与系统接地线的公用中心连接点，应为不小于6 mm厚、50 mm宽的铜母线。综合布线系统所用的配线柜、金属架及接地干线均应与本层楼的接地母线焊接。

（3）接地干线

接地干线应为截面积不小于16 mm^2的铜绝缘导线，由主接地母线引出，连接所有接地母线。

（4）主接地母线

一般每栋建筑物都有一个主接地母线，它是综合布线接地系统中接地干线及设备接地线的转接点，接地引入线、接地干线、建筑物引入外线的屏蔽层或金属护管等均应与主接地母线有良好的焊接。主接地母线截面积为6～100 mm^2 的铜母线。

（5）接地引入线

接地引入线是主接地母线与接地体之间的接地连接线，一般采用经过绝缘防腐处理的镀锌扁钢。接地引入线的出土部分应有防机械损伤措施，并不宜与暖气管道同沟布放。

（6）接地体

综合布线系统若采用独立接地，接地体的接地电阻应不大于4 Ω，且距离建筑物防雷系统接地体不小于2 m，距离低压交流供电系统的接地体不小于10 m。

采用联合接地时，联合接地的接地电阻要求小于等于1 Ω，以限制接地装置上的高电位值出现。

3. 防火保护

智能化建筑中的防火极为重要，在综合布线系统的工程设计中应注意以下两点：

（1）在智能建筑中的易燃区域或上升房内，综合布线系统所有的电缆或光缆必须设有阻燃护套。如果这些缆线是穿放在不可燃管道内，或在每个楼层均采用切实有效的防火措施，可以不设阻燃护套。

（2）在易燃的区域或上升房中所有敷设的电缆或光缆宜选用防火、防毒的电缆。由于此种线缆的价格较高，一般只在限定的易燃区域和电缆竖井中采用。此外，设备间也应采用阻燃型设备。

第二节　系统的验收

学习目标

通过学习，掌握综合布线系统工程验收的项目、内容，能够编制工程竣工文件。

相关知识

一、工程验收的依据和原则

1. 综合布线系统工程应按《建筑与建筑群综合布线系统工程验收规范》(GB/T 50312—2000）中规定的性能要求进行验收。

2. 综合布线系统缆线链路的电气性能验收测试应按《综合布线系统电气特性通用测试方法》（YD/T 1013—1999）的规定办理。

3. 综合布线系统工程的验收除应符合上述规范外，还应符合我国现行的《本地网通信线路工程验收规范》（YD 5051—1997）和《通信管道工程施工及验收技术规范》（YD 5103—2003）中的相关规定。

4. 在综合布线系统的施工和验收中，如果遇到上述各种规范未包括的技术标准和技术要求，可以按照有关设计规范和设计文件的要求办理。

需要注意的是上述标准仅保证在目前是有效的，因为随着综合布线系统技术的发展，这些标准必然会被进一步地补充和完善。所以在工程验收时，要密切注意有关部门有无发布新规定，以便结合实际情况进行工程验收。

二、工程验收的项目

综合布线系统工程验收项目及内容见表 1—3。在验收中如果发现有不合格的项目，应由主持工程验收的部门、单位查明原因，分清责任，并及时解决，以确保工程质量。

表 1—3　　综合布线系统工程验收项目及内容

阶段	验收项目	验收内容	验收方式
一、施工前检查	1. 环境要求	(1) 土地施工情况：地面、墙面、门、电源插座及接地装置 (2) 土建工艺：机房面积、预留孔洞 (3) 施工电源 (4) 地板铺设	施工前检查
	2. 器材检验	(1) 外观检查 (2) 型式、规格、数量 (3) 电缆电气性能测试 (4) 光纤特性测试	施工前检查
	3. 安全、防火要求	(1) 消防器材 (2) 危险物的堆放 (3) 预留孔洞防火措施	施工前检查
二、设备安装	1. 交接间、设备间、设备机柜、机架	(1) 规格、外观 (2) 安装垂直、水平度 (3) 油漆不得脱落 (4) 各种螺钉必须紧固 (5) 抗震加固措施 (6) 接地措施	随工检验
	2. 配线部件及8位模块式通用插座	(1) 规格、位置、质量 (2) 各种螺钉必须拧紧 (3) 标志齐全 (4) 安装符合工艺要求 (5) 屏蔽层可靠连接	随工检验
三、电、光缆布放（楼内）	1. 电缆桥架及线槽布放	(1) 安装位置正确 (2) 安装符合工艺要求 (3) 符合布放缆线工艺要求 (4) 接地	随工检验
	2. 缆线暗敷（包括暗管、线槽、地板等方式）	(1) 缆线规格、路由、位置 (2) 符合布放缆线工艺要求 (3) 接地	隐蔽工程签证

续表

阶段	验收项目	验收内容	验收方式
四、电、光缆布放（楼间）	1. 架空缆线	(1) 吊线规格、架设位置、装设规格 (2) 吊线垂度 (3) 缆线规格 (4) 卡、挂间隔 (5) 缆线的引入符合工艺要求	随工检验
	2. 管道缆线	(1) 使用管孔孔位 (2) 缆线规格 (3) 缆线走向 (4) 缆线的防护设施的设置质量	隐蔽工程签证
	3. 埋式缆线	(1) 缆线规格 (2) 敷设位置、深度 (3) 缆线的防护设施的设置质量 (4) 回土夯实质量	隐蔽工程签证
	4. 隧道缆线	(1) 缆线规格 (2) 安装位置，路由 (3) 土建设计符合工艺要求	隐蔽工程签证
	5. 其他	(1) 通信线路与其他设施的距离 (2) 进线室安装、施工质量	随工检验或隐蔽工程签证
五、缆线终接	1. 8位模块式通用插座 2. 配线部位 3. 光纤插座 4. 各类跳线	符合工艺要求	随工检验
六、系统测试	1. 工程电气性能测试	(1) 连接图 (2) 长度 (3) 衰减 (4) 近端串扰（两端都应测试） (5) 设计中特殊规定的测试内容	竣工检验
	2. 光纤特性测试	(1) 衰减 (2) 长度	竣工检验
七、工程总验收	1. 竣工技术文件	清点、交接技术文件	竣工检验
	2. 工程验收评价	考核工程质量，确认验收结果	

能力要求

一、综合布线工程的验收

1. 器材的验收

（1）各种型材的材质、规格、型号要符合设计文件的规定，表面应光滑、平整、无变形和断裂。预埋金属线槽、过线盒、接线盒及桥架表面的涂覆或镀层应均匀、完整，无变形和损坏。

（2）管材采用钢管、硬质聚氯乙烯管时，管身应光滑、无伤痕，管孔应无变形，同时管材的孔径、壁厚也应符合设计要求。

（3）管道采用水泥管时，应按照通信管道工程施工及验收相关规定进行检验。

（4）各种铁件的材质、规格均应符合质量标准，不应出现歪斜、扭曲、毛刺、破损等现象。

（5）铁件的表面处理和镀层应均匀、完整、光洁，不应出现脱落、气泡等缺陷。

2. 设备的验收

（1）系统交接设备的型号、规格应符合设计要求。

（2）系统交接设备的编排及标志名称应与设计相符。各类标志应统一，并保证标志位置正确、清晰。

（3）有关对绞电缆电气性能、力学特性、光缆传输性能以及接插件的具体技术指标和要求应符合设计要求。

3. 线缆敷设的验收

（1）线缆的型号、规格应与设计规定相符。

（2）线缆中间不允许有接头，以免影响系统的传输性能。

（3）线缆的布放应自然平直，不得产生扭绞、打圈等现象，不应受外力的挤压而损伤。

（4）线缆两端应贴有标签并标明编号，标签书写应清晰、端正和正确。标签应选用不易损坏的材料。

（5）线缆终接后应有余量。交接间、设备间对绞电缆预留长度宜为 0.5～1.0 m，工作区为 10～30 cm；光缆布放宜盘留，预留长度宜为 3～5 m，有特殊要求的应按设计要求预留长度。

（6）线缆的弯曲半径应符合以下要求：

1）非屏蔽 4 对对绞线电缆的弯曲半径应不小于电缆外径的 4 倍。

2）屏蔽 4 对对绞线电缆的弯曲半径应至少为电缆外径的 6 倍。

3）主干对绞电缆的弯曲半径应不小于电缆外径的 10 倍。

4）光缆的弯曲半径应至少为光缆外径的 15 倍。敷设光缆时要求弯曲半径为光缆的 20 倍。

（7）电源线、综合布线系统缆线应分隔布放，缆线间的最小净距应符合设计要求，并应符合表 1—2 的规定。

（8）暗管敷设时，与其他管线的最小距离应符合表 1—4 中的要求。

表 1—4　　综合布线系统暗管敷设与其他管线最小净值

管线种类	平行净距（mm）	垂直交叉净距（mm）
避雷引下线	1 000	300
保护地线	50	20
热力管（不包封）	500	500
热力管（包封）	300	300
给水管	150	20
煤气管	300	20
压缩空气管	150	20

（9）预埋线槽和暗管敷设缆线验收应符合以下要求：

1）敷设线槽的两端宜用标志表示出编号和长度等内容。

2）直线管道的管径利用率为 50％～60％，弯管道应为 40％～50％。暗管布放 4 对对绞电缆或 4 芯以下光缆时，管道的截面利用率应为 25％～30％。预埋线槽宜采用金属线槽，线槽的截面利用率不应超过 50％。

（10）电缆桥架和线槽敷设线缆验收应符合以下要求：

1）线槽内缆线布放应顺直，尽量不交叉，在缆线进出线槽部位、转弯处应绑扎固定，其水平部分线缆可以不绑扎。垂直线槽布放的缆线应每间隔 1.5 m 在线缆支架上进行固定。

2）应将在电缆桥架内垂直敷设的线缆的端部及每间隔 1.5 m 处固定在桥架的支架上；电缆桥架水平敷设线缆应在水平敷设线缆的首、尾、转弯及每间隔 5～10 m 处进行固定。

3）在水平、垂直桥架和垂直线槽中敷设的线缆应进行绑扎。间距应均匀，松紧适度。

4. 线缆终接的验收

（1）对绞线电缆终接的验收

1）线缆终接处必须牢固、接触良好，以保证系统能够正常运行。

2）终接时，每对对绞线应保持扭绞状态，扭绞松开长度对于 5 类线不应大于 13 mm。

3）对绞线在与 8 位模块式通用插座相连时，必须按色标和线对顺序进行终接。

4）对绞电缆与插接件应按照线号及线位色标连接，不得颠倒和错接。

5）屏蔽对绞电缆的屏蔽层与接插件终接处屏蔽罩必须可靠接触，线缆屏蔽层应与接插件屏蔽罩 360°圆周接触，接触长度不宜小于 10 mm。

（2）光缆芯线终接的验收

1）在连接盒中光纤的弯曲半径应符合安装工艺要求。

2）光纤熔接处应加以保护和固定，使用连接器以便于光纤的跳接。

3）光纤连接盒面板应有标志。

4）光纤连接损耗值，应符合表 1—5 的规定。

表 1—5　　光纤连接损耗

连接类别	光纤连接损耗（dB）			
	多模		单模	
	平均值	最大值	平均值	最大值
熔接	0.15	0.3	0.15	0.3

（3）各类跳线的终接验收

1）各类跳线线缆和接插件间应接触良好，接线无误，标志齐全。跳线选用类型应符合系统设计要求。

2）各类跳线长度应符合设计要求，一般对绞电缆跳线不应超过 5 m，光缆跳线不应超过 10 m。

5. 系统性能的验收

综合布线系统性能的验收是通过专用检测设备测量系统链路的性能指标是否符合相关标准中的规定值，测试的方法及性能指标要求请参阅《国家职业资格培训教程——助理智能楼宇管理师》第一章第二节。

二、竣工技术文件的编制

为了便于工程验收，施工单位应及时编制竣工技术文件，并在工程验收前交给建设单位。综合布线系统工程的竣工技术文件应包括以下内容：

1. 安装工程量

安装工程量指综合布线系统工程的主要安装工作量，如水平布线的缆线长度、主干布线的缆线规格和长度、楼层配线架的规格和数量等。

2. 工程说明

工程说明内容包括工程中重要部位或关键部位的施工说明。

3. 设备、器材明细表

设备、器材明细表即将整个工程所用的设备、材料进行统计，清晰地列出型号、规格、数量和产地。

4. 竣工图

要求竣工图为最终的施工设计图。如果施工中仅有少量修改，可利用原工程设计图进行更改补充，不需再重作竣工图。如果施工中改动较大，竣工图应重新制作。

5. 测试记录

测试记录是指工程中各项技术指标和技术要求的测试记录，如缆线的主要电气性能、光缆的光学传输特性等测试数据。测试记录应采用中文。

6. 洽商记录

施工中修改变更原设计或采取相关技术措施时由建设、设计、施工等单位之间对这些变动情况进行的洽商记录。

7. 随工验收记录

随工验收记录设备安装和缆线敷设工序告一段落时工程监理人员随工检查后的证明记录。

8. 隐蔽工程签证

直埋电缆或地下电缆管道等隐蔽工程经工程监理人员认可的签证。

竣工技术文件应做到内容齐全、数据准确、条理清楚、外观整洁、图表内容清晰，不应出现遗漏、错误、彼此脱节、相互矛盾等现象。

竣工技术文件通常要求一式三份，如确有需要可增加份数。

第二章

火灾自动报警及消防联动系统的管理

第一节 系统的接收

学习目标

通过学习，掌握组织系统验收的方法，掌握火灾自动报警系统运行条件，以便于完成系统的交接工作。

相关知识

一、编程的方法

火灾自动报警及消防联动系统的线路和设备施工安装完后，要通过编程，使各个元件有机地联系起来，组成一个整体。使每个元件编上唯一的号码，按规定的逻辑关系进行组合，达到消防功能所需要动作的要求。它是调试前必要的一个步骤。编程在控制器主机上进行。完成编程有 2 个步骤，即器件编程和联动编程。

1. 器件编程

对每一个器件，即探测器、手报按钮、信号模块、控制模块及专用模块，凡有地址码的元件，应将其设备类型、地址码、所在位置的汉字逐一填写。信号总线上的各个器件才能在联动编程中得以体现。

2. 联动编程

不同厂家、不同型号的产品编程语言表达方式不同，一个条件语句（输入项），一个结果语句（输出项），它们要遵循的逻辑关系应符合消防规范的要求。联动关系见表 2—1。

表 2—1 联动关系表

输入项——条件	输出项——联动
任何一个报警点：感烟、感温、消火栓、手报（经确认）	启动相关层的广播、声光报警器、警铃 打开排烟口、排烟风机 电梯迫降到一层 本层电源强切
卷帘门两侧的烟感、温感	烟感降到 1.8 m；温感到底 扶梯旁一步到底
报警阀压力开关	启动喷淋泵
消火栓按钮	启动消防泵
70℃防火阀动作	停空调机
280℃防火阀动作	停排烟机
气体灭火的烟感与温感	延时启动气体灭火，同时报警
水流指示器	报警

二、预防电气火灾的知识

电气火灾是指由于电气本身的原因，如短路、漏电、电弧、电火花和过载等，产生火源而引起的火灾。近几年来，随着人民生活水平的提高，用电设备增多，用电量增加。而相应的，电气火灾占到了各种火灾原因之首。为了防止和消灭电气火灾，我们需要采取相应的措施。

1. 电气火灾产生原因

（1）过载使导体中的电能转变成热能，热量 $Q=0.24I^2Rt$（式中 I 为电流；R 为电阻；t 为时间）。从式中可以看出热量 Q 和电流 I 的平方成正比，可见电流和发热的关系。当导体和绝缘物局部过热，达到一定温度时，就会引起火灾。

（2）短路是电气设备最严重的一种故障状态。无论是两相相间短路、三相相间短路或是对地短路，短路时，在短路点会产生电弧或火花。电弧温度很高，可达 6 000℃以上，甚至即刻产生大火球，不但能引燃导线本身的绝缘材料，还能将附近的可燃材料、易燃品引燃产生爆炸。

（3）导线的连接处发生接触不良，因为接触电阻增大而引起局部过热。过热的触头接触处接触电阻又迅速增大，产生火花，造成点火源。

（4）用电设备发热，如电炉、电暖器、电熨斗等电热设备和电热器具，甚至是一个灯泡，尤其聚光灯。在正常通电的状态下，就是一个高温热源，相当于一个火源，周围有可燃物、易燃品时，受到高温烘烤而起火。电焊产生的火花，也可成为火源，更应该注意。

（5）电动机的高速旋转，轴和轴承如润滑不良，其摩擦的能量产生高温热源，道理相当于原始人的“钻木取火”。

2. 预防电气火灾的措施

（1）防止电线、电缆等导体长期运行中过载而发热

提高导体长期运行允许电流，减少导体的发热，使导体发热温度控制在允许温度之内，对防火有很大的意义。加大导体的截面（$R=\rho L/A$）是最常用的办法。

住宅中，由于电线的超负荷运行，电线过热，引起绝缘材料起火，是常见的火灾原因。对于旧有建筑，电线老化，过载发热的情况更存在着隐患。

（2）防止短路引起火灾

相间短路和相对地的短路（漏电）都可能引起火灾。在建筑物的电源进线处设防火用的低灵敏度、延时型的漏电保护器，是近年来提出的解决办法之一。它的动作电流是 300 mA 或 500 mA，短路时自动切断电源。

（3）减小导体的接触电阻能防止接头处起火

由 $Q=0.24I^2Rt$ 式中得知，电阻 R 越大，发热量就越大。所以应注意导线连接防止虚接。

（4）要使用合格的用电设备

由于用电设备不合格导致火灾的事故也不少，对灯具及其他小型用电设备要求产品质量可靠。我国对部分产品从 2003 年 8 月 1 日开始执行“3C 认证”，防止不合格的产品在使用过程中成为火源。对于正常使用过程发热的用电设备，安装时要有散热和隔热措施，具体措施如下：

1）隔热措施。灯具和插座不应直接安装在可燃装修材料或可燃构件上。灯具的高热部位与可燃建筑材料之间要采取隔热防护措施，如石棉布、石膏板。

2）聚光灯灯具尾线要求。要用耐高温线或瓷套管保护，配线接点必须设在金属接线盒内。

3）灯具与可燃物的距离。如普通灯具应不小于 0.3 m，高温灯具应不小于 0.5 m。

4）吊顶内不能有明敷导线。

5）对电动机的要求。电动机周围有适当的通道，与其他低压带电体、可燃物距离应不小于 1 m，并保持干燥清洁。

动力用电设备的有关措施有：空气调节系统的电加热器应与送风机联锁，并应有无风断电保护；压缩式制冷装置，应设有润滑系统的油压差保护、电动机过载及单相运行保护、冷却水套断水保护、离心式压缩机轴承的高温保护等。

三、建筑工程消防监督审核规定

1. 消防监督机构对消防设计的审核规定

公安部有关文件中规定：消防工程属于公安部门行业专项管理，建设单位应当将新建、改建、扩建、建筑内部装修以及用途变更工程项目的消防设计图纸和资料送公安消防监督机构审核，并填写相应的《建筑消防设计防火审核申报表》《自动消防设施设计防火审核申报表》等，经审核批准后，方可开工兴建。设计单位按照《建筑工程消防设计审核意见书》修改消防设计图。

消防设计审核的主要内容：

（1）总平面布局和平面布置中涉及消防安全的防火间距、消防车道、消防水源等。

（2）建筑的火灾危险性类别和耐火等级。

（3）建筑防火防烟分区和建筑构造。

（4）安全疏散和消防电梯。

（5）消防给水和自动灭火系统。

（6）防烟、排烟和通风、空调系统的防火设计。

（7）消防电源及其配电。

（8）火灾应急照明、应急广播和疏散指示标志。

（9）火灾自动报警系统和消防控制室。

（10）建筑内部装修的防火设计。

（11）建筑灭火器配置。

（12）有爆炸危险的甲、乙类厂房的防爆设计。

（13）国家工程建设标准中有关消防设计的其他内容。

2. 消防监督机构对消防工程的验收规定

（1）消防工程验收的申报要求

1）凡含有以上规定第五项至第九项建筑自动消防设施（消防给水和自动灭火系统、火灾自动报警系统和消防控制室等）的建筑工程，在工程竣工后，施工安装单位必须委托具备资格的建筑消防设施检测单位进行技术测试，取得建筑消防设施技术测试报告。

2）建设单位应当向公安消防监督机构提出工程消防验收申请，送达建筑消防设施技术测试报告，填写《建筑工程消防验收申报表》，并组织消防验收。

消防验收不合格的，施工单位不得交工，建筑物的所有者不得接收使用。

3）建筑工程消防验收后，建筑物的所有者或者管理者应当落实建筑消防设施的管理和值班人员，与具备建筑消防设施维修保养资格的企业签订建筑消防设施定期维修保养合同，保证消防设施的正常运行。

（2）消防工程选用设备材料的要求

我国强制性产品认证制度于2001年12月3日在我国加入世贸组织前正式对外公布。自2003年5月1日起强制执行。“中国强制认证”(China Compulsory Certification)，英文缩写为“CCC”，也可简称“3C”标志。3C认证的产品由第一批的19大类，132种逐步增加发布。

目前，我国消防产品的认证制度，除实行强制认证制度“3C”外，还有形式认可制度、强制检验制度等。

1）实施产品强制认证制度的消防产品有：点型感烟火灾探测器、点型感温火灾探测器、火灾报警控制器、洒水喷头、湿式报警阀、水流指示器、消防用压力开关、消防水带、手动火灾报警按钮、消防联动控制设备。

2）实施形式认可制度的消防产品有：灭火剂、防火门、消火栓、灭火器、消防接口、消防枪炮、消防应急灯具、火灾报警设备（可燃气体报警控制器、可燃气体探测器、家用可燃气体报警器）、防火阻燃材料（钢结构、饰面型、电缆、无机防火堵料、有机防火堵料、阻火包）。

3）实施强制检验制度的消防产品有：气体灭火系统、干粉灭火系统、气溶胶灭火系统、防火卷帘门、防排烟风机、防火阀、排烟防火阀、消防供水设备、消火栓箱等。

能力要求

建筑工程消防设施施工验收，划分为多个分部工程，包括建筑结构防火保护，防火卷帘、防火门窗，水消防系统，防烟与排烟系统，应急照明及疏散指示标志等。它涉及结构、给排水、通风、强电、弱电多个专业，本节仅就每个分部工程中涉及火灾自动报警及消防联动系统的子分部加以介绍。

一、组织系统验收

1. 检查系统调试结果

（1）调试前的准备

1）施工过程的验收，由监理工程师组织。按照《火灾自动报警系统施工及验收规范》（GB 50166—92）中的要求检查系统的施工质量。对属于施工中出现的问题，应会同有关单位协商解决，并有文字记录。隐蔽工程在隐蔽前已有验收文件。

2）已安装的产品，应符合我国消防产品认证制度的要求，并具有生产厂出具的同批产品检验报告与合格证，并由监理工程师在设备进场时确认。调试前应按设计要求查验设备的规格、型号、数量、备品备件等。

3）要求施工方准备施工图纸（系统框图、火灾自动报警系统平面图，变更设计文件），写出调试方案，检查系统线路，对于错线、开路、虚焊和短路等应进行处理。

（2）控制器单机调试（由消防施工单位完成）

1）消防主机测试

①消防主机通电前检查机柜有无可靠接地，用专用的接地电阻测试仪测试，或由强电专业人员提供测试结果。提供主机工作电源应为 AC 200 V，同时摘掉主机上的所有负载。

②消防主机通电后，用万用表检测各个出线处输出电压是否正常。检测每个信号回路卡的输出电压、485 输出总线电压、电源输出电压。

③检查总线设备（直启盘、设备操作盘、楼层显示器）与控制器通

信是否正常。

④在电话主机后接一电话插孔或电话分机检查电话主机是否工作正常。

⑤检查广播系统，在功放输出端接 1 个扬声器，检测功放单元和录放单元是否正常。

⑥确认主机的自检、消音、复位、故障报警、火灾优先、报警记忆、主备互投等功能是否正常。

2）线路测试。分别检查回路总线、DC 24 V 电源线、电话线、广播线、直启盘的输出线的对地绝缘，接地阻值应大于 20 MΩ，线间是否短路。如果所有外部线路均无短路和接地问题方可与消防主机连接。

3）点位上线。对信号总线上各个元件的地址编码进行检查，确认地址码是否准确，排除漏号、重号等问题。

4）探测器、手动报警按钮单点测试。对控制器中的探测器和手动报警按钮进行单点报警测试。当报警点报警后，其报警指示灯常亮，并将火警信息传送给主机。对于不报警或报警有误的设备及时更换或调整。根据实际工程大小，可选择全部测试或根据消防规范按比例进行抽测。

5）消防电话和声光报警器测试。测试消防电话的群呼功能、互通功能；声光报警器单点测试声音效果、闪光效果。

（3）被控设备单点调试

被控设备单点调试由建设方（或总包方）组织协调各相关施工单位或设备厂家完成。

被控设备包括正压送风口、正压送风机、排烟口、排烟风机、补风机、防火阀、空调机组、消火栓泵、水喷淋泵、防火卷帘门、门禁系统、应急照明、非消防电源强切、电梯、消防广播等。

1）被控设备单点调试前，要求相关被控设备按照设计要求全部安装到位，进行通电试运转，且各调备必须自调到位。

2）由设备控制柜厂家配合，提供启停设备的继电器（DC 24 V，300 mA），并且提供反映设备运行状态的一组无源触点，作为消防反馈信号。被控设备控制柜内有一组端子，至少包括有外部启停电动机的端子接口、反映设备运行状态的端子接口。

3）模块设置及接线到位。调试时注意控制回路中要求的是有源接点还是无源接点，便于对模块接线的选择。

4）由控制器发出单点启动命令，控制模块动作，检查被控设备继电器是否动作，消防主机是否收到反馈信号。

（4）系统整体联动调试

1）在对单点测试完成后进行联动调试。结合本工程特点的逻辑关系，检查已编好的程序，是否反映规范要求。

2）消防工程联动调试时，由建设方（或总包方）组织协调各相关施工单位或设备厂家的专业技术人员到位，配合消防系统整体联动调试工作。

3）系统联动调试应确定被控设备是否动作，对于有反馈信号的设备，应确定该反馈信号是否正确。如果不能实现联动，应检查联动编程是否正确。联动调试成功后，需连续运行 120 h 无故障，然后写出调试报告。

调 试 报 告

年　　月　　日　　　　　　　　　　编号：

<table>
<tr><td>工程名称</td><td colspan="2"></td><td>工程地址</td><td colspan="3"></td></tr>
<tr><td>使用单位</td><td colspan="2"></td><td>联系人</td><td></td><td>电话</td><td></td></tr>
<tr><td>调试单位</td><td colspan="2"></td><td>联系人</td><td></td><td>电话</td><td></td></tr>
<tr><td>设计单位</td><td colspan="2"></td><td>施工单位</td><td colspan="3"></td></tr>
<tr><td rowspan="6">工程主要设备</td><td>设备名称型号</td><td>数量</td><td>编号</td><td>出厂年月</td><td>生产厂</td><td>备注</td></tr>
<tr><td></td><td></td><td></td><td></td><td></td><td></td></tr>
<tr><td></td><td></td><td></td><td></td><td></td><td></td></tr>
<tr><td></td><td></td><td></td><td></td><td></td><td></td></tr>
<tr><td></td><td></td><td></td><td></td><td></td><td></td></tr>
<tr><td></td><td></td><td></td><td></td><td></td><td></td></tr>
<tr><td>施工有无遗留问题</td><td colspan="2"></td><td>施工单位联系人</td><td colspan="2"></td><td>电话</td></tr>
<tr><td>调试情况</td><td colspan="6"></td></tr>
<tr><td colspan="2">调试人员（签字）</td><td></td><td>使用单位人员（签字）</td><td colspan="3"></td></tr>
<tr><td colspan="2">施工单位负责人（签字）</td><td></td><td>设计单位负责人（签字）</td><td colspan="3"></td></tr>
</table>

2. 项目抽检、复检

在工程竣工后，施工安装单位必须委托具备资格的建筑消防设施检测单位进行技术测试，取得建筑消防设施技术测试报告。

委托由消防监督机构认可的专业检测单位来按一定的比例抽查各项功能（见表 2—2）。对不合格项，限期整改，并复验。合格后，由专业单位出具检测报告。

表 2—2　　　　消防验收抽检复查内容

<table>
<tr><th>序号</th><th colspan="2">系统及内容</th><th colspan="2">抽查比例</th><th>操作次数</th></tr>
<tr><td rowspan="3">1</td><td colspan="2" rowspan="3">火灾报警控制器</td><td>小于等于 5 台</td><td>全部</td><td rowspan="3">1～2</td></tr>
<tr><td>6～10 台</td><td>5 台</td></tr>
<tr><td>大于等于 10 台</td><td>30%～50%，不少于 5 台</td></tr>
<tr><td rowspan="2">2</td><td colspan="2" rowspan="2">火灾探测器</td><td>小于等于 100 只</td><td>10 只</td><td rowspan="2">—</td></tr>
<tr><td>大于等于 100 只</td><td>5%～10%，不少于 10 只</td></tr>
<tr><td rowspan="3">3</td><td rowspan="3">室内消火栓</td><td>工作泵、备用泵</td><td colspan="2">全部</td><td>1～3</td></tr>
<tr><td>控制室内操作启、停泵</td><td colspan="2">全部</td><td>1～3</td></tr>
<tr><td>消火栓按钮启泵</td><td colspan="2">5%～10%</td><td>—</td></tr>
<tr><td rowspan="3">4</td><td rowspan="3">自动喷水灭火系统</td><td>工作泵、备用泵</td><td colspan="2">全部</td><td>1～3</td></tr>
<tr><td>控制室内操作启、停泵</td><td colspan="2">全部</td><td>1～3</td></tr>
<tr><td>水流指示器</td><td colspan="2">10%～30%</td><td>—</td></tr>
<tr><td rowspan="3">5</td><td rowspan="3">气体或泡沫等系统</td><td>人工启动和紧急切断</td><td colspan="2">20%～30%</td><td>1～3</td></tr>
<tr><td>联动控制设备</td><td colspan="2">20%～30%</td><td>1～3</td></tr>
<tr><td>喷放试验</td><td colspan="2">一个保护区</td><td>—</td></tr>
<tr><td>6</td><td colspan="2">电动防火卷帘门</td><td colspan="2">10%～20%</td><td>—</td></tr>
<tr><td>7</td><td colspan="2">通风空调和防排烟设备</td><td colspan="2">10%～20%</td><td>—</td></tr>
<tr><td>8</td><td colspan="2">消防电梯自动和人工控制</td><td colspan="2">全部</td><td>1～2</td></tr>
<tr><td rowspan="3">9</td><td rowspan="3">消防广播</td><td>消防控制室选层广播</td><td colspan="2">10%～20%</td><td>—</td></tr>
<tr><td>共用扬声器强行切换</td><td colspan="2">10%～20%</td><td>—</td></tr>
<tr><td>备用扩音机控制功能</td><td colspan="2">10%～20%</td><td>—</td></tr>
<tr><td rowspan="3">10</td><td rowspan="3">消防通信设备</td><td>对讲电话</td><td colspan="2">全部</td><td>1～3</td></tr>
<tr><td>电话插孔</td><td colspan="2">5%～10%</td><td>—</td></tr>
<tr><td>外线电话与“119 台”</td><td colspan="2">全部</td><td>1～3</td></tr>
</table>

专业检测单位除对上述火灾自动报警及消防联动系统的验收，还要对电气防火安全检查，简称“电检”。

当有上述两份结论合格的检测报告，再提交消防监督机构验收。

3. 审查资料，提交申请验收报告

由建设方主持，向公安消防监督机构提出申请，按公安消防监督机构的要求，准备下列资料：

(1) 建筑工程消防验收申报表。

(2) 建筑消防设施技术测试合格报告。

(3) 建筑工程消防设计审核意见书及相关批复文件。

(4) 竣工图。

(5) 消防工程施工安装单位资格证书及施工安装、调试记录，消防产品相关证书、出厂合格证，隐蔽工程记录，设计、施工变更内容记录等资料。

(6) 各项消防安全管理制度报表、防火安全管理组织机构说明以及消防系统操作管理人员名单。

(7) 与具备建筑消防设施维修保养资格的企业签订的建筑消防设施定期维修保养合同。

二、系统接收和投入运行

系统接收和投入运行应具备的条件：

1. 文件、资料的接收

物业公司对系统接收并投入运行前应接收系统竣工图及设备的技术资料，并准备好操作规程、值班员职责、值班记录和使用图表等资料。

2. 培训值班人员

使用单位必须有专人负责系统的管理、操作和维护，管理主要是加强日常管理，单位领导要重视，组织人员要落实。操作维护人员上岗前必须进行专门培训，掌握有关业务知识和操作规程，以免由于知识缺乏和操作不当，造成火灾时设备不能及时使用或已损坏。当火灾自动报警系统更新时，要及时对操作人员进行培训，方可上岗。同时操作人员要保持相对稳定。

3. 撰写值班人员职责及操作规程

值班人员职责及操作规程包括：

(1) 消防控制室值班人员职责。

(2) 消防控制室管理制度。

(3) 消防控制室火灾事故紧急处理程序。

(4) 消防控制室系统报警点。

(5) 建筑位置平面图制作。

(6) 建筑自动消防设施维护管理制度。

(7) 建筑自动消防设施的检验内容、方法及要求。

4. 建立技术档案和值班记录表格

根据现行规范的要求，应包括以下内容：

(1) 工程施工有关资料

包括有关消防设备的施工图纸和技术资料、变更设计部分的实际施工图、变更设计的证明文件、安装技术记录（包括隐蔽工程的验收记录）、检测记录（包括绝缘电阻、接地电阻的测试记录）。

(2) 调试验收有关资料

包括系统竣工情况表、安装竣工报告、调试开通报告、竣工验收情况表。

(3) 管理维护有关资料

包括管理操作维护人员登记表、操作使用规范、值班记录和使用图表、值班员职责、设备维修记录。

5. 检查已连续运转的情况

系统一经启动，不得因误报等原因切断电源，中断运行。只有连续运转过程才能检查其真实情况，这是交接的一个必要条件。

第二节　系统的管理与维护

学习目标

通过学习，掌握设备维护计划的制订方法，能够提出系统改进的设计要求，掌握结合本单位实际情况进行消防监督检查的技能。

相关知识

一、消防系统维护知识

由于消防系统涉及弱电、强电、水路、通风等多个专业，各专业的规范提出的检查维护要求侧重面不同，要求也有差别。在中级（国家职业资格培训教程——助理智能楼宇管理师）中提出的系统定期检测、试验及消防系统的维护计划都是以弱电为主，这里就与之相配合的给水、强电等其他专业作补充介绍。

1. 相关系统的维护

(1) 给水系统的维护

可靠供水是水灭火系统能否正常发挥作用的关键环节。

1) 维修管理制度。停水修理时，必须向主管人员报告，并应有应急措施和有人现场监督。修理完毕应立即恢复供水，以免忘记打开，以致发生火灾时无水。在修理过程中，万一发生火灾，也应及时采取相应紧急措施。

2) 水源。供水水源应可靠，应有水源供水能力测试记录。消防水池、消防水箱应有保证消防用水不作他用的措施，保证可靠、迅速、方便地供应火场用水。消防水池、消防水箱的储水量应有明显的显示标志。消防用水的水温不应低于5℃，应防止结冰。每两年对储水设备维修一次，进行修补和重新刷漆。

3) 管路。检查系统管路有无腐蚀渗漏，湿式系统管路内的水应定期排空，对管路进行冲洗。对水雾系统管路中的过滤装置应定期清扫。如发现管路内有沉积物，应进行冲洗，以免支管堵塞。

4) 水泵。消防水泵应每天运转一次。若采用自动控制时，应模拟自动控制参数进行启动运转，每次运转时间宜为5 min。

每月应利用报警控制阀旁的泄放试验阀进行一次供水试验，验证系统供水能力。

5) 阀门。常开阀门应铅封。阀门的开启状态应有明显标志。阀门应编号、挂上标牌。保证阀门不被关闭。对安装的压力表要定期检验。

6) 室内喷头。每月检查一次喷头外观，发现不正常喷头应及时更换。分批对喷头外表进行清洁，尤其是感温元件部分。对轻质粉尘可用气体吹除或用软布擦净；对含污垢的喷头应将其分批拆换，集中清理，但不能用酸、碱溶液或热水洗刷。各种喷头应保持一定的备用量，建筑物内喷头数量少于 300 个时，喷头备用量不少于 6 个；装有 300～1 000 个时，不少于 12 个；装有 1 000 个以上时，不少于 24 个。

7）室内消火栓检查维护。对消火栓箱里的水带、水枪以及卷盘等设备是否齐全、丢失或损坏，消火栓是否锈蚀、漏水等现象，应及时检查并补充和维修。

8）室外消火栓检查。北方地区冬季较冷，故采用地下式消火栓。在消火栓井周围及井内可能积存的杂物应及时清除。室外消火栓严禁被埋、堆压、圈占、车辆停靠。入冬前还应检查防冻措施。

每季度应检查一次消火栓，有无损坏、锈蚀，如有故障应及时进行修补及防腐处理。启闭杆是否灵活，注意滑润处理，密封件是否老化或丢失等，应及时更换补充。

每年应对重要部位消火栓进行一次出水试验，其他部位也要抽出 10%～20%数量进行出水试验。

水泵接合器的接口及其附件，每月检查一次，保证接口完好、无渗漏、有闷盖。

（2）强电系统的维护

强电的电气要求有：

1）电源在末端切换，不仅电源有备用而且线路也有备用，从而提高了供电的可靠性。

2）末端切换采用自动互投方式。

3）消防设备采用放射式供电，每一个设备有独立的供电回路，不能环链式供电（见图 2—1）。

4）供电开关不能采用漏电保护，更不能用插座供电。

5）线路选择和敷设应保证电气线路具有耐火耐热性，确保火灾时消防设备有效供电与安全运行。从变电所到消防设备最远端配电箱的所有配电线路都是耐火耐热配线的考虑范围。

由于目前我国还没有制定电线电缆耐火耐热配线标准。因此，在火灾自动报警系统工程设计中，消防设备耐火耐热配线根据现行建筑防火设计规范和有关电气设计规范要求，在消防工程中采用如下 4 项基本措施来满足其要求：

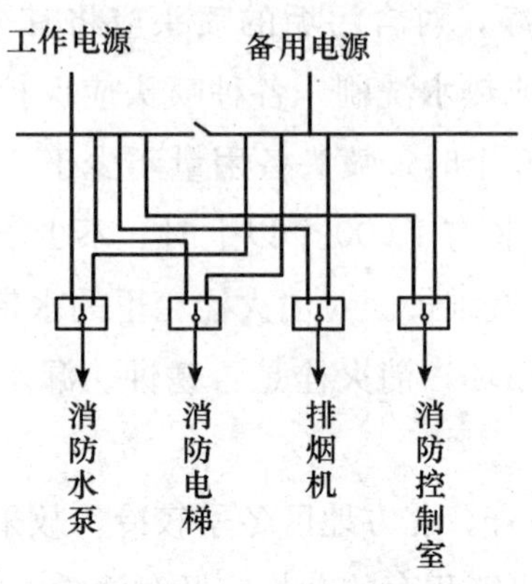

图 2—1　消防设备供电要求

①当消防设备配电线路暗敷设时，配电线路可以采用普通电线电缆，但应将其穿金属管或阻燃型硬质塑料管（最好氧指数大于 35）埋设在不燃烧体结构内，且穿管暗敷保护层厚度不小于 30 mm。

②当消防设备配电线路明敷设时，应穿金属管或金属线槽保护且采用防火涂料，或是直接选用经阻燃处理的电线电缆、耐火电线电缆和矿物绝缘电缆等，并敷设在电缆竖井或吊顶内有防火保护措施的封闭式线槽内。

③当消防设备配电线路采用普通电缆并敷设在电缆井中时，应穿金属管保护。当消防设备配电线路采用绝缘层和护套（不延燃）的电缆并敷设在竖井中时，可不穿金属管保护。但当与延燃电缆敷设在同一竖井时，两者间必须用耐火材料隔开。

④在建筑物吊顶内的消防电气线路，宜采用金属管或金属线槽布线。

6）接地要求。消防控制室应设置专用的接地板，用截面积大于等于 25 mm^2 铜芯绝缘导线引至专用接地干线或基础处的共用接地装置。由专用的接地板至各消防电子设备用大于等于 4 mm^2 铜芯绝缘导线连接。

（3）设备系统的维护

灭火消防设备的检查维护内容见表 2—3，各种水喷淋系统见表 2—4。

2. 火灾监控技术的发展

火灾监控技术在不断发展，人们对消防安全的重视程度也在不断提高，作为智能楼宇管理师，应了解火灾监控系统在智能建筑中的应用现状和发展趋势。便于在系统的升级改造中作出判断，提出改进的建议。

表 2—3 灭火消防设备的检查维护

系统名称	检查项目	检查内容	检查要求	备注
气体灭火系统	每日检查	储瓶间	设备齐全、工作正常	填写《系统每日运行登记表》
		容器阀	设有泄压装置	
		集流管	设有泄压装置	
		压力	灭火剂储存容器的压力符合规范要求	
		喷嘴	无损坏、锈蚀、堵塞	
		防静电接地装置	工作正常	
泡沫灭火系统	每日检查	泡沫消防泵	无损坏、锈蚀、渗漏	
		喷头	无损坏、锈蚀、堵塞	
	季度检查	比例混合器	水流方向与比例混合器箭头方向相同	填写《季度检查登记表》
		液上泡沫产生器	无损坏、锈蚀、渗漏	
		液下泡沫产生器	无损坏、锈蚀、渗漏	
		高倍数泡沫发生器	无损坏、锈蚀、渗漏	
		泡沫炮	泡沫炮清洁、蜗轮和蜗杆旋转灵活	

表 2—4 各种水喷淋系统的比较

喷头型式	系统分类	适用场所	特点
闭式系统	湿式系统	环境温度不低于4℃且不高于70℃的建筑物和场所	当一只喷头启动时，应自动控制启动系统
	干式系统	环境温度低于4℃或高于70℃的建筑物及场所	喷头内的介质，由有压水改为有压气体，喷头爆破后先要排走管道内气体，然后才能喷水灭火。喷水延迟，且投资大，维护管理难

续表

喷头型式	系统分类	适用场所	特点
闭式系统	预作用系统	严禁滴漏及误动作的场所，目前多用于保护档案，计算机房，贵重纸张和票证等场所	将火灾自动探测报警技术和自动喷水灭火系统结合起来，既有干式的优点，又克服反应迟的缺点
	重复启闭预作用系统	灭火后必须及时停止喷水，复燃时再喷水灭火，或需要减少水渍损失的场所，如计算机房、棉花仓库、烟草仓库等	有多次自动启动、自动关闭的特点，从而防止因系统自动启动灭火后，无人关闭系统而产生不必要的水渍损失。在火灾复燃后又能再次自动启动有效扑救
开式系统	雨淋系统	燃烧猛烈、蔓延迅速、而闭式喷头不能有效覆盖着火区域 室内单层净空高度超过 8 m 且必须迅速扑灭初期火灾的场所	雨淋系统与湿式、干式和预作用自动喷水灭火系统最大的区别是采用开式喷头，系统一旦动作，系统保护区域内将全面喷水。因净空超高、闭式喷头不能及时动作、水到达燃烧物体表面的强度减弱的场所使用该开式系统
	水幕系统	作为防火分隔措施，如建筑中开口尺寸等于或小于 15 m（宽）×8 m（高）的孔洞和舞台的保护 水幕用于防火卷帘的冷却	防火分隔水幕是密集喷洒的水墙或水帘，自身即具有防火分隔作用。而配合防火卷帘等分隔物的水幕，则利用水的冷却作用，保持分隔物在火灾中的完整性和隔热性
	水喷雾消防系统	燃油锅炉、小区液化石油气气化站等	水喷雾灭火系统应设自动控制、手动控制和应急操作 3 种控制方式。常用的启动方式有 3 种，可燃气体浓度探测器电动启动，火灾探测器电动启动，湿式先导管传动水力启动。其中可燃气体浓度探测器电动启动必须设置，而感温控测器电动启动和湿式先导管传动水力启动可选其中一种

续表

喷头型式	系统分类	适用场所	特点
开式系统	自动喷水和泡沫联用系统	适用于汽车库、锅炉房、柴油机房、油库等场所	自动喷水-泡沫联用系统按喷水先后可分为2种类型，一种是先喷泡沫后喷水，另一种是先喷水后喷泡沫 自动喷水-泡沫联用系统可用于闭式系统，也可用于开式系统，如湿式系统-泡沫联用，预作用系统-泡沫联用，雨淋系统-泡沫联用等，设置该系统的目的是强化灭火效果

（1）连接方式

1）多线制系统结构。火灾探测器模块和火灾报警控制器之间采用硬线对应连接关系，多线制系统由于工程设计、施工布线和系统维护复杂，已逐步淘汰。

2）总线制系统结构。火灾报警控制器之间、各种功能模块与火灾报警控制器之间都采用总线连接时，称为全总线制系统（一般是 2 总线）。通过收发码电路和微处理机实现火灾探测器与火灾报警控制器的协议通信和整个系统的监测控制。由于线路少，工程布线灵活，已广泛运用。

（2）火灾报警控制器对火灾监测数据的处理和识别

1）集中智能式。一般采用总线制和大容量通用火灾报警控制器。其特点是火灾探测器主要完成火灾参数的采集和传输，火灾报警控制器采用计算机技术实现火灾信号识别、数据集中处理储存、系统巡检、火灾判定和消防设备联动等功能，并配以区域显示器完成分区声光报警。这种系统能满足智能建筑中系统集成的基本要求。但是，当建筑规模庞大、探测器及消防设备较多时，单一主机可能出现系统应用软件复杂庞大、火灾探测器巡检周期过长、系统可靠性降低和使用维护不便等不足。

2）分布智能式。分布智能系统结构是在集中智能系统优势基础上形成的。火灾探测信息的基本处理、环境补偿、探头污染监测和故障判断等功能不是由火灾报警控制器完成，而是由现场火灾探测器来完成。免去控制器大量的信号处理负担，提高了系统巡检速度、稳定性和可靠性。显然，分布智能系统结构对火灾探测器提出了更高的技术要求。

(3) 产品构成形式

火灾监控产品的构成形式有中控机、主子机和节点机。

1) 中控机。中控机系统应用形式一般有一台通用火灾报警控制器，基本容量设计在500～1 000编码点，系统容量可扩展1～2倍，具有集中智能或分布智能数据处理方式。

2) 主子机。主子机系统应用形式可以是由集中火灾报警控制器加区域火灾报警控制器，也可以是由通用火灾报警控制器加功能子机。区域控制子机具有独立应用功能，可构成小容量系统；集中控制主机功能丰富，既可直接挂接火灾探测器，也可挂接区域控制子机，构成大容量系统，适用于大型消防工程。

3) 节点机。节点机系统形式强调数据通信要求，它将计算机数据通信技术应用于火灾报警控制器，用专用通信线或总线（RS232、RS422、RS485）交换数据信息，将运行数据和报警信息送至火灾报警监控中心，构成报警监控联网。

(4) 探测器的发展过程

火灾自动报警的核心技术是探测器。火灾探测器作为火灾自动报警和消防联动系统的自动触发装置，长期处于监测工作状态。火灾探测器的灵敏度、稳定性、易维修性和长期工作的可靠性，是衡量其质量的主要技术指标。它的发展过程如下：

1) 阈值比较法式。探测器人为设定一个值，火灾信号不断与这个值比较，高于这个值就报警。探测器送到控制器的信号是开关量。定温式感温探测器、减光式光电感烟探测器属这类。误报率较高。

2) 类比法式。报警阈值是一个变量，对于环境条件，如灰尘污染，缓慢的温度变化可以修正。排除干扰，减少了误报率。但控制器需要有相应的软件功能。离子感烟探测器、差温式感温探测器属这类。

3) 分布智能式。由火灾探测器（火灾探测器带CPU芯片）对火灾信息的时间特性，趋势特性进行分析，探测器有独立的分析计算能力，只需将判断结果告知控制器。

从探测对象来说，由单一的探测“烟”“温”到复合型探测器。依据火的光谱特性和火灾图像特征，利用图像识别技术辨别真假火灾，已获得实际应用。

二、不同建筑的消防及防护特点

1. 商场的消防防护特点

(1) 营业厅面积大，每层四面环通，还有自动扶梯，更是层层相通。一旦发生火灾，可能很快蔓延到整个商场，应强调落实防火分隔。

(2) 可燃物多，商品集中，多是陈列和堆放商品的柜台、货架和库房。

(3) 人员密度大，在营业时间稍有骚动，会引起混乱。万一发生火灾，疏散困难。

(4) 照明设备多，每天使用时间长，线路复杂。

2. 公共娱乐场所的消防防护特点

(1) 演出场所舞台的防火问题突出，舞台灯具功率高，发热量大，且舞台上幕布和布景与悬挂灯具距离近。

(2) 电影放映室内，胶片的存放和放映机的发热都可能引起火灾。

(3) 舞厅的配光设备多，舞厅的装修材料中，易燃物多。

(4) 人员密度大，疏散困难。

3. 高层建筑的消防防护特点

(1) 火灾蔓延途径多，速度快。竖向的电梯井、管道井、电缆井、垃圾道、排气道、楼梯间等，这些井道一般贯穿整个楼层，烟囱效应使火灾竖向蔓延快。应落实防火封堵的各项措施。

(2) 安全疏散困难。一是层数多，在高层的人员要较长时间才能达到地面；二是人员集中，疏散时容易出现拥挤情况；三是发生火灾时，烟气竖向蔓延快，给人员疏散带来困难。应落实疏散通道防排烟的各项措施。

(3) 扑救难度大，扑救高层建筑火灾主要靠本建筑设置的室内水消防系统，水消防系统是维护重点。除维护好本建筑的火灾自动报警及消防联动系统外，还应保证高层建筑周围的消防车道，为扑救火灾创造条件。

4. 综合性高层建筑疏散楼梯安排注意事项

如综合性百货大楼，楼层设置上有营业厅、办公处、旅馆或者公寓，在其疏散楼梯的安排上必须注意以下几点：

(1) 按照新《高层民用建筑防火设计规范》的要求，对住户和办公、购物区分别设置疏散楼梯间，应安排不同路线安全疏散，这样既便于平时使用和管理，又利于发生火灾时人员安全疏散。

（2）通向办公区或旅馆、住房等区的电梯，不应直接面向营业厅开设电梯门。

5. 超高层民用建筑避难层（间）和屋顶直升飞机停机坪作用

（1）建筑高度超过 100 m 的旅馆、办公楼和综合楼等公共建筑，由于楼层很高，人员很多，尽管已设有防烟楼梯间等安全疏散设施，火灾时其内人员仍很难迅速地疏散到地面。因此，对超高层公共建筑在其适当楼层设置供疏散人员暂时躲避火灾和喘息的一块安全区即避难层或避难间，是极为重要的。

通向避难层的消防楼梯应在避难层上、下层错开位置，或把避难层的楼梯断开，人员由下层向上层或由上层向下层必须经过避难层行走一段距离后，才能再上楼或下楼。避难层除消防电梯可开设供消防人员使用的电梯门以外，其他客货梯均不得开电梯门。

（2）超过 100 m 的超高层民用建筑设置了屋顶直升飞机停机坪，为避难人员等候营救，提供暂时避难场所。同时为使用直升飞机直接参与灭火活动提供了直升机停机坪场地。

设置要求如下：

1）直接设在屋顶平台上的停机坪，停机坪上不能有高出屋顶的设施，如水箱间、公用电视天线、避雷针等凸出物，更不能随意堆放物品。

2）通向直升飞机停机坪的出口不应少于 2 个。

3）维护好直升飞机降落标志灯及其四周设置的航空障碍灯。

4）维护好直升机自动加油设施及固定灭火设施，确保停机坪的防火安全。

能力要求

一、消防系统的维护与改进

火灾自动报警系统经过设计、安装、调试后投入运行，运行管理技术和维护性技术成为日常业务工作的主要环节。无论火灾自动报警系统规模大小、功能需求如何不同，系统可靠性与误报率都是设备的两大基本要素。

1. 制订落实维护计划

（1）制订自动报警系统的维护计划

表 2—5 为日检、季检内容安排维护计划。

表 2—5　　自动报警系统的日检、季检内容

系统名称	检查项目	检查内容	检查方法	检查要求	备注
火灾自动报警系统	每日检查	消防控制室主、备电源检查	外观检查、巡检测试； 切断主电源，看设备是否从主电源换到备用电源供电	交流电源是否有自动切换的情况； 备用电源投入时指示灯应亮	填写《控制器日登记表》
		对控制器的检查	用控制器面板上操作键操作，观察其显示	按“自检”“复位”“消音”检查画面和声音； 模拟火灾信息后的显示、报警、记忆、打印功能	
	季度检查	消防控制室主、备电源检查	人工切换主备电源，且备用电源要定期人工充放电	主电源切断后，自动转换到备用电源供电。4 h后，再恢复主电源供电，看是否自动转换。检查备用电源是否正常充电	填写《控制器检查登记表》
		对控制器的检查	除每日的检查外，拆下某一火灾探测器，用专用加烟（加温）等试验器进行模拟火灾报警试验	在不同故障的切换，不同回路的切换时。火警有优先报警显示。报警记忆功能正常	

续表

系统名称	检查项目	检查内容		检查方法	检查要求	备注
火灾自动报警系统	季度检查	对控制器的检查		连续两次模拟故障或火灾	“消音”后，重新启动报警功能	填写《控制器检查登记表》
		手动报警按钮	外观	外观检查	无腐蚀、脱落	
			报警功能	手动检测	应有报警，信号显示正常	
		消防紧急广播	强切功能	模拟火灾信号，启动消防紧急广播	建筑物相应部位的扬声器能清楚听到广播	
		消防电话	通信功能	在消防控制室与所有固定电话及电话插孔通话试验	通话应畅通，语音应清楚	
		区域显示器	报警功能	用专用加烟（加温）等试验器进行模拟火灾报警试验	有报警功能	
			报警显示功能		有报警信号显示	
			消音复位	手动消音复位	能够手动消音复位	

1）每年分批对已安装的探测器进行吹灰尘处理（一般用高压气枪或吸尘器）。

2）每季度试验探测器不应少于总数的 25%。火灾探测器应正常动作，确认灯显示清晰。试验中发现有故障或失效的探测器应及时拆换。

3）多次误报的火灾探测器应检查现场，有无蒸汽、烟雾、粉尘等影响探头正常工作的环境，是否有电磁干扰存在，应在安排年度维修计划中安排检查排除。

4）按国家规范规定火灾探测器投入运行两年后清洗一遍，以后应每隔三年全部清洗一遍，并做相应阈值及其他必要的功能试验，合格者方可继续使用，不合格者严禁使用。

（2）制订水消防系统的维护计划

表 2—6 为日检、季检内容安排维护计划。

表 2—6　　水灭火系统的日检、季检内容

<table>
<tr><th>系统名称</th><th>检查项目</th><th colspan="2">检查内容</th><th>检查方法</th><th>检查要求</th><th>备注</th></tr>
<tr><td rowspan="6">水灭火系统的联动</td><td rowspan="4">每日检查</td><td rowspan="4">消防水泵</td><td>喷淋泵</td><td rowspan="2">在泵房内操作启动</td><td rowspan="2">启动及信号正常</td><td rowspan="4">强电专业</td></tr>
<tr><td>消火栓泵</td></tr>
<tr><td>备用泵</td><td>在泵房内操作能自动切换</td><td>启动及信号正常</td></tr>
<tr><td>稳压泵</td><td>维持稳压罐压力自动启停</td><td>启动、停止正常</td></tr>
<tr><td rowspan="2">季度检查</td><td>消火栓</td><td>消火栓泵的启动</td><td>分别用各种方式：
室内消火栓按钮启动；
消防控制室自动启动；
消防控制室手动启动</td><td>消火栓泵启动，并有回答信号</td><td rowspan="2">填写《季度检查登记表》</td></tr>
<tr><td>水喷淋</td><td>喷淋泵的启动</td><td>手动打开末端试水装置</td><td>水流指示器有信号显示；
湿式阀应开启，水力警铃应发出响亮声响，压力开关等部件亦应发出相应信号；
喷淋泵启动，并有回答信号</td></tr>
</table>

（3）其他消防设备的维护计划

见表 2—7 为其他消防设备季检、年检内容安排维护计划。

（4）落实维护计划

在上述各项检查中发现的问题，设备故障的维修一般不超过 8 h，在 8 h 内无法解决的，应将其故障原因、解决时间上报物业部经理，并按批准的时间限期解决。

表 2—7 其他消防设备的季检、年检内容

系统名称	检查项目	检查内容		检查方法	检查要求	备注
强电接地端子	季度检查	接地	工作接地	使用专用仪器检测	电阻值应小于4 Ω	填写《季度检查登记表》
			联合接地		电阻值应小于1 Ω	
			报警控制器接地	外观检查	有明显标志、接地牢固	
		所有接线端子		外观检查	无松动、破损和脱落	
	年度检查	所有转换开关		外观检查，转动	端子无松动，转换正常	填写《年度检查登记表》
		所有消防设备的动力电源		切换操作	两路电源，末端切换	
联动功能	季度检查	强切功能		置联动状态，火灾确认后	非消防电源断开	填写《季度检查登记表》
		强启功能		置联动状态，火灾确认后	应急照明及疏散指示灯亮，且不受现场开关控制	
		卷帘门		使用专用加烟（加温）进行模拟火灾报警试验	按预定程序分两步下降或一步到底，防火卷帘门应关闭，且无变形、扭曲情况	
		消防电梯		进行迫降试验	能够强制停于首层	
		固定式气体灭火		外观巡视，测试	能测出管网系统的密封情况，读出压力表指针数值	
联动功能	半年检查	排烟风机		使用专用加烟（加温）进行模拟火灾报警试验	能够启动排烟风机和排烟阀，并有反馈信号	填写《年度检查登记表》
		正压送风机		使用专用加烟（加温）进行模拟火灾报警试验	能够启动正压送风风机和送风口，并有反馈信号	
		补风机		地下室排烟机启动	补风机启动，并有反馈信号	
		通风机		置联动状态，火灾确认后	停机，并有反馈信号	

需外委维修的，由消防管理中心委托的安装厂家或公安消防局进行维修保养。

若需要更换设备，使用产品均应经国家检测中心检验合格，更换的设备、产品应符合消防规范要求。

对检测、试验的结果进行分析，对火灾自动报警及消防联动系统每年应进行一次可靠性评价，并对照系统竣工图、日常事故记录、维修记录、修理情况进行总结，制订维修计划。

消防系统维修保养年度计划应落实下列要求：

1）有明确安排的设备大、中、小修计划。

2）有具体组织实施的维修保养时间。

3）有明确的维修保养周期。

4）有具体的维修经费预算。

消防系统设备的检查、维修保养均应有完整的记录，分类归档管理，保存期一般为五年。

2. 提出系统改进的设计要求

对于已有建筑，在维护过程中发现问题，智能楼宇管理师应提出系统改进的设计要求。改进的设计要求的提出，既要结合本工程的具体问题，又要结合消防技术的发展。

（1）自动报警系统的设置

摸清本建筑物的基本情况。随着建筑物使用情况变化，火灾探测器的设置应随之变化。在《火灾自动报警系统设计规范》（GB 50116—98）中的相关内容列出了系统保护对象分级（特级、一级、二级）及火灾探测器的设置部位。火灾探测器的设置部位应与保护对象的等级相适应，建筑物的下列部位应设火灾自动报警装置。

1）建筑面积大于 500 m^2的地下商店应设火灾自动报警装置。

2）歌舞、娱乐、放映、游艺场所应设火灾自动报警装置。

3）散发可燃气体的场所，应设置可燃气体浓度检漏报警装置。

4）建筑高度超过 100 m 的高层建筑（特级建筑），除面积小于 5.0 m^2的厕所、卫生间外，均应设火灾自动报警装置。

5）一类高层建筑的下列部位应设置火灾自动报警装置：

①医院病房楼的病房、贵重医疗设备室、病历档案室、药品库。

②高级旅馆的客房和公共活动用房。

③商业楼、商住楼的营业厅、展览厅。

④办公楼的办公室、会议室、档案室。

⑤面积大于 50 m²的可燃物品库房。

⑥面积大于 500 m²的营业厅。

⑦经常有人停留或可燃物较多的地下室。

（2）火灾探测器的选择

1）按使用环境选择

由于原有建筑在使用过程中，常有建筑用途功能改变，造成探测器不适合使用环境，甚至长期误报。应根据火灾特点和使用环境来选择探测器：

①感烟探测器。对火灾初期有阴燃阶段、产生大量的烟和少量热、很少或没有火焰辐射的场所，应选择感烟探测器。一般在厅堂、办公室、卧室、计算机房、书库、楼梯走道、机房等场所宜选择感烟探测器。

离子感烟探测器不适合的环境有：相对湿度大于等于 95%；气流速度大于等于 5 m/s；有大量粉尘、水雾；有腐蚀气体；有烟雾滞留等。

光电感烟探测器不适合环境有：燃烧物质产生黑烟，颗粒特别细的情况；有大量粉尘水雾；有烟雾滞留等。

②感温探测器。对火灾发展迅速，无（少）烟，产生大量的热，或在感烟探测器不适合的场所。一般在厨房、锅炉房、发电机房、吸烟室、汽车库等地方宜选择感温探测器。

不适合环境：0℃以下不宜用定温型；温度变化大的不宜用差温型。

③可燃气体探测器。可燃气体探测器主要使用在有管道煤气或天然气的场所；煤气站和煤气表房以及存储液化石油气罐的场所及其他散发可燃气体和可燃蒸气的场所。

④线型火灾探测器的选择。无遮挡大空间或有特殊要求的场所，宜选择红外光束感烟探测器；在电缆夹层、电缆桥架地板下及重要设施隐蔽等，宜选择缆式线型定温探测器；对可能产生油类火灾且环境恶劣的场所，不易安装点型探测器的夹层、闷顶；可选择空气管式线型差温探测器。

2）按建筑物高度及其他建筑特点选择

①不同高度的房间点型火灾探测器的选择（见表 2—8）

表 2—8　　不同高度的房间点型火灾探测器选择

房间高度（m）	感烟探测器	感温探测器			火焰探测器
		一级	二级	三级	
大于 12 且小于等于 20	不适合	不适合	不适合	不适合	适合
大于 8 且小于等于 12	适合	不适合	不适合	不适合	适合
大于 6 且小于等于 8	适合	适合	不适合	不适合	适合
大于 4 且小于等于 6	适合	适合	适合	不适合	适合
小于等于 4	适合	适合	适合	适合	适合

②其他建筑特点。高度不超过 20 m 的无遮挡大空间，宜选用红外光束感烟探测器，在电缆夹层、电缆桥架、地板下及重要设施隐蔽等位置宜选择缆式线型定温探测器。对高度更高的场所，不易安装点型探测器的场所，可选择空气管式感烟探测。

（3）系统结构

国家标准《火灾自动报警系统设计规范》（GB 50116—1998）相关内容中规定（见图 2—2），火灾监控系统有 3 种基本设计形式：区域报警系统、集中报警系统和控制中心报警系统。火灾监控系统应根据被保护对象的特点和要求，综合考虑建筑物的规模、火灾危险性、疏散和扑救的难易程度、火灾事故的可能后果等因素，确定相应的系统设计形式并完成设备配套。

（4）消防控制室的安全要求

1）消防控制室在建筑物内的位置选择，应满足下列要求

①消防控制室应设置在建筑物的首层，距通往室外出入口不应大于 20 m。

②消防控制室应设置在内部和外部的消防人员容易找到并可以接近的房间部位。并应设在交通方便和发生火灾时不易延燃的部位。

③不应将消防控制室设于厕所、锅炉房、浴室、汽车库、变压器室等的隔壁和上、下层相对应的房间内。

④有条件时，宜与防灾监控、广播、通信设施等用房相邻近，并适当考虑长期值班人员房间的朝向。

2）消防控制室的土建结构，应满足下列要求

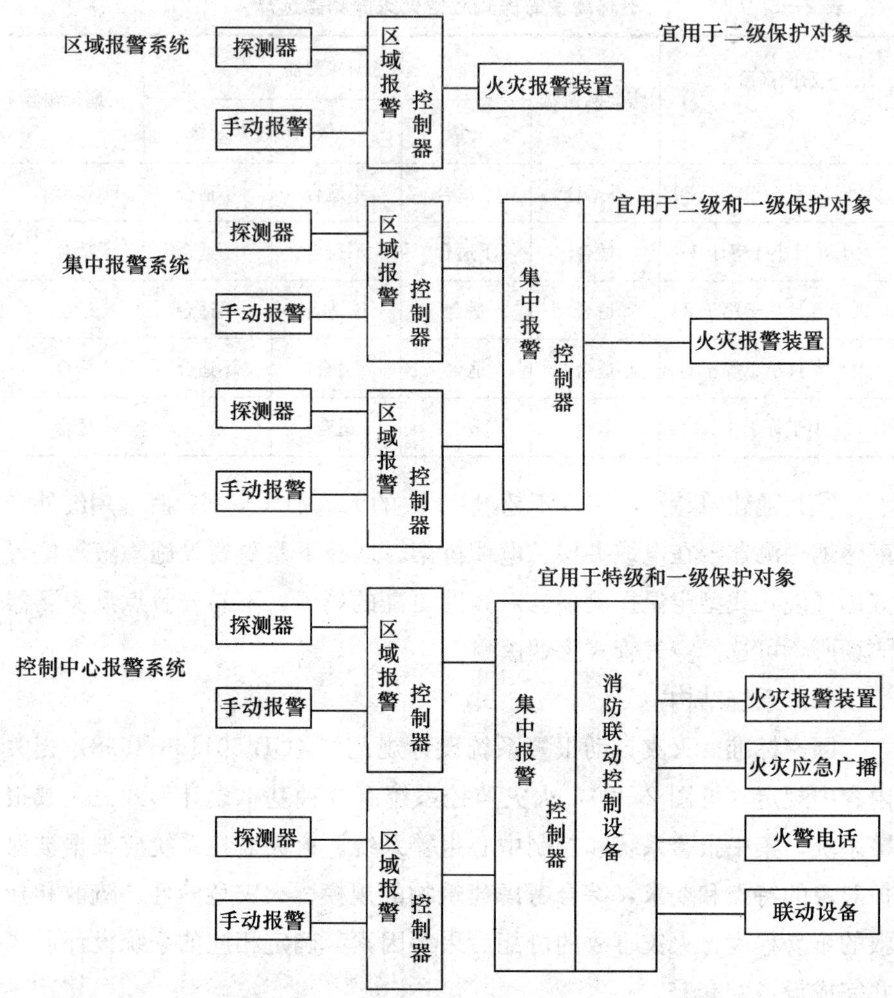

图 2—2 火灾自动报警系统 3 种基本形式框图

①独立设置的消防控制室其耐火等级不应低于二级。

②附设式的消防控制室应采用耐火极限不低于 3 h 的隔墙和 2 h 的楼板与其他部位隔开。若附设于有爆炸危险的建筑物时，还应按有关安全规范中的要求设防。

③消防控制室的门应有一定的耐火能力，门应向疏散方向开启。

（5）防止火灾蔓延的技术措施

1）防止火灾水平蔓延。防火分区、防烟分区和防火间隔的落实。

2）防止火灾竖向蔓延。为了减少各种竖向管井对高层建筑火灾的危害，管井壁和检查门的耐火极限有一定要求；竖向管井和线槽穿过楼板处要有防火封堵。

3）防止火灾沿管道蔓延。为防止火灾沿管道蔓延，可用70℃防火阀分隔。

4）对特殊场所的防护。对于有特殊设备，例如，建筑物内锅炉房、直燃机房、油浸变压器、柴油发电机房、充有可燃油的高压电容器、多油开关等具有燃烧和爆炸可能性的场所，应按《建筑设计防火规范》中规定，用防火墙隔开。有易燃易爆物品的建筑，严禁附设在民用建筑内。

（6）火灾中人员顺利疏散的技术措施

应结合本单位情况，从消防道路、安全出口、疏散楼梯间、设置应急照明、安全出口指示、疏散指示标志等方面提出改进意见。

二、消防监督检查

1. 制定消防监督自查措施

（1）按《中华人民共和国消防法》及公安部有关文件规定，作为机关、团体、企事业单位，以及居民住宅区的管理单位，应当履行的消防安全职责有：

1）建立消防安全责任制。应当落实逐级消防安全责任制和岗位消防安全责任制。对于法人单位，应当明确法定代表人为单位的消防安全责任人；对于非法人单位，应当明确主要负责人为该单位的消防安全责任人。消防安全责任人对本单位的消防安全工作全面负责。

2）制定消防安全制度、消防安全操作规程。消防安全制度包括用火用电制度、消防安全检查制度、消防设施维护保养制度、值班制度、消防宣传教育制度等。对于企业单位，不但要有消防安全制度，还要制定消防安全操作规程。

3）结合本单位的特点对职工进行消防安全教育。对职工的消防宣传教育要针对本单位的特点。通过教育增强职工的消防安全意识，使职工了解本岗位的火灾特点。做到会报火警，会使用灭火器材扑救初期火灾，会自救逃生。

4）组织防火检查，及时消除火灾隐患。防火检查是指单位组织的对本单位进行的检查，是单位在消防安全方面进行自我管理、自我约束的一种主要形式，是单位消防安全责任人工作的一项主要内容。

5）配置消防设施和器材，设置消防安全标志，并定期组织检验、维修。

6）确保通道安全。保障疏散通道、安全出口畅通，并设置符合国家规定的消防安全疏散标志。

（2）智能楼宇管理师应协助本单位领导，落实消防安全责任，做好消防监督自查，内容包括：

1）消防安全管理制度、消防安全操作规程的制定和落实情况。

2）防火安全责任制及消防安全责任人的落实情况。

3）职工及重点工种人员消防安全教育和培训情况。

4）防火检查制度的制定和落实情况以及火灾隐患的整改情况。

5）消防控制室值班人员在岗情况和设备运行记录情况。

6）消防安全重点部位的确定和管理情况。

7）易燃易爆危险物品和场所防火防爆措施的落实情况。

8）防火档案的建立健全情况。

9）每日防火巡查的实施情况和巡查记录情况。

10）消防设施定期检查测试维修保养制度的建立和落实情况，消防器材配置及有效使用情况。

11）消防安全重点单位灭火预案和应急疏散预案的制定和定期组织演练情况。

2. 制定消防隐患整改方案

公安消防机构规定，在消防监督检查时发现具有下列情形之一的应当确定为火灾隐患，并要求进行整改。

（1）影响人员安全疏散或者灭火救援行动不能立即改正的。

（2）消防设施不完好、有效，影响防火灭火功能的。

（3）擅自改变防火分区容易导致火势蔓延扩大的。

（4）在人员密集场所违反消防安全规定使用、储存易燃易爆化学物品不能立即改正的。

（5）不符合城市消防安全布局要求影响公共安全的。

有前款所列情形且情况严重可能导致重大人员伤亡或者重大财产损失的，应当确定为重大火灾隐患。智能楼宇管理师应按上列内容检查隐患整改情况，制定消防隐患整改方案。

第三章

通信网络与信息网络系统设计与管理

第一节　程控交换系统的设计与管理维护

学习目标

通过学习，能够掌握程控交换系统设计和安装、调测的基本技能，掌握对程控交换系统硬件和软件的管理维护的基本方法。

相关知识

一、工事设计基础知识

1. 话务量的概念

用户何时打电话和每次通话的时长是随机事件，但也有一定的统计规律，例如商业、机关用户和居民用户打电话的高峰时间和通话平均时长各有不同，各自有各自的规律。

为反映电话用户通话的频繁程度和通话时间的长短，电话交换中引入了“话务量”的概念。话务量定义为：单位时间内发生的呼叫次数与每次呼叫的平均占用时长和计算话务量的时间范围之乘积。

话务量是一个无量纲的数值，但却通常用“小时呼”或“爱尔兰”

(Erl)来表示。如果某用户的 1 次呼叫和通话连续占用话路 1 h，则该用户的话务量为 1 Erl。

2. 基线比例的概念

程控交换机系统中，最基本的有 2 个要素，分别是用户线数和中继线数，用户线数和中继线数的比例就是基线比例。

3. 服务中继的计算方法

最繁忙 1 h 的中继时间/60×每分钟的话务数量=中继线的条数。中继时间指的是：(接通时间+广播时间+音乐时间+对话时间)×话务量。

举例说明：比如接通时间为 5 s，广播时间是 15 s，平均音乐时间是 10 s，平均通话时间是 5 min 即 300 s，最繁忙时间为每天上午 9～10 点，话务数量为 200 次，那么中继线应该=(5/60+15/60+10/60+300/60)×200/60=19 条，这是指人工呼叫的中继线路计算方法，IVRS 的中继线路方法相同，总的路数只要加起来就可以。

如果你的设备已经到位，也就是说坐席数量已经确定并且在短时间之内无法改变，那么你就按照 1∶1.2=坐席数量∶中继线路的比例来决定中继线的数量。其实，一般专业的外包呼叫中心的比例要达到 1∶1.5 左右，但公司自建 1∶1.2 也是可以的。

二、信号系统基本知识

1. 信令的分类

信令按其工作区域可分为用户线信令和局间信令。

(1) 用户线信令

用户线信令是用户线上传递的用户与交换机之间的信号。用户线信令主要包括描述用户摘挂机状态的信令、传送被叫号码的数字信令、向用户通报接续结果的铃流和信号音。

(2) 局间信令

局间信令是局间中继线上传送的交换设备之间和交换设备与网管中心、智能中心、数据库等设备之间的信令，主要包括控制话路接续与拆线的信令和保证网路有效运行的信令。

局间信令按功能分，可分为监视信令(也称线路信令)，选择信令和操作信令(合称记发器信令)。

每个电话的信令可以由该电话话路传送，也可以经由专设的公共信令信道传送。因此，根据信令的传送方式，信令可分为随路信令（CAS）和公共信道信令（CCS）2 种方式。

2. 中国 1 号信令

我国采用的随路信令方式称为中国 1 号信令方式。由于程控数字交换机和数字传输设备的大量应用，局间随路信令必须采用数字型线路信令。我国规定，数字型线路信令方式是采用 PCM30/32 系统的第 16 时隙（TS16）作为信令时隙，以 16 帧（F_0～F_{15}）为复帧传送 30 个线路信令的方式。

3. 中国 7 号信令

7 号信令属于局间信令，它的基本结构主要分为消息传递部分（MTP）、信号连接部分（SCCP）和用户部分（UP）。

（1）第一级信令

第一级信令数据链路级定义了信令数据链路的物理、电气和功能特性，确定与数据链路的连接方法。

（2）第二级信令

第二级信令链路功能级规定了把消息信号传送到数据链路的功能和程序。它包括信号单元的分界、信号单元定位、差错检出、差错校正、初始定位、处理机故障、第二级流量控制和信令链路差错率监视等功能，它与第一级共同保证在 2 个信令点之间提供一条可靠传送消息的信号链路。

（3）第三级信令

第三级信令功能级规定了在信令点之间传送消息的功能和程序。该功能在信令链路和信令转接点发生故障时，将对信令网重新组合以保证消息可靠传送。

4. PRI 信令

PRI 信令：又称 ISDN（30B＋D）信令、DSS1 信令、PRA 信令。在北美和日本，ISDN PRI 提供 23B＋D 信道，总速率达 1.544 Mb/s，其中 D 信道速率为 64 kb/s。而在欧洲各国和澳大利亚，ISDN PRI 为 30B＋D，总速率达 2.048 Mb/s。我国为 30B＋D 方式。

三、工程调测和验收

1. 系统建立步骤

（1）设定客户数据

设定客户数据包括：建立客户数据块，定义客户号、特殊功能前缀码、截接处理、来话识别键功能、自动号码识别、呼叫详细记录，定义系统参数、超环路参数、外围设备机柜及有关损耗和电平方案数据，设定灵活音信号表，定义新灵活拨号限制表。

（2）定义相关数据

定义分机数据，建立话机数据，定义分机的分机号码、连选号码、中继线组使用限制、服务等级等其他功能。

2. 电信级系统数据的设置

（1）结构数据设置

定义输入、输出缓冲器及呼叫寄存器的数量，定义 CPU 的个数、存储器的个数、网络环路、会议环路、信号音产生器环路和 I/O 设备。

（2）中继线数据设置

定义中继线位置、特性及路由。中继线特性包括中继线类型、夜服号、信令方式，对其他中继线的访问限制、启动方式、监视等。

（3）中继线路由设置

定义路由号、访问号、连选方式、路由类型、访问限制、时间参数、CDR 格式、录音播放器的安排等功能的设置。

3. 与运营商对调时的要求

程控交换机与运行商对调时，要确定对调时间，采用信令方式、连接方式，运营商提供局向号码段和测试电话号码。

4. 验收项目要求及内容

程控交换机安装调试运行正常一段时间后，将进行程控交换机验收工作。验收工作主要包括以下 2 个部分：

（1）程控交换机的内部分机拨打功能的测试

内部分机功能测试主要有：缩位拨号、热线服务、呼出限制、密码呼出、闹钟服务、免打扰、跟随转移、遇忙转移、久叫不应转移、呼叫等待、遇忙回叫、缺席服务、恶意电话追踪、异机密码呼出、三方通话、会议电话、代接分机、立即接通热线、报时、留言等。

（2）程控交换机外网测试

通过分机拨打不同局向外线，然后通过不同的局向外线电话拨打该程控交换机的分机，检测能否正常通话，有无掉线现象，是否有个别局向无法拨通等情况。

四、传输的基本知识

1. 传输设备的作用及原理

当前，光纤通信系统普遍采用数字编码和强度调制——直接检测（IM－DD）通信系统。电端机对用户的各种业务信号进行复用/去复用处理，并发送/接收高速数字电信号；光端机把电端机的信号变换成适合光纤传输的线路码并进行电/光和光/电变换。光中继器通常采用掺铒光纤放大器以补偿光纤线路的损耗，也可以采用背靠背的光收、发信端机，并在其间配置数字信号再生单元组成的再生器（REG）代替光中继器，并简称为电中继。

现在，光端机和电端机已合二为一。通常，把光电合一的端机称为终端复用器（TM）。

一条光纤通信链路由两端的终端复用器（TM）、光纤线路及插在线路中的若干再生器（REG）和（或）分出/插入复用器（ADM）组成。REG 和（或）ADM 把链路分成若干段。REG 或 TM 与紧邻的 REG 间的链路段称为（电）再生段；ADM 或 TM 与紧邻的 ADM 间的链路段称为复用段。一个复用段可包含几个再生段。在一个再生段中，可插入光中继（放大）器，两相邻光中继器间的链路称为光中继段。

通常，采用 2 根光纤实现双向通信，每根光纤支持一个方向。当前，已建成的光纤网络主要采用 G. 652 光纤，它在 1 550 nm 波长窗口损耗最小，虽然有一定的色散，却能在一定限度内支持密集波分复用（DWDM）。例如，可以在这个窗口选用 32 个或更多个波长的密集波分复用，相邻波长之间的间隔仅 1. 6 nm 左右。新的 G. 655 非零色散和大有效面积光纤在 1 550 nm 窗口色散系数为 4 ps/nm・km，非线性功率门限高，无四波频（FWM）效应，适合更多波长的 DWDM。

通信光源（半导体激光器）、光电检测器和光放大器是支持光纤通信的三类最主要的器件。

（1）通信光源

目前，采用的通信光源主要是半导体激光器（LD）和半导体发光二极管（LED）。

（2）光电检测器

常用的光电检测器有光电二极管（PIN）和雪崩光电二极管（APD）2类，它们的基本功能是把微弱的光信号变成电信号。

（3）光放大器

目前，光放大器有半导体光放大器（SOA）和光纤放大器［掺铒光纤放大器（EDFA），掺镨光纤放大器（PDFA）、掺铌光纤放大器（NDFA）］2类。此外，还可采用拉曼放大。

2. 传输设备的维护

数字光纤通信设备的维护归纳起来主要有2个方面的内容，一是对数字光纤通信设备的定期检查与测试，二是对数字光纤通信系统中出现的各种故障的处理。

（1）数字光纤通信设备的检查与测试

根据传统的通信设备的维护方法，并结合数字光纤通信设备的特点，对于数字光纤通信设备的电接口的各项指标，在数字光纤通信系统进入稳定工作状态以后，在一段时间以内，甚至在设备的有效工作期间，一般可以免予测试。而对于数字光纤通信设备的光接口的有关指标及其相关参数则需要随时掌握，要做定期测试，以便了解光传输线路在各种外界条件下发生的各种变化，以致采取相应的措施。

例如，光发送中LD的偏置电流 I_B 需要随时观察变化，这是了解LD工作状态的一个重要的窗口，I_B 的变化可以反映光发送电路中的自动功率控制电路（APC）或自动温度控制电路（ATC）的工作情况，还可以了解LD的工作寿命状态。还有在光接收中对自动增益控制电路（AGC）电压的定期测试，这个参数的变化，不但可以直接表示光接收机当前的工作状态，而且还反映一段光传输线路中出现的各种情况。

在数字光纤通信设备中，对其工作电源进行定期测试也十分必要，因为它关系到整个数字光纤通信系统的工作状态。对于数字光纤通信设备，通过定期测试得到的各种数据，分析与发现数字光纤通信系统在运行中潜在的问题。把问题解决在萌芽状态，这对维护人员来说是很重要的。这不但要求维护人员对所维护的系统设备有比较清楚的了解，而且还应该有一定的实践经验。作为实用化的数字光纤通信设备一般都是在计算机监控下工作（目前有的是用手持终端完成监控），这对进行定期测试是十分方便的，对整个传输系统内所需要进行定期测试的参数都可以即时显示、打印出来。

（2）数字光纤通信设备的维护

1）数字光纤通信系统故障的种类和在光纤通信设备维护中需要处理的系统故障，主要有以下几种：

①光端机（或光中继机）面板上所显示的故障告警，如电源故障、PCM 中断、发无光、收无光、帧失步、误码率大于等于 10^{-3}、LD 寿命告警以及收到的 AIS（远端告警）等。

②数字复用设备所显示的故障告警，如电源故障、电源变换器故障、支路输入信号消失、群路输入信号消失、帧失步、收到对端的告警、群路收到 AIS 等。

③PCM 基群复用设备所显示的故障告警，如电源故障、电源变换器故障、基群输入信号中断、帧失步、误码率超限、收到对端告警、收到基群 AIS 等。

2）维护方法有：

对于前面提及数字光纤通信设备维护中一些必要检查与测试内容的检查及测试方法，一般在相应的数字光纤通信设备使用说明书中都有较详细的说明，这里主要介绍数字光纤通信系统故障处理的一般方法。

对于数字光纤通信系统中出现的故障处理，首先是对其设备出现故障的原因和出现故障部位的准确判定。这种故障判定的主要根据是设备中所设置的各种告警指示，其中有的故障可能很容易找到，而有的则需要从多个告警指示中进行综合分析才能确定故障出现在什么地方。在数字光纤通信设备中故障告警设备设置的原则是分段负责，即上游故障告警包含在下游的故障告警中，而下游故障告警包含了上游的故障告警。因此，在设备中故障出现时，可以先从上游的故障着手处理。

故障原因的分析，应根据影响范围的大小，可以采取不同故障定位方法。如系统环路故障定位法、光端机中的系统分割法和中继机中的系统与方向相结合的分割法等。在分析、处理故障的过程中，一个十分值得注意的问题是要清醒地了解系统监控的工作状态。

3. 传输设备与交换设备的连接

传输设备与交换设备连接主要用 2 种同轴电缆，分别是 75 Ω 同轴电缆和 120 Ω 同轴电缆。

（1）75 Ω 同轴电缆的安装

和交换机使用的数字中继背板相配合的 75 Ω 数字中继电缆只有一种结构，即通常所称的 DT75/3。

单芯的同轴电缆使用线缆材料的规格型号为：SYV-75-2-1/0.32。

技术参数为：外径小于等于 3.4 mm、导体外径 0.32 mm、绝缘外径 1.95 mm。

8 芯同轴电缆的规格型号为：SYV-75-2-1×8。

技术参数为：内导体根数/单根线缆外径为 1/3.4 mm，绝缘外径小于 2.1 mm，阻抗 75 Ω。

电缆插头的结构以及制作方法如图 3—1 所示。

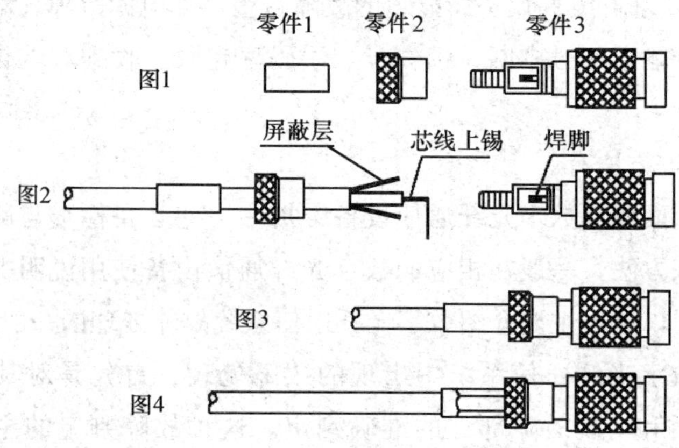

图 3—1　75 Ω 同轴电缆插头加工示意图

图 3—1 中描述了同轴电缆插头的组成，该插头规格型号为 CC4Y-J32；技术参数为阻抗 75 Ω、频率范围 0～4 GHz、额定电压 250V、耐压 750V、压接端接 SYV-75-2-1；“图 2”描述了同轴电缆的加工工艺，同轴电缆的铜线上锡后和插头的焊脚焊接；“图 3”描述电缆装配完成后的样式；“图 4”描述的是电缆装配后用专用的压接工具将“零件 3”（压接套）压接，用以保证中继电缆和插头之间有牢靠的连接，以防止电缆在摆动中芯线受到损伤。

1）当选用单芯的 75 Ω 中继电缆时，电缆的布线只是按照设计图样和电缆的去向、路由在机柜中进行布放。

2）当选用 8 芯 75 Ω 中继电缆时（这种方式现在使用得比较普遍），由于 8 条单芯的同轴电缆在同一外护套中，为了和背板上的插座相匹配，电缆在加工时 8 条芯线的长度已经作了相应调整，正确安装请参照图 3—2。

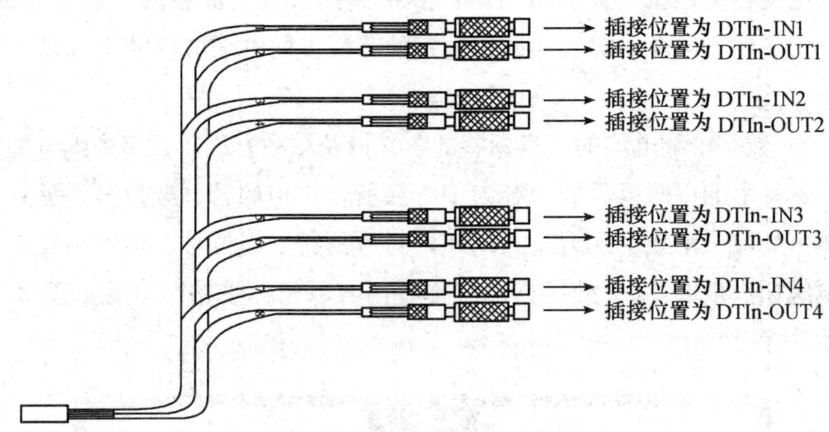

图 3—2 8 芯同轴电缆在背板上的插接位置图示

(2) 120 Ω 中继电缆的安装

1) 配合普通的数字中继背板，采用的 120 Ω 中继电缆是由 2 条 2 对对绞线（4 芯 120 Ω PCM 电缆）和一只 3×8 插头组成的，使用两条 120 Ω 中继电缆可以对应于一块数字中继板。

120 Ω 中继电缆的 A 端（标签上标有 Port A）的 3×8 插头插接在中继背板的针式插槽中，插接的位置为上 32 行插针插槽的 7～14 行以及下 32 行插针插槽的 7～14 行。电缆 B 端有两条电缆分别组成了 B1 端（标签上的 Port B1）和 B2 端（标签上的 Port B2）。B1 端对应的中继电缆用来传递从配线架 DDF 到中继板的输入信号 IN；B2 端对应的中继电缆用来传递从中继板到配线架 DDF 的输出信号 OUT。电缆中的信号对应关系见表 3—1。

表 3—1 电缆中的信号对应关系表

A 端（3×8 插头）			电缆色谱	信号	B 端
A4			绿红 1	第二路输入	B1 端
A5			绿黑 1		
		C4	蓝红 1	第一路输入	
		C5	蓝黑 1		
A6			绿红 1	第二路输出	B2 端
A7			绿黑 1		
		C6	蓝红 1	第一路输出	
		C7	蓝黑 1		

电缆在交换机一侧布放时，需要按照插头上的标签内容进行布放，并且为了便于电缆的绑扎和插拔，每块背板上的电缆应该从上和从下分开去绑扎。

2）数字中继电缆的工程标签的含义以及粘贴方式。数字中继电缆的工程标签上的一侧填写的内容为中继层所在机柜的行、架位号，另外一侧填写的应该是数字配线架（DDF）对应的行、列位号。标签粘贴在中继电缆插头根部 2 cm 处，具体的标签内容以及标签粘贴方式如图 3—3 所示。

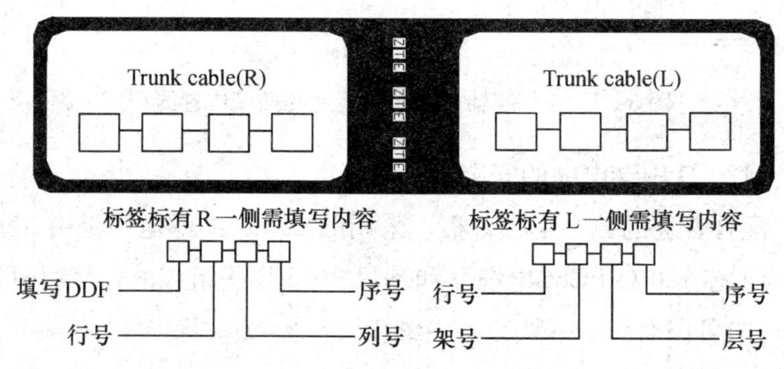

图 3—3　中继电缆工程标签图形及含义

中继电缆工程用去向标签上两侧分别标有 L 和 R，其具体的分别如下：

当标签是粘贴在交换机一侧的中继电缆上时，标签中 R 一侧的内容应该填写的是数字配线架 DDF 一侧的实际内容（配线架的行、列号，电缆在配线架的层数以及电缆的编号）。此时标签上标有 L 一侧的内容应该填写的是电缆所在的交换机所处内容（行号、架号，电缆所在的层数以及电缆的编号）。

当标签是粘贴在局方的数字配线架一侧时，标签中填写的内容正好和粘贴在交换机一侧标签的内容相反。

（3）电缆的配置

每一层高密度中继背板在配合高密度中继板 MDTI 使用时，需要配置的电缆如下：8 芯 75 Ω 微同轴电缆时需要使用的电缆数量是 64 条，可以对称在背板上部和下部的横走线槽向机柜两侧分线绑扎。

120 Ω 中继电缆 4T120 需要使用 32 条，分别在背板的上、下走线槽进行布线。

（4）电缆的绑扎

电缆应绑扎成线束的形式，从交换机到配线架间的电缆绑扎必须紧密靠拢，外观平直整齐无交叉。

能力要求

一、根据业务需求合理进行工程设计

1. 对基础设施进行设计

（1）机房选址

通信机房的选地应考虑保密、安全、安静、便于管理，因此最好与生活区隔离开来。交换机房的顶棚、墙、门、窗、地面等各种建筑物构件的材料选用及构件设计，应有足够的牢固性和耐久性，要求防止尘沙的侵入、存积和飞扬。程控交换机房的最低净高、地面负载、地面要求、内部装修、门窗要求、光照强度等，应符合不同品牌的程控交换机的规定。

（2）确定交换系统

程控交换机系统应放于交换机房的正中，交换机与墙面距离不小于1.5 m，这样便于程控交换机的散热及平时交换机的正常维护。程控交换机应面向该程控交换机的维护终端系统，便于维护工程师在程控交换机终端维护程控交换机时，观察程控交换机各种板卡显示状态，方便、快捷、有效地维护交换机。

（3）确定传输系统

传输系统最好与交换机系统在同一程控交换机房。如果不能，则传输系统与程控交换机的连接电缆即同轴电缆的距离不能大于100 m。传输系统与程控交换机系统的距离越短越好，因为同轴电缆的有效传输距离为100 m，过长则增加传输的误码率。

（4）确定配线架位置

配线架应与程控交换机同在一个程控交换机房。正常情况下，程控交换机系统配置的用户电缆长度不超过30 m，所以配线架与程控交换机电缆连接距离不应超过30 m。配线架维护界面前应该开阔，便于配线架电缆的日常维护。配线架上方的光源应充足，便于日常线务的维护。

2. 电源、线路配套工作

（1）电源

1）电力室的最低净高应结合所采用的配电屏、整流器等设备，以及它们的布线所需位置的要求来考虑。

2）地槽和暗管等应和地面施工同时完成，否则应采取适当措施预留位置，以免装机时破坏地面。

3）墙上或顶棚上的馈电线洞孔、壁龛 、暗管或加固点等，都应在土建施工时完成。

4）程控交换、测量、电力三项设备合于一室时，其房屋要求要兼顾三方面需要。

（2）线路

从程控交换机引出的外线电缆，可通过架空走道或地槽敷设。

1）安装平直走道应符合下列规定

①水平走道应与列架保持平行或直角相交，水平度每米偏差不超过 2 mm。

②垂直走道应与地面保持垂直并无倾斜现象，垂直度偏差不超过 3 mm。

③走道吊架的安装应整齐牢固，保持垂直，无歪斜现象。

④电缆走道穿过楼板孔或墙洞的地方，应加装木框保护。电缆放绑完毕后，应用盖板封住洞口，木框和盖板的漆色宜与地板或墙壁的颜色一致。

⑤安装沿墙单边或双边电缆走道时，在墙上埋设的支持物应牢固可靠，沿水平方向的间隔距离均匀。安装后的走道应整齐一致，不得有起伏不平或歪斜现象。

2）电缆地槽应符合下列规定

机房地面在修建时应根据机房平面布置，预留出暗管、地槽和孔洞的位置，地槽的尺寸、形状应符合工艺设计要求。地槽的截面应不小于 40 000 mm^2，边角应平整，盖板与地面应缝隙严密，槽壁应采取防潮措施。照明与电力管线也应尽量采用暗道敷设。

3. 调研业务需求确定交换系统规模

（1）电话用户数量的确定

电话站用户数量应以建设单位提供的要求为依据，并结合职能建筑内部包括生活管理、办公服务、公共设施等功能方面的实际需要，以及建筑物的类别、使用性质、应用对象、用户近期初装容量及远期的终期容量综合考虑确定。

当建设单位缺乏具体用户数量而今后又可能发展时，应根据职能建筑中用户最终应用对象的性质以及远期发展的状态来确定。一般可按初装电话机容量的130%～160%考虑。

作为办公型写字楼，一般以面积为10 m^2 左右的区域（房间）作为一个工作间，每个工作间常规按2个工作区进行计算，每个工作间可设置2个电话信息点插口，其中0.5个外线点，1.5个内线点，内外线在程控数字用户交换机房的主配线间的配线架（交接箱）上采用跳接线实现。

表3—2是根据有关资料统计的用户终端电话信息点数，供设计时参考。

表3—2　　　　用户终端电话信息

<table>
<tr><th colspan="2" rowspan="2">类别</th><th colspan="2">使用面积每10 m²</th><th colspan="2" rowspan="2">类别</th><th colspan="2">使用面积每10 m²</th></tr>
<tr><th>外线点数</th><th>内线点数</th><th>外线点数</th><th>内线点数</th></tr>
<tr><td colspan="2">商务写字楼</td><td>0.5</td><td>1.5</td><td colspan="2">新闻单位</td><td>0.5</td><td>2.0</td></tr>
<tr><td colspan="2">行政办公楼</td><td>0.5</td><td>1.5</td><td colspan="2">金融机构</td><td>0.5</td><td>2.0</td></tr>
<tr><td colspan="2">一般办公室</td><td>0.5</td><td>1.5</td><td colspan="2">住宅、客房</td><td>1</td><td>1</td></tr>
<tr><td rowspan="2">百货公司</td><td>商场</td><td>0.03</td><td>0.2</td><td rowspan="2">医院</td><td>病房</td><td>0.03</td><td>0.03</td></tr>
<tr><td>办公室</td><td>0.5</td><td>1.5</td><td>办公室</td><td>0.5</td><td>1.5</td></tr>
</table>

当电话用户数量在30门以下，而市话局又能满足市话用户需要且技术经济合理时，可直接进入市话网或直接作为市话局的一个远端模块局，而不单独设置电话站。电话用户数在30门以上时，宜设专用电话站。

（2）程控数字用户交换机容量的确定

程控数字用户交换机的初装容量，是以电话用户数量与近期发展的容量之和再计入30%的备用量来确定的，即

初装容量＝1.3×（当前电话用户数＋近期发展容量）

当缺乏近期资料时，可参考同类性质的工程或企事业单位的实际需

要情况，以及国家有关部门制定的电话普及率的规划指标确定。

程控数字用户电话交换机的远期容量，应根据智能建筑业主的发展规划及城市远期电话普及率指标确定。当缺乏上述资料时，可按近期的150%～200%确定。

交换机的安装分机限额为程控数字用户交换机容量的80%，由于PABX为模块化结构，近期扩展容量一般可通过增补用户模块来实现。

为了远距离、大容量地传输数字信号，智能建筑中用户通信设备引自公用市话局的数字中继线和外线，一般均采用光缆时分数字传输链路方式来传输脉冲编码调制PCM数字信号，接往程控数字用户交换机房，再在交换机房通过光端设备、接入设备转换成对绞线用户信号。

电话站出站线路应包括用户外线、程控数字用户交换机中继线路及用于计算机通信、会议电话、移动通信等通信应用的所有外线。在不可确定时，应留有一定余量，可按PABX中继线路的150%左右考虑。

4. 核算话务量确定对接运营商通道数量及服务中继规模

(1) 线路容量的计算

我国广泛采用程控用户交换机，按有关规定，将程控用户交换机的容量分成三类：

1) 小容量：250门以下。

2) 中容量：250～1 000门。

3) 大容量：1 000门以上。

(2) 交换机容量的设计

首先确定内线数量，然后再由此确定中继线数（局线数）等的分配。内线数的计算方法有很多，常见的方法有以下3种：

1) 按照所有电话机数计算。

2) 按照建筑物面积计算。

3) 按照人员数计算。

有关局线数与内线数的估算见表3—3。

有关按照人员数的计算法见表3—4。

表 3—3　　局线数与内线数的估算

	业种	局线数	内线数
每 10 m² 建筑面积	事务所	0.4	1.5
	政府机关		
	商贸公司		
	证券公司		
	广播电视台	0.4	1.3
	新闻报社		
	银行	0.3	1.0
	医院	0.2	1.3
每户	住宅	1	1

表 3—4　　每线的工作人员数

业种	每线的工作人员数
政府机关	1.9
公司	1.7～3.5
事务所	1.7～3.5
旅馆	1.9＋客房数
新闻报社	4.6
百货商店	20

内线数确定以后，再确定局线数（中继线数），局线数的计算也有多种方法。有按话务量计算，有按总容量的 8%～10%比例配分，等等。

表 3—5 为基本配备数，一般配备数不得小于市话局核定的这个最低数量，其目的是为了不影响全程全网接续质量。若交换机用户对公用网的话务量大，则中继线可以大于表 3—5 中规定的数目。

在确定交换机的容量时，应该考虑满足将来终期的容量需要，并备有维修余量。表 3—6 是根据我国国民经济状况和一些城市高层建筑的实用数据，进行通信业务预测的参考标准。

交换机的初装容量和终装容量计算如下：

初装容量＝1.3×［目前所需门数＋（3～5）年内的近期增容量］

表 3—5　　中继线数的确定方法

可以和市话局互相呼叫的分机数（线）	接口中继线配发数目（话数）	
	呼出至端局中继	端局来话呼入中继
50线以内	采用双向中继 1～5 条	
50	3	4
100	6	7
200	10	11
300	13	14
400	15	16
500	18	19

表 3—6　　预测通信业务发展的参考标准

高层建筑分类 / 通信业务预测 / 发展分期	机关、办公用高层建筑	饭店、宾馆高层建筑	财经商业服务大楼
近期（5 年左右）	每自然间 1.1 个电话，对于银行、办公性质的楼层应根据实际需要分布估算	高级宾馆应考虑用户电报、数据终端、电话等多种业务。目前可按每套客房 1.2～2.0 的系数考虑	按办公用户和营业厅分别估算： 1. 办公用户同办公用高层建筑； 2. 营业厅每个专业售货柜台有一个电话，其面积为 20 m^2 左右
远期（15～20 年）	每自然间 2.0 个电话，对银行、办公性质的楼层应根据需要分布估算	高级宾馆应考虑用户电报、数据终端、电话等多种业务。可按每套客房 2.0～3.0 的系数考虑	每个专业售货柜台至少有一个电话，并应适当增加数量

终装容量＝1.2×［目前所需门数＋（10～20）年后的远期发展增容量］

中继线数量按照总机容量的 8%～10%考虑确定。交换机的实装分机限额约为交换机容量的 80%。

二、与运营商进行对接

1. 调测传输设备确定通道可用性

（1）机柜背面有 8 对射频座，用户中继母板背面有 4 对射频座。

（2）按系统顺序，将每对射频头插入已配置 DT 对应的射频插座，对端局的发射频头插 R 射频座，对端局的收射频头插 T 射频座。

（3）打开中继框两边电源板 PWX，此时配置了的 DTC 板应正常工作，观察 DTC 绿灯状态，看本局或对端局是否有帧同步或复帧异步告警。

（4）进入维护子系统，在跟踪监视菜单的信令监视屏，观察已设置的所有中继电路的收发状态，此时中继线路没有占用（无人打中继），收发应是示闲态“1011”。如有某条电路号为故障或非闲态，则说明中继线路（包括本局 DTC 板、传输设备、对局中继设备）有问题，但如果这条电路号发的是示闲信号“1011”，并且进入电路控制菜单的查看状态屏，若该路状态为“闲”，则表明这路中继的问题不在本局。此时可采用本局射频头自环，对局自发自收检查对端局及传输线路问题。

（5）进入用户跟踪监视屏幕，先打本地网，屏幕显示在摘机前线路信令收、发都应是“011”。在摘机拨了本地网的目的码后，屏幕显示出本地呼叫及占用的 DT 的电路号。此时线路信令发“011”占用信号，如果收到“111”占用证实信号，说明该 PCM 链路的 16 时隙（信令时隙）没问题，没有或不是“111”信号，说明传输设备或对局中继设备有问题。本局在收到“111”信号后，立即开始多频互控（MFC）信令的收发。如果 MFC 信令不对，则可能是本局 MFC 板坏，或者本局话路时隙（由该出中继电路号决定）坏，也有可能对端 MFC 板及其话路时隙出问题，或者两局间的 MFC 信令配合不上。

（6）逐个 PCM 系统（可采用只留一个 PCM 系统，闭塞其他系统的方式）呼叫本地网的各个目的码之后，再由各个目的码呼入本局，看是否均正常，如某一目的码的呼出或呼入不正常，则一般是上级局设定该目的码数据有误。之后呼叫国内长途，至少每个 PCM 系统呼叫一次，与本地网不同的是监视跟踪屏幕显示国内长途，再呼叫国际长途，屏幕显示应是国际长途。

（7）本地网呼叫正常以后，国内、国际长途出问题，一般是长途局出问题，或是长途局的信令方式与本局配合不上。

2. 根据需求建立链路和话路

（1）设定局向名称

设置对端局名称，就是将局向号与对局名称联系起来，以便设定中继数据时更清晰。本项数据同接续无关（见表 3—7）。

表 3—7　局向名表

序号	局向号	局向名
0	0	公网
1	1	专网

（2）入中继群设定

对入中继群的计费级别、呼叫级别、计费方式以及话务台应答次序进行设定（见表 3—8）。

表 3—8　入中继数报表

序号	中继群	计费级别			呼叫级别		计费方式	话务员响应
		公网	专网	本网	公网	专网		
0	1	免费	免费	免费	市话	市话	计局线	顺序
1	3	国内长途	市话	免费	国内长途	长途	计主叫	优先

计费级别：本栏目针对中继计费而言，分别对入中继汇接呼出至公网、专网或直接对本网用户的呼叫按计费要求设定为相应计费级别。

呼叫级别：分别对入中继汇接呼出公网或专网的呼叫级别进行限制。

计费方式：计主叫表示需向入中继要求主叫号码进行计费。计局线表示对该入中继计费，而不需主叫号码。

话务员响应：当选择为“顺序”时，表示外线呼叫为普通电话，话务员按呼入的时间先后次序应答；当选择为“优先”时，表示外线呼叫为紧急电话，话务员优先应答，此时话务台响铃更急促，提醒有紧急电话呼入，要话务员立即应答。

（3）出中继群设定

设定出中继冠号，并确定呼出方式和占用的局向，见表 3—9。

表 3—9　　出中继数据表

呼出序号	冠号	有效位	专网	局向选择方式					
				直达	发送位	迂回	发送位	基干	发送位
0	0	1	否	0	1				—
1	9	1	是	1	1				市话

用户拨“0”听一次拨号音，占用 0 局向的中继呼出到公网。

用户拨“9”听二次拨号音，占用 1 局向的中继呼出到专网市话。

冠号：拨占某局向的号码，最多可 8 位。

有效位：计费开始位，一般从冠号后一位开始。

专网：指出该局向是否为专网。

局向选择：如果到某方向有三条局向，则按直达、迂回、基干的顺序选占相应中继，只有当前面的局向占满才会占到下一路由，否则将在同一局向中轮选。其中发送位指通过该局向时号码从第几位开始转发。

呼出方式：分一次拨号音，二次拨号音（市话、长话）两类。市话、长话分别表示该局向允许的呼叫级别。

应注意有效位和发送位从第 0 位数起。

3. 系统数据的设置

下面以北电程控交换机通用程序为例。

LD 17　REQ：CHG

TYPE：CEQU

PRI2：loop

REQ：CHG

TYPE：ADAN

ADAN：NEW DCH xx

CTYP：MSDL　（输入/输出端口卡板类型）（多用途串行数据接口）

DNUM：yy　（硬件设置 DNUM 地址）（I/O 端口的设备号码）（在 MSDL 卡板上的所有端口共用一个 DNUM）

PORT：0/1　（D 通道分为 2 个）
USER：PRI
DCHL：loop　（LOOP 号）（DCHI 的 PRI 环路号码）
IFC：EURO　（欧洲）APAC（中国）（D 信道的接口类型）SL1－NORTEL（两端都为北电 PBX 时采用）
CNTY：NET/ETSI（网络端/用户端）/CHNA（中国）
OVLR：YES　（重叠接收）
DIDD：0

LD 15　REQ：CHG
TYPE：NET
ISDN：YES　（综合业务数字网）
…

LD 16　REQ：NEW
TYPE：RDB
ROUT：x
TYTP：TIE
DTRK：YES　（是否为数字中继路由）
DGTP：PRI2　（数字中继类型）
ISDN：YES
MODE：PRA　（ISDN/PRA 路由）
IFC：EURO　（接口）（EurroISDN 接口）
CNTY：NET/ETSI
ICOG：IAO
SRCH：RRB　（中继线的连选方式）（循环连选）
ACOD：xxxx
TARG：0
IDC：　（是否启用 IDC 表）
FRL：0－0，7 － 7
TTBL：1

LD 14　REQ：NEW 30
TYPE：TIE　NTBK51AA

TN：loop ch　　　　（数字中继线的环路号，通道号）

RTMB：rout 1　　　（路由号，成员号）

CLS：DTN UNR　　　（DTN 双音多频）

4. 工程测试及工程验收

测试功能在电路测试子系统中测试，主要对用户的内外线、AT 中继进行测试。

（1）用户测试

1）外线挂机、摘机、短路时，分别进行外线测试、摘机和短路遇忙强测，3 种测试情况不同之处在于 AB 线间电阻为 200 Ω 或 800 Ω（由话机电阻决定），短路时线间电阻在 10 Ω 以内。

2）外线测试也可单项进行，分别测外线电阻、电压、电容。

3）选些号码进行内线测试，每框用户至少选一个号码进行内线和外线测试。

（2）单板测试

包括对主备网板、信号音板、主节点板、双音多频板、多频互控板的测试，测试结果应正常。

（3）会议电话功能测试

会议电话功能有：会议电话召集方、参加方登记、删除、强拆，辅助外线用户加入会议电话 PC 话务台功能。

1）会议电话组（召集方）管理的测试。当用户进入会议电话管理系统后，弹出如下界面：

<table>
<tr><th>会议电话组</th><th>PC 话务台</th></tr>
<tr><td rowspan="2">F2　　　拨号
INSERT　增加一组会议电话
DELETE　删除一组会议电话</td><td>主叫：
保留：
回叫：
内线：
外线：</td></tr>
<tr><td>F3：回叫
F4：内线
F5：外线
F6：重呼
F7：转接
F8：保留
F9：转入会议电话
SPACE：挂机
ENTER：监视开关</td></tr>
</table>

按“INSERT”键可在会议电话组窗口中登记多组会议电话，每组会议电话由相应的召集方表示。因此，会议电话组的登记也就是会议电话召集方的登记。只有当召集方允许会议电话新业务时，才可能登记成功，而且召集方只能是内部分机。按“DELETE”键可删除会议电话组（召集方）。

2）会议电话（召集方）管理的测试。在会议电话组管理界面下，将光标定位于某一召集方上，按“ENTER”键进入该组会议电话召集方的管理，于是弹出如下界面：

<table>
<tr><th>会议电话监视</th><th>PC 话务台</th></tr>
<tr><td rowspan="2">30000-闲 30001-闲 30002-闲

007556401249-闲</td><td>主叫：
保留：
回叫：
内线：
外线：</td></tr>
<tr><td rowspan="2">F3：回叫
F4：内线
F5：外线
F6：重呼
F7：转接
F8：保留
F9：转入会议电话
SPACE：挂机
ENTER：监视开关</td></tr>
<tr><td>F2　　拨号
INSERT　增加一个参加方
DELETE　删除一个参加方</td></tr>
</table>

上图中第一项“30000”为当前一组会议电话的召集方，通过“INSERT”键可加入相应的参加方，如“30001”“30002”“007556401249”等，按“DELETE”键则可删除当前会议电话的参加方。

3）会议电话的启动、监视和强拆的测试。在召集方的话机上拨“*46”或“146”可启动本组会议电话，当参加方应答后可开始电话会议，此时可监视本组会议电话的进行情况，弹出如下界面：

会议电话监视	PC话务台
30000-通话 30001-通话 30002-振铃 007556401249-空闲	主叫： 保留： 回叫： 内线： 外线：
	F3：回叫 F4：内线 F5：外线 F6：重呼 F7：转接 F8：保留
F2　拨号 INSERT　增加一个参加方 DELETE　删除一个参加方	F9：转入会议电话 SPACE：挂机 ENTER：监视开关

召集方“30000”进入通话态，参加方“30001”已响应振铃后也进入通话态，而参加方“30002”仍在振铃态，未进入会议电话中。此时可强拆“30000”“30001”“30002”或“007556401249”中任一方，若强拆“30002”，可移动光标至“30002”处，然后按“DELETE”键，即从正在进行的会议电话中强拆“30002”，其状态变为空闲。“007556401249”为外线用户参加方，其状态为空闲。强拆是对正在进行的会议电话各方的“DELETE”操作，而删除则是对未启动的会议电话各方的“DELETE”操作，被删除方将不再属于此组会议电话，而被强拆方只是暂时退出本次正在进行的会议电话，下次启动仍有效。

三、程控交换系统的硬件及软件的管理维护

1. 例行维护保障工作

（1）打开所有机框盖，观察告警灯，有无告警。

（2）打开维护终端，查看是否有报警提示。

（3）经常打扫程控交换机机框内卫生，保证板卡正常运行。

（4）查看空调系统是否正常运行。

（5）定期对后备电池进行充放电工作。

（6）测试中继线是否正常。

2. 系统数据管理及维护

检查交换机端口数据与软件程序，以北电程控交换机通用程序为例：

LD 2　　(话务统计)

　TTAD　　(打印当前的时间和日期)

　STAD　　(设置当前的时间和日期)

　…

LD 30　　(网络和信令诊断)

　LDIS　　(列出所有关闭的环路)

　LENL　　(列出所有打开的环路)

　LOOP 1，ALL　(测试一个或全部环路上的网络存储器)

　SHLF　1　s　(测试环路 1 机框 s)

　STAT　　(显示所有网络环路的状态)

　…

LD 32　　(网络和外围设备诊断)

　…

LD 34　　(信号音发生器及双音多频接收器诊断)

　STAT　1　(显示某一 TDS 环路的状态)

　TDS　1　(测试某一 TDS 环路)

　STAT　　(显示所有关闭的 DTR 单元)

　DTR　1　(测试某一 DTR 环路)

　…

LD 35/135　　(公共设备诊断)

　STAT　CPU　(显示 2 个 CPU 的状态)

　TCPU　　(测试备用的 CPU)

　SCPU　　(倒换 CPU)

　STAT　MEM　(显示所有的存储器卡板的状态)

　…

LD 36/41　　(模拟中继线诊断)

　TRK　1scu　(占用某一中继线供测试用)

　RLS　　(释放正在测试中的中继线)

　LDIC　cr　(列出指定客户 c 和路由 r 最后一次来话距今天数)

　LDIC　1scu　(列出某一中继线最后一次来话距今天数)

LD37	（输入/输出设备诊断）
STAT	（显示所有输入/输出设备的状态）
STAT　TTY	（显示所有 TTY 口的状态）
TTY　x	（测试某一 TTY 口的状态）
ENL　TTY　x	（打开某一 TTY 口 x）
DIS　TTY　x	（关闭某一 TTY 口 x）
LD 38	（会议电路诊断）
STAT　1	（显示某一会议环路 1 的状态）
CNFC　1	（测试会议环路 1）
DISL　1	（关闭某一会议环路 1）
ENLL　1	（打开某一会议环路 1）
LD 44	（软件检查）
R　x	（软件核查 x 遍，输入 0 表示连续核查）
LD 45	（背景信令和开关诊断）
TEXT	（全面检查，包括网络记忆、导通能力和信令检查）
NSIG	（只检查网络记忆，导通能力）
LD54	（多频信令 MFC 诊断）
ATST	（对指定的 MFC 单元进行测试）
DISC	（关闭指定的 MFC 卡板）
DISU	（关闭指定的 MFC 单元）
ENLC	（打开指定的 MFC 卡板）
ENLU	（打开指定的 MFC 单元）
LD 60	（维护 B 通道，环路）
ENLL　x	（x 为环路）
ENCH　x	
DISL　x	
DISI　x	
DSCH　x　ch	
STAT　x	
SLFT　x	（在环路上进行硬件测试）

LD 96　　　　　（维护 D 通道）

ENL　DCH　x

DIS　DCH　x

STAT　DCH

ENL　MSGI　x

ENL　MSGO　x

DIS　MSGI　x

DIS　MSGO　x

LD 48（MSDL）

ENL　MSDL　　　x　FDL（x 为 DNUM 地址）

DIS　MSDL　x　ALL

3. 计费结算的要求

（1）取话单

取话单注意：

1）系统时间设定正确。

2）联机正常。

3）主机话单超过 2 万张单显示为红色（屏幕下端小窗话单显示区）。

4）主机话单溢出时有 0 级 5 号告警（主机可存话单 10 万张）。

以边取边分检和取完后分检 2 种方式取话单，之后在话单查询中查询取出的话单，以验证取话单的功能。

（2）计费统计

1）月统计可做前几天至昨天为止的几天话单的统计（割接后不允许这样做，月统计应是 1 个月话单的统计）。

2）用户统计可统计出本次开局安装的用户数据及用户特征。

3）月报表功能可打印该菜单下全部的七种报表，查看其格式及结果。

4）用户收据功能可打印出 2 种给用户的凭证。

（3）话单转储

话单转储有自动转储和指定转储 2 种方式，均是用一张盘可存多天话单，存满提示更换另一张盘。

（4）话单查询

话单查询可按主叫号码或按被叫号码查询，可查全部话单或某一类话单（如长话）。

（5）产生计次表

对要计次表的局，在做月统计前的最后一次取话单操作时，一定要先产生计次表再取话单。

4. 系统重新建立与恢复

程控交换机系统建立起来以后，一定做好数据的备份，主要包括以下两项：

（1）硬件方面

保留好各种板卡在程控交换机的位置图、各种连接线的连接图、配线架电缆的位置图、中继线位置图、电源线的连接图等。

（2）软件方面

程控交换机系统的结构数据、客户数据、中继数据等数据的软拷贝。如果出现机器不能正常运转，可以进行软启动。如果判断硬件故障，需要重新建立系统，那么将按照硬件备份数据进行硬件方面的安装，安装成功后。装入程控交换机的软件备份数据，进行重新加载。通过以上工作就能顺利地建立和恢复程控交换机系统。

第二节　网络系统构建

学习目标

通过对计算机网络技术知识和接入 Internet 技能的学习，使学员掌握组网设计方法和 Internet 的常用接入方式。

相关知识

一、计算机组网设计基本知识

互联是网络中计算机的基本形式，网络中的计算机等设备实现互联的方式就叫做“拓扑结构”，拓朴结构主要有星型结构、环型结构、总线型结构、星型和总线型结合的复合型结构四大类。

1. 星型结构

这种拓扑结构网络的基本特点主要有如下几点：

（1）容易实现。它所采用的传输介质一般都是采用通用的对绞线，这种拓扑结构主要应用于 IEEE 802.2、IEEE 802.3 标准的以太局域网中。

（2）节点扩展、移动方便。节点扩展时只需从集线器或交换机等集中设备中拉一条线即可，而要移动一个节点只需把相应节点设备移到新节点即可，而不会像环型网络那样“牵其一而动全局”。

（3）维护容易。一个节点出现故障不会影响其他节点的连接，可任意拆走故障节点。

（4）采用广播信息传送方式。任何一个节点发送信息在整个网中的节点都可以收到，这在网络方面存在一定的隐患，但这在局域网中使用影响不大。

（5）网络传输数据快。目前以太网接入速度已达到 1 000 Mb/s 到 10 Gb/s。

2. 环型结构

这种拓扑结构的网络主要有以下几个特点：

（1）这种网络结构一般仅适用于 IEEE 802.5 的令牌网（Token ring network），在这种网络中，“令牌”是在环型连接中依次传递。所用的传输介质一般是同轴电缆。

（2）这种网络实现也非常简单，投资少。组成这种网络除了各工作站就是传输介质——同轴电缆，以及一些连接器材，没有价格昂贵的节点集中设备，如集线器和交换机。但也正因为这样，所以这种网络所能实现的功能最为简单，仅能当作一般的文件服务模式。

（3）传输速度较快。在令牌网中允许有 16 Mb/s 的传输速度，它比普通的 10 Mb/s 以太网要快许多。当然随着以太网的广泛应用和以太网技术的发展，以太网的速度得到了极大提高，目前普遍都能提供 100 Mb/s 的网速，远比 16 Mb/s 要高。

（4）维护困难。从其网络结构可以看到，整个网络各节点间是直接串联，这样任何一个节点出了故障都会造成整个网络的中断、瘫痪，维护起来非常不便。另外，因为同轴电缆所采用的是插针式的接触方式，所以非常容易造成接触不良，网络中断，而且查找故障非常困难。

（5）扩展性能差。也是因为它的环型结构，决定了它的扩展性能远不如星型结构好。如果要新添加或移动节点，就必须中断整个网络，在环的两端做好连接器才能连接。

3. 总线型结构

这种结构具有以下几个方面的特点：

（1）组网费用低。这样的结构根本不需要另外的互联设备。

（2）网速不定。这种网络因为各节点是共用总线带宽的，所以在传输速度上会随着接入网络的用户的增多而下降。

（3）网络用户扩展较灵活。需要扩展用户时只需添加一个接线器即可，但所能连接的用户数量有限。

（4）维护较容易。单个节点失效不影响整个网络的正常通信。但是如果总线一断，则整个网络或者相应主干网段就断了。

（5）这种网络拓扑结构的缺点是一次仅能一个端用户发送数据，其他端用户必须等待获得发送权。

4. 混合型拓扑结构

这种网络拓扑结构主要用于较大型的局域网中，如果一个单位在几处地理位置上分布较远（当然是同一小区中的区域），单纯用星型网来组整个公司的局域网，因受到星型网传输介质——对绞线的单段传输距离（100 m）的限制很难成功。如果单纯采用总线型结构来布线则很难承受公司的计算机网络规模的需求。结合这 2 种拓扑结构，在同一栋楼层采用对绞线的星型结构，而不同楼层采用同轴电缆的总线型结构，在楼与楼之间采用总线型结构，传输介质当然要视楼与楼之间的距离，如果距离较近（500 m 以内）可以采用粗同轴电缆来作传输介质，如果在180 m 之内还可以采用细同轴电缆来作传输介质。但是如果超过 500 m 可以采用光缆或者粗缆加中继器来实现。这种布线方式就是我们常见的综合布线方式。这种拓扑结构主要有以下几个方面的特点：

（1）应用相当广泛。解决了星型和总线型拓扑结构的不足，满足了大公司组网的实际需求。

（2）扩展相当灵活。继承了星型拓扑结构的优点。但由于仍采用广播式的消息传送方式，所以在总线长度和节点数量上也会受到限制。

（3）网速不定。同样存在总线型网络结构的网络速率会随着用户的增多而下降的弱点。

（4）较难维护。这主要受到总线型网络拓扑结构的制约，如果总线断，则整个网络也就瘫痪了，但是如果是分支网段出了故障，则仍不影响整个网络的正常运作。另外，整个网络非常复杂，不容易维护。

（5）速度较快。因为其骨干网采用高速的同轴电缆或光缆，所以整个网络在速度上应不受太多的限制。

二、IP 地址概念

1. IP 地址分配

（1）A 类网络地址（见表 3—10）

表 3—10　　开始和结束的 A 类网络 ID

最左边的 8 位组	等价十进制数	作用
00000000	0	本网络
00000001	1	第一个可用 A 类网络 ID
00000010	2	可用 A 类网络 ID
00000011	3	可用 A 类网络 ID
0xxxxxxx	4～123	可用 A 类网络 ID
01111100	124	可用 A 类网络 ID
01111101	125	可用 A 类网络 ID
01111110	126	最后一个可用 A 类网络 ID
01111111	127	回送或本地主机

A 类网络地址包括 8 个网络 ID 位和 24 个主机 ID 位。在 A 类网络中，最左边的地址位总是 0。其缺省子网掩码是 255.0.0.0。

A 类网络 ID 的特点是：

1）最左边的 8 位组的等价十进制数是 1 和 126 之间的一个数。

2）每个 A 类网络可支持约 1670 万台主机。

3）A 类网络 ID 可以分配给需要支持大量主机的单位。

（2）B 类网络地址（见表 3—11）

B 类网络地址包括 16 个网络 ID 位和 16 个主机 ID 位。在 B 类网络中，最左边的 2 个地址位始终是 10。其缺省子网掩码是 255.255.0.0。

B 类网络 ID 的特点是：

1）最左边的 8 位组对应的十进制数在 128 到 191 的范围之内。

2）每个 B 类网络最多支持 65 534 台主机。

3）B 类网络 ID 可以分配给需要支持中等数量主机的单位。

表 3—11　　开始和结束的 B 类网络 ID

左边的 2 个 8 位组	等价十进制数	作用
10000000 00000000	128.0	用于标识该网络（全部为 0）
10000000 00000001	128.1	第一个可用 B 类网络 ID
10000000 00000010	128.2	可用 B 类网络 ID
10000000 00000011	128.3	可用 B 类网络 ID
10xxxxxx xxxxxxxxx	（所有 16 528 个中间数）	可用 B 类网络 ID
10111111 11111100	191.252	可用 B 类网络 ID
10111111 11111101	191.253	可用 B 类网络 ID
10111111 11111110	191.254	最后一个可用 B 类网络 ID
10111111 11111111	191.255	用于广播（全部为 1）

（3）C 类网络地址（见表 3—12）

表 3—12　　开始和结束的 C 类网络 ID

左边的 3 个 8 位组	等价十进制数	作用
11000000 00000000 00000000	192.0.0	用于标识该网络（全部为 0）
11000000 00000000 00000001	192.0.1	第一个可用 C 类网络 ID
11000000 00000000 00000010	192.0.2	可用 C 类网络 ID
11000000 00000000 00000011	192.0.3	可用 C 类网络 ID
110xxxxxx xxxxxxxxx xxxxxxxx	（所有 2 097 144 个中间数）	可用 C 类网络 ID
11011111 11111111 11111100	223.255.252	可用 C 类网络 ID
11011111 11111111 11111101	223.255.253	可用 C 类网络 ID
11011111 11111111 11111110	223.255.254	最后一个可用 C 类网络 ID
11011111 11111111 11111111	223.255.255	用于广播（全部为 1）

C 类网络地址包括 24 个网络 ID 位和 8 个主机 ID 位。在 C 类网络中，最左边的 3 个地址位始终是 110。其缺省子网掩码是 255.255.255.0。

C 类网络 ID 的特点是：

1）最左边的 8 位组对应的十进制数在 192 到 223 的范围之内。

2）每个 C 类网络最多可支持 254 台主机。

3）C 类网络 ID 可以分配给需要支持少量主机的单位。

（4）D 类网络地址

D 类网络地址最左边的 4 位总是以二进制数 1110 开始，它对应的十进制数在 224 至 239 范围之内。D 类网络地址可用于广播。

(5) E 类网络地址

E 类网络是个实验性网络，通常不用于实际工作环境。其最左边的 5 位始终以二进制数 11110 开始，它对应于 240 至 247 范围内的十进制数。

2. 子网划分

(1) 子网划分特点

子网划分是将分配给 A、B 类或 C 类网络的 IP 地址块分割成多个较小地址块，以便更有效地使用它们。其好处是：

1) 减少拥挤。将大量用户放在单个网段上很容易造成过度拥挤。

2) 支持不同的网络技术。

3) 克服网络技术的局限性。

4) 安全性高。

5) 减少广播影响。

6) 支持广域网。地理位置分散的公司或机构可以跨越多个 LAN 来使用单个网络 ID。

子网划分的过程很有逻辑性，只有少量规则是必须遵循的。必须去掉第一个地址块和最后一个地址块。当创建子网时，每个子网都会失去该子网中的第一个和最后一个地址。假定将 C 类网络分成 16 个子网络，每个子网有 16 个地址。需要“掷掉”2 个子网络，即2×16=32 个地址。在剩下的 14 个子网络中，每个子网络也必须去掉 2 个地址，即 14×2=28 个地址。两者相加，32+28=60，就是说由于子网划分总共将要失去 60 个地址。

计划子网划分时，设法找到下面 3 个项目的最佳平衡点：可用网段数、每个网段的可用节点数、IP 地址的最小损失。

表 3—13 显示了在进行子网划分时可以得出的网段与节点的允许的组合。

(2) 子网掩码

子网掩码是由 0 和 1 组成的 32 位二进制数，用于将 IP 地址的网络部分与 IP 地址的主机部分区分开来。在两项计算中都要使用子网掩码，第一项计算使用源计算机的 IP 地址产生一个结果，第二项计算使用目的计算机 IP 地址产生一个结果。2 个结果产生后，对它们进行比较。如果 2 个结果相同，IP 就知道两台计算机位于同一个网络上，它们直接进行联络。如果 2 个结果不同，就表示目的计算机位于另一个网段上。这将导致 IP 将数据包发送到一个路由器，以便离开该网段。计算过程如下：

表 3—13　　C类网络的子网划分

子网地址位的号码	子网掩码	可用子网的号码	第一和最后一个子网损失的总地址数	节点中地址位的号码	每个子网的可用节点数	子网内合计损失的地址数	IP 地址损失总数
0	255.255.255.0	未划分子网	0	8	254	无	2
1	无	无效	无	7	无	无	无
2	255.255.255.192	1～2	128	6	62	4	132
3	255.255.255.240	1～6	64	5	30	12	76
4	255.255.255.248	1～14	32	4	14	28	60
5	255.255.255.252	1～30	16	3	6	60	76
6	255.255.255.254	1～62	8	2	2	128	132
7	无	无效	—	1	无效	无	无
8	无	无效	—	0	无效	无	无

1）将 IP 地址与子网掩码转换成二进制。

2）将二进制形式的 IP 地址与子网掩码做“与”运算，将结果转化为十进制便得到网络地址。

3）将二进制形式的子网掩码取“反”。

4）将取“反”后的子网掩码与 IP 地址做“与”运算，将结果转化为十进制便得到主机地址（见表 3—14）。

表 3—14　　IP 地址与子网掩码“与”运算

	源主机	目的主机
IP 地址	192.59.66.200 11000000 00111011 01000010 11001000	192.59.66.17 11000000 00111011 01000010 00010001
子网掩码	255.255.255.0 11111111 11111111 11111111 00000000	255.255.255.0 11111111 11111111 11111111 00000000
“与”运算	11000000 00111011 01000010 00000000	11000000 00111011 01000010 00000000
十进制结果	192.59.66.0	192.59.66.0

上表中，2 个结果相同，表示两台计算机在同一个网络上，因此可直接通信。

5）缺省子网掩码。缺省子网掩码即未划分子网，对应的网络 ID 位都置 1，主机 ID 位都置 0。

A 类网络缺省子网掩码：

255.0.0.0（11111111.00000000.00000000.00000000）

B 类网络缺省子网掩码：

255.255.0.0（11111111.11111111.00000000.00000000）

C 类网络缺省子网掩码：

255.255.255.0（11111111.11111111.11111111.00000000）

6）确定子网掩码。确定子网掩码的步骤如下：

第一步：确定网段的数量，并将其转换为二进制数，并确定位数 n。如需要 6 个子网，6 的二进制值为 110，共 3 位，即 n=3。

第二步：按照 IP 地址的类型写出其缺省子网掩码。如 C 类，则缺省子网掩码为 11111111.11111111.11111111.00000000。

第三步：将子网掩码中与主机号的前 n 位对应的位置置 1，其余位置置 0。

若 n=3 且为 C 类地址：则得到子网掩码为

11111111.11111111.11111111.11100000 化为十进制得到

255.255.255.224。

B 类地址：则得到子网掩码为

11111111.11111111.11100000.00000000 化为十进制得到

255.255.224.0。

A 类地址：则得到子网掩码为

11111111.11100000.00000000.00000000 化为十进制得到 255.224.0.0。

三、网络接入和网络故障诊断

1. ADSL 的连接技术

ADSL 是一种高速数字交换、路由和信号处理技术，它可以减少网络瓶颈数量并且提供足够的用户带宽。ADSL 通过普通电话线传输数据的速度比调制解调器快 200 倍，比 ISDN 快 90 倍。

和其他高速数据传输技术不一样，ADSL 不要求对网络的“最后一千米”重新布线。“最后一千米”（从中心局到用户住所或办公室的路程）通常部署的是现有的电话铜缆对绞线环路。ADSL 需要在本地交换中心局和主要的交换局安装新型设备。为中心局设备开发的技术与 PC 调制解调器和家用分隔器所采用的技术别无二致，这样就可以保证整个网络具有良好的互操作性。

ADSL 采用复杂的数字信号处理技术，ADSL 调制解调器通过最大限度地利用可用带宽而达到了尽可能高的数据传输速度。许多人以为电话网络的带宽仅有 4 kHz，但实际上这 4 kHz 不过是仅仅用于模拟（语音）传输的频带。而在使用 ADSL 的情况下，在住所和本地交换运营商之间通过一般铜缆物理链路可以达到 1 MHz 的传输带宽。

ADSL 充分利用了线路中未用于语音呼叫的带宽部分。实质上，它把 1 MHz 的带宽分成了 3 个信息通道：一个高速下行通道，一个中速双工（上行/下行）通道和一个常规的语音通道。除了可以提供高带宽数据传输以外，ADSL 保留了人们日常通信的语音服务。这 3 条通道可以让用户在发送电子邮件的同时看下载的电影和电话交谈。远程工作人员还可以访问他们的企业局域网，同时进行视频会议。

ADSL 受到青睐主要有以下几个原因：

（1）ADSL 的接入速度很快。使用普通调制解调器要耗费 90 min 才能下载的 10 Mb 视频剪辑，在使用 ADSL 调制解调器的情况下只需要 10 s就可以下载完成。Superfast ADSL 调制解调器更可以达到 8 Mb/s 的数据传输速率。

（2）ADSL 易于安装。它采用现有的从本地交换局（中心局）出发到用户住所或者办公室的电话铜缆对绞线。很少或者几乎不需要重新布线。

（3）ADSL 成本效益好。它对现有的电话网络的更新很少。

（4）ADSL 可行性高。

2. 路由器的功能与作用

（1）路由器的主要功能

路由器的主要功能就是“路由”的作用，通俗地讲就是“向导”作用，主要用来为数据包转发指明一个方向。但如果要细分的话，路由器的“路由”功能可以细分为以下几个方面：

1）在网际间接收节点发来的数据包，然后根据数据包中的源地址和目的地址，对照自己缓存中的路由表，把数据包直接转发到目的节点，这是路由器的最主要、也是最基本的路由作用。

2）为网际间通信选择最合理的路由，这个功能其实是上述路由功能的一个扩展功能。如果有几个网络通过各自的路由器连在一起，一个网络中的用户要向另一个网络的用户发出访问请求的话，路由器就会分析发出请求的源地址和接收请求的目的节点地址中的网络 ID 号，找出一条最佳的、最经济、最快捷的通信路径。就像我们平时到了一个陌生的地方，不知道到目的地点的最佳走法，这时我们就得找一个向导，这个向导就会告诉我们这个最佳的捷径，因为他熟悉路径，这里所讲的路由器就相当于“向导”的作用。

3）拆分和包装数据包，这个功能也是路由功能的附属功能。在数据包转发过程中，路由器要把大的数据包拆分成小的数据包，到达目的网络的路由器后，目的网络的路由器再把拆分的数据包进行组装，并根据源网络路由器的转发信息获取目的节点的 MAC 地址，发给本地网络的节点。

4）不同协议网络之间的连接。目前多数中、高档的路由器往往具有多通信协议支持的功能，这样就可以起到连接 2 个不同通信协议网络的作用。如常用 Windows NT 操作平台所使用的通信协议主要是TCP/IP协议，但是如果是 NetWare 系统，则所采用的通信协议主要是IPX/SPX协议，还有一些特殊协议网段，需要靠支持这些协议的路由器来连接。

（2）路由器的特定功能

1）网络地址转换（NAT）。网络地址转换（NAT）用在面向 Internet 的路由器中，其作用是将一个 Internet 唯一地址转换为多个专用网络地址。这意味着，多个设备可共享一个 Internet 地址，由于其他 Internet 用户无法直接访问专用地址，从而提供了一定的安全性。

2）动态主机配置协议（DHCP）。

3）防火墙。

4）虚拟专用网（VPN）。VPN 为 Internet 连接提供保密性和安全性。它通过公共服务提供一条专用线路，主要作用是将家庭个人用户或小型分支机构连接到中心站点。

3. 常用网络故障诊断方法

网络故障诊断应该实现三方面的目的：确定网络的故障点，恢复网络的正常运行；发现网络规划和配置中欠佳之处，改善和优化网络的性能；观察网络的运行状况，及时预测网络通信质量。

网络故障诊断以网络原理、网络配置和网络运行的知识为基础。从故障现象出发，以网络诊断工具为手段获取诊断信息，确定网络故障点，查找问题的根源，排除故障，恢复网络正常运行。

网络故障通常有以下几种可能：物理层中物理设备相互连接失败或者硬件及线路本身的问题；数据链路层的网络设备的接口配置问题；网络层网络协议配置或操作错误；传输层的设备性能或通信拥塞问题；网络应用程序错误。诊断网络故障的过程应该根据网络层次模型从物理层开始向上进行。首先检查物理层，然后检查数据链路层，以此类推，设法确定通信失败的故障点，直到系统通信正常为止。这就是网络故障分层诊断技术，下面作一下简要介绍：

（1）物理层及其诊断

物理层是OSI分层结构体系中最基础的一层，它建立在通信介质的基础上，实现系统和通信介质的物理接口，为数据链路实体之间进行透明传输，为建立、保持和拆除计算机和网络之间的物理连接提供服务。

物理层的故障主要表现在设备的物理连接方式不恰当；连接电缆不正确；Modem、CSU/DSU等设备的配置及操作不正确。

确定路由器端口物理连接是否完好的最佳方法是使用show interface命令，检查每个端口的状态。

（2）数据链路层及其诊断

数据链路层的主要任务是使网络层无须了解物理层的特征而获得可靠的传输。数据链路层为通过链路层的数据进行打包和解包、差错检测和提供一定的校正能力，并协调共享介质。在数据链路层交换数据之前，协议关注的是形成帧和同步设备。

查找和排除数据链路层的故障，需要查看路由器的配置，检查连接端口的共享同一数据链路层的封装情况。每对接口要和与其通信的其他设备有相同的封装。通过查看路由器的配置检查其封装，或者使用show命令查看相应接口的封装情况。

（3）网络层及其诊断

网络层提供建立、保持和释放网络层连接的手段，包括路由选择、流量控制、传输确认、中断、差错及故障恢复等。

排除网络层故障的基本方法是：沿着从源点到目标的路径，查看路由器路由表，同时检查路由器接口的IP地址。如果路由没有在路由表中出现，应该通过检查来确定是否已经输入适当的静态路由、默认路由或者动态路由。然后手工配置一些丢失的路由，或者排除一些动态路由选择过程的故障。

网络诊断可以使用包括局域网或广域网分析仪在内的多种工具（路由器诊断命令）、网络管理工具和其他故障诊断工具。

能力要求

一、组网设计

1. 网络拓扑结构设计

本节介绍纯集线器小型局域网的网络拓扑结构设计。小型纯集线器局域网采用星形以太网结构。

一般的小型企业，工作站用户不会超过 20 台，网络应用也非常简单，只是简单的资源共享。如果打印机要实现共享的话，也可直接接入任一台工作站或者服务器上（不推荐），然后通过共享设置使大家共享这台打印机。当然，如果公司使用的是网络打印机，就可直接将打印机的打印服务器与集线器相连。

要使网络正常通信，除了硬件配置外，还包括软件系统配置。

局域网的系统配置非常灵活，可以包括目前应用最广泛的 Windows 系统，以及 Unix 和 Linux 等多种类型的操作系统。中、小型企业的局域网服务器通常选用 Windows 2000 Server 系统。

2. 服务器与客户端设置

(1) 配置服务器 IP 地址

首先检查服务器与局域网连接的那块网卡的 IP 地址设置是否正确（事实上在安装系统时就已要求配置，此步是进一步核实），如果不符合要求，则需重新设置。方法如下：

第 1 步，在“设置”菜单中打开“网络与拨号连接”对话框，双击打开相应的网卡连接项，即弹出网络连接项属性配置对话框。

第 2 步，选择组件列表框中的“Internet 协议”（TCP/IP）选项，然后单击“属性”按钮，在这个对话框中一定要为服务器指定一个唯一、固定的 IP 地址，而不能选择“自动获取 IP 地址”选项，因为通常担当 IP 地址自动分配任务的 DHCP 服务器就是此服务器本身（除非另有安排）。服务器的 IP 地址通常采用 TCP/IP 协议中指定的局域网专用 IP 地址段“192.168.0.0 至 192.168.255.254”，在此取“192.168.0.1”。因为本局域网中没有子网，所以子网掩码可以不填，也可以填定 C 类局域网的标准子网掩码“255.255.255.0”。

第 3 步，在这样一个小型、配置简单的局域网中，其他选项可以按系统的默认设置即可。配置好后单击“确定”按钮，虽然系统不会弹出“重新启动”的提示，但如果可以的话，建议重新启动令 IP 设置生效，因为这是以后许多设置的关键。

（2）DHCP 服务器配置

客户端 IP 地址可以有 2 种分配方式：

1）由 DHCP 服务器自动为客户机分配。

2）由管理员人工指定。通常如果客户端不需要经常用到具体 IP 地址的情况下，都建议采用由 DHCP 服务器来自动分配，但是像安装了代理服务器的客户端通常需要指定 IP 地址（当然多数情况下也可用计算名代替），此时最好人工指定 IP 地址。但这样做有可能导致 IP 地址冲突的情况发生，所以建议全部工作站都采用一种 IP 地址分配方式（当然也可在 DHCP 服务器中通过排除 IP 地址的方法来消除人工指定的 IP 地址与自动分配的 IP 地址相冲突的现象。对于小型局域网的 IP 地址采用人工指定也可以，但是对于大型网络，人工指定就有点麻烦了）。

因客户端的 IP 地址有以上 2 种分配方式，并不一定需要 DHCP 服务器，所以在 Windows 2000 Server 系统中并不一定要安装 DHCP 服务。如果发现在“管理工具”程序项中没有“DHCP”选项，而需要为客户端自动分配 IP 地址时，则一定要重新安装。

下面介绍由 DHCP 自动分配 IP 地址所需的 DHCP 服务器配置方法。

第 1 步，在“管理工具”程序项中打开“DHCP”选项，如果在此之前没有配置 DHCP 的话，在系统自动添加的当前服务器上显示红色箭头，表示未正常运行，并且在右边详细列表中显示“未经授权”。

第 2 步，首先添置 DHCP 服务器。就是指定由哪台服务器担当 DHCP 服务器角色。不过通常 DHCP 服务会自动把当前服务器添加到列表中。对于本篇所介绍的只有一台服务器的情况，只需直接进行下一步配置，即“授权”即可。对于有 2 台及以上数量服务器存在的较大型局域网，可能需要担当 DHCP 服务器的不是当前服务器，而是要另外指定。这时就可在“DHCP”选项上单击右键，然后再选择“添加服务器”选项。在这个对话框中可以指定一台服务器，然后单击“确定”按钮即可。

第 3 步，DHCP 服务器添加后即要对服务器进行授权，使它可以为客户端提供自动分配 IP 地址的权限。授权的方法也非常简单，只需在添置的服务器上单击右键，然后选择“授权”选项即可。此时服务器的状态已作了改变，开始正常运行了，不过要正确提供自动 IP 地址分配服务，还需为服务器指定作用域，这是整个 DHCP 服务器配置的关键。

第 4 步，也是在 DHCP 服务器上单击右键，在出现的快捷菜单中选择“新建作用域”选项，打开一个“新建作用域向导”。

第 5 步，直接单击“下一步”按钮，在这个对话框中要求为当前创建的 DHCP 服务器作用域取一个用于识别的作用域名称。

第 6 步，单击“下一步”按钮，在这个对话框中要求指定用于自动分配的 IP 地址范围，只需填写“起始 IP 地址”和“结束 IP 地址”两项即可，下面的“长度”和“子网掩码”选项会自动根据上面的设置而设定。

第 7 步，单击“下一步”按钮，在这个对话框中可以指定要在上一步所指定的 IP 地址范围中需要排除的 IP 地址范围或单个 IP 地址，注意可以指定多个这样的排除 IP 地址范围。当然如果没有要排除的 IP 地址，可以不填写，直接单击“下一步”按钮进行下一步设置。

第 8 步，单击“下一步”按钮，在这个对话框可以进行自动分配的 IP 地址有效期设定，对于一个固定的局域网来说这个时间应该是相当长的，甚至是无穷大。

第 9 步，单击“下一步”按钮，在这个对话框中仅要求选定是否还需要对象 DNS、WINS、网关等选项进行配置，如果不需要配置则可选择“否，我想稍后配置这些选项”单选项，如果需要现在就统一配置，则须选择“是，我想现在配置这些选择”单选项。在此我们选择此单选项。

第 10 步，单击“下一步”按钮，在这个对话框中可以为域客户端分配系统默认的网关。如果局域网不与其他外部网（包括互联网）进行连接，则可不配置此选项，直接单击“下一步”按钮进入下一步设置。如果有共享上网代理服务器，则需在此处指定网关（路由）IP 地址为相应代理服务器用于局域网连接的那块网卡的 IP 地址。注意在“IP 地址”文本框中输入 IP 地址后要单击后面的“添加”按钮添加到路由列表中(可以添加多个这样的 IP 地址)。

第 11 步，单击“下一步”按钮，在这个对话框中可以指定域的父域和 DNS 服务器名称和 IP 地址。如果不清楚 DNS 的某项（“DNS 服务器名称”或“IP 地址”），可以在输入一项后，单击“解析”按钮，如果网络连接正常的话，即可解析另一项，然后单击“添加”按钮，把服务器的 IP 地址添加到列表中。

第 12 步，单击“下一步”按钮，在这个对话框中可以为那些 Windows 2000 以前版本的客户端配置 WINS 服务器，如果域中没有以前版本的客户端，则可不配置 WINS 服务器，直接单击“下一步”按钮进行下一步设置。

第 13 步，单击“下一步”按钮，出现这个对话框表示所有选项都已配置完了，选择“是，我想现在激活此作用域”单选项激活前面所作的各项设置。此时 DHCP 服务器的配置过程就算完成了，DHCP 服务器也开始正常工作了。

通过以上的配置，局域网服务器端的配置过程就全部完成了。

(3) 客户端配置

进入操作系统（以 Windows 操作系统为例）。右键单击“网上邻居”，选择“属性”，配置好用于连接的网卡，如图 3—4 所示。

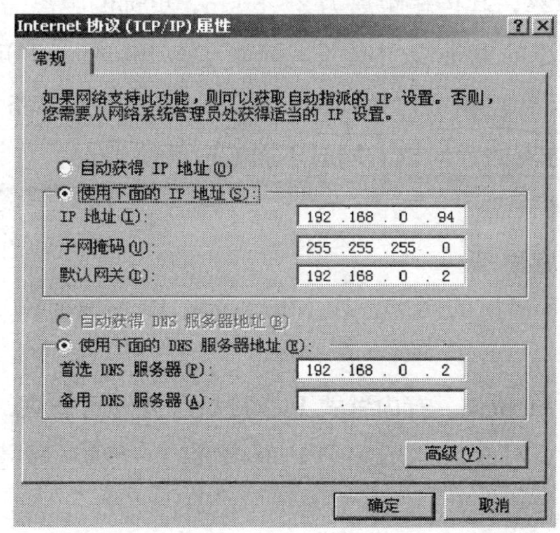

图 3—4　设置 IP 地址

如果不存在网关和 DNS，则不需要填写。例如，可以选择“自动获得 IP 地址”。可以用 ping 命令测试是否已经成功接入局域网。如果成功，则应显示如图 3—5 所示。

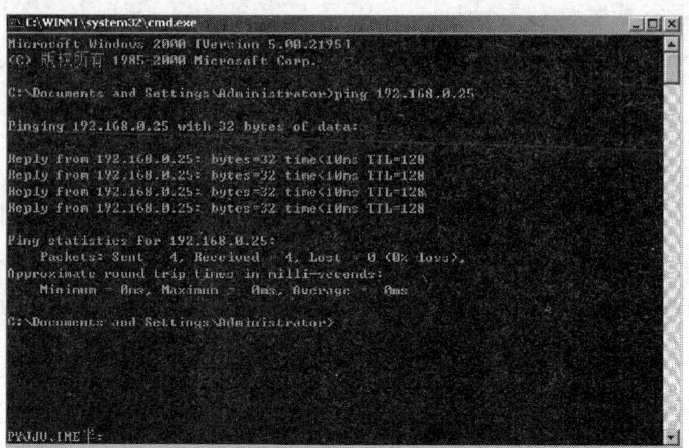

图 3—5　使用 ping 命令进行测试

二、Internet 的常用接入方式

1. ADSL 接入技术

当前我国电信部门主要为用户提供 ADSL 接入。它的特点是能在现有的铜对绞线（普通电话线）上提供高达 8 Mb/s 的高速下载速率和 1 Mb/s 的上传速率，其传输距离为 3～5 km，更远的距离需要中继。ADSL 能够支持广泛的宽带应用服务，例如高速 Internet 访问、电视会议、虚拟私有网络及音视频多媒体应用。ADSL 采用频分多路复用技术，上网与打电话是分离的，所以上网时不影响电话使用。

（1）所需硬件

1）一门程控电话。

2）带 RJ45 接口的网卡。10 Mb/s 或者 10 Mb/s/100 Mb/s 自适应 PCI 网卡。

3）ADSL Modem。有内置式 PCI 接口（此时可省去一块网卡）、外置式 USB 接口、外置式 10Base-T，电信部门一般提供外置式 10Base-T ADSL Modem。

4）滤波器。滤波器又称分离器，使上网和打电话互不干扰，由电信部门提供。

5）网线。网线一般是使用交叉网线，即双机通信的对绞线（将 1～3、2～6进行绞接），但有的 ADSL Modem 用平行对绞线，可根据 ADSL

说明选择。

6）晶头的电话线。

（2）安装连接

首先，向当地电信局申请 ADSL 服务，办理 ADSL 手续。ADSL 设备连接如图 3—6 所示。

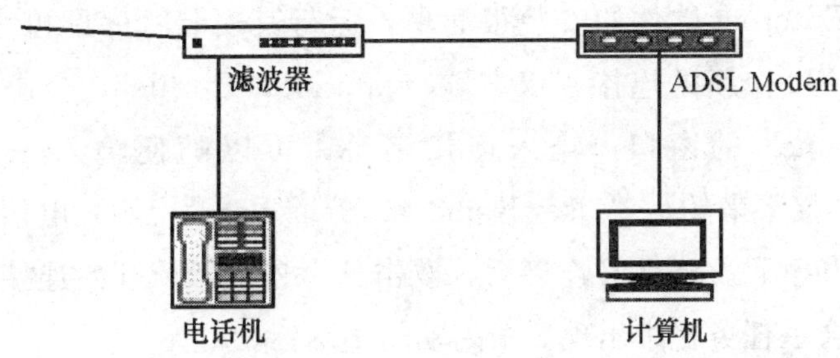

图 3—6　ADSL 设备连接图

1）安装网卡。将网卡插入主板扩展槽，然后安装网卡驱动程序。由于现在计算机中的部件越来越多，所以在网卡安装中最容易出现的问题就是中断冲突，请注意合理调整避免冲突。

2）安装滤波器。滤波器有 3 个接口，分别为电话信号输入、电话信号输出、数据信号输出。输入端连接入户线，如果家里有分机的话，不能在分线器后面接入滤波器。电话信号输出接电话机，这样就可以在上网的同时进行通话。

3）安装 ADSL Modem。通上电源后，将数据信号输出接到 ADSL Modem 的电话 Link 端口。用交叉网线将 ADSL Modem 和网卡连接起来，一端接到网卡的 RJ45 端口上，另一端接到 ADSL Modem 的以太网端口上，当 ADSL Modem 面板的网卡 Link 灯亮后，表示连接正确。

（3）软件设置

如果操作系统没有安装 TCP/IP 协议，此时必须安装 TCP/IP 协议。

ADSL 接入 Internet 的方式分为专线接入和虚拟拨号 2 种方式。专线接入方式如同局域网操作，不需拨号，打开计算机即可接入 Internet，一般提供静态 IP 地址。虚拟拨号方式是指 ADSL 接入时，要输入用户名和密码，但并不是真的去拨号，只是模拟拨号过程。虚拟拨号使用 PPPoE 协议，而 Windows 98/ME/2000 中并没有提供此协议，必须安装一个支持 PPPoE 协议的拨号软件。Windows XP 中已内置了该协议，不用安装虚拟拨号软件，只需要建立一个 DSL 拨号连接。

Windows XP 中建立 ADSL 拨号连接的方法与建立一个电话拨号连接一样，唯一的不同就是在选择连接类型时，选择“用要求用户名和密码的宽带连接来连接”这一选项。

在 Windows 98/2000 中可以使用 Enternet 300/500 或 RasPPPoE 拨号软件。Enternet 软件的安装很简单，运行其安装程序即可完成安装。然后，建立一个新的连接，双击“Create New Profile”，会出现“Connection Name”的窗口，输入连接名称，可以随便输入一个，比如“ADSL”。接下来的是“User Name and Password”，输入电信提供给您的用户名和密码。建立好连接后，双击这个连接，就开始连接。当连接成功后，会在任务栏中出现 2 个闪动的小图标。

RasPPPoE 的安装过程是：点击“开始－设置－控制面板－网络连接”，选择与 ADSL Modem 相连接的网卡，右键选择“属性”，会出现该网卡的属性框，选择“安装－选择协议－选择从磁盘安装”，指向 RasPPPoE 所在目录，点击“确定”，Windows 98/2000/XP 会提示您，这个协议没有数字签证，是否继续？点击“Installation Anyway”之后安装成功，会多出一项“PPP over Ethernet”项。运行 RasPPPoE，将会出现 RasPPPoE 的对话框，点击“Query Available Services”，待出现服务后，点击其中一个服务，然后点击“Create a dial-up connection on desktop”（在桌面建立一个拨号连接）。点击“Exit”之后桌面会出现一个新的连接。双击这个连接，填上用户名和密码，点击“拨号”，这样就连上 Internet 了。

2. 通过地址转换访问因特网

（1）利用 ADSL Modem 的路由功能

利用 ADSL Modem 的路由功能（现在 ADSL Modem 一般都有路由功能）可以实现局域网共享上网。如图 3—7 所示，用 Hub 或交换机将多台计算机联网，用平行对绞线将 ADSL Modem 与 Hub 或交换机相连，启用 ADSL Modem 的 DHCP 功能，客户端配置为自动获取 IP 地址。这种方案维护简单，省去了代理服务器，节省费用，但不能进行复杂的管理、控制。

（2）设置代理服务器

一台计算机安装两块网卡，作为代理服务器，ADSL Modem 使用交

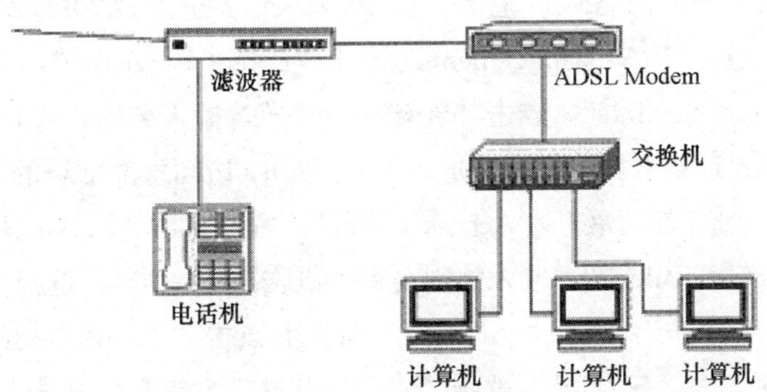

图 3—7　利用 ADSL Modem 的路由功能实现局域网共享上网

叉网线直接与代理服务器对外网卡相连，代理服务器另一网卡（要求配置为静态 IP 地址）再与连接了计算机（客户端）的集线器或交换机相连，客户端通过代理服务器访问 Internet，如图 3—8 所示。代理服务器一般安装代理软件，常用的代理软件如 Wingate、ISA Server 2000 等，也可安装网关类软件，如 Sygate，或者是直接利用 Windows 98/Me/2000/XP 自带的连接共享功能。使用代理软件，管理功能强大，可灵活进行各种配置，设置防火墙，可控性和安全性好，但维护较复杂。

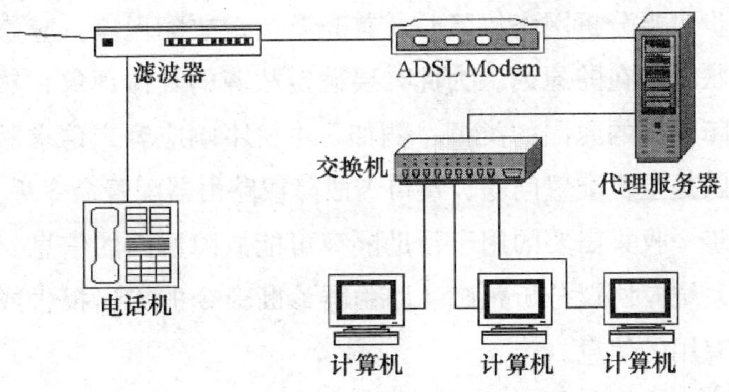

图 3—8　通过代理服务器访问 Internet

ISA Server 2000 集防火墙与代理功能于一体，更加安全，功能强大。但它的配置复杂，下面简单介绍其安装与配置。

安装 ISA Server 2000 标准版要求 Windows 2000 Server +SP1 以上。安装企业版要求 Windows 2000 Advanced Server +SP1 以上，内部网卡 IP 地址为静态地址。安装时，选择“Integrate mode”集成模式或“Cache mode”高速缓存模式。在提示要求输入“Internal IP range”时，

输入局域网内部网络地址范围，如 10.220.1.2 至 10.220.1.254。安装完成后，进入 ISA Management，展开“Policy Elements”，右键点击“Client Address Sets”，点击“新建－Set…”，输入名称，添加 IP 地址范围，该地址集合就是允许通过该 ISA Server 访问外部网络的内部计算机的 IP 地址。然后展开“Access Policy”，右键点击“Protocol Rules”，点击“新建－Rule…”，输入规则名称，点击“下一步”，选择“Allow”并点击“下一步”，选择“All IP traffic”并点击“下一步”，选择“Always”并点击“下一步”，选择“Any request”，完成 Protocol Rules 的基本设置。在客户端浏览器中，设置代理服务器为 ISA Server 的内部 IP 地址，端口为 8080，这样客户端就可以浏览网页了。

三、网络故障诊断

1. 网络故障诊断的基本步骤

网络故障以某种症状表现出来，故障症状包括一般性的（如用户不能接入某个服务器）和较特殊的（如路由器不在路由表中）。对每一个症状使用特定的故障诊断工具和方法都能查找出一个或多个故障原因。一般故障诊断和排除模式如下：

第 1 步，当分析网络故障时，首先要清楚故障现象。应该详细说明故障的症状和潜在的原因。为此，要确定故障的具体现象，然后确定造成这种故障现象的原因的类型。例如，主机不响应客户请求服务，可能的故障原因是主机配置问题、接口卡故障或路由器配置命令丢失等。

第 2 步，收集需要的用于帮助隔离可能故障原因的信息。广泛的从网络管理系统、协议分析跟踪、路由器诊断命令的输出报告或软件说明书中收集有用的信息。

第 3 步，根据收集到的情况考虑可能的故障原因。可以根据有关情况排除某些故障原因。例如，根据某些资料可以排除硬件故障，把注意力放在软件原因上。

第 4 步，根据最后的可能的故障原因，建立一个诊断计划。开始仅用一个最可能的故障原因进行诊断活动，这样可以容易恢复到故障的原始状态。如果一次同时考虑一个以上的故障原因，试图返回故障原始状态，就困难的多了。

第 5 步，执行诊断计划，认真做好每一步测试和观察，直到故障症状消失。

第 6 步，每改变一个参数都要确认其结果。分析结果确定问题是否解决，如果没有解决，继续下去，直到解决。

2. 网络故障简单诊断命令的使用

ICMP 的 ping、trace 命令和 Cisco 的 show 命令、debug 命令是获取故障诊断有用信息的网络工具。我们通常使用一个或多个命令收集相应的信息，在给定情况下，确定使用什么命令获取所需要的信息。

(1) ping 命令

通过 IP 协议来测定设备是否可达到的常用方法是使用 ping 命令。“ping”从源点向目标发出 ICMP 信息包，如果成功的话，返回的 ping 信息包就证实从源点到目标之间所有物理层、数据链路层和网络层的功能都运行正常。

正常情况下，当你使用 Ping 命令来查找问题所在或检验网络运行情况时，你需要使用多个 Ping 命令，如果所有都运行正确，你就可以相信基本的连通性和配置参数没有问题；如果某些 Ping 命令出现运行故障，它也可以指明到何处去查找问题。下面就给出一个典型的检测次序及对应的可能故障：

1) ping 127.0.0.1——这个 Ping 命令被送到本地计算机的 IP 软件，该命令永不退出该计算机。如果没有做到这一点，就表示 TCP/IP 的安装或运行存在某些最基本的问题。

2) ping 本机 IP——这个命令被送到你计算机所配置的 IP 地址，你的计算机始终都应该对该 Ping 命令作出应答，如果没有，则表示本地配置或安装存在问题。出现此问题时，局域网用户请断开网络电缆，然后重新发送该命令。如果网线断开后本命令正确，则表示另一台计算机可能配置了相同的 IP 地址。

3) ping 局域网内其他 IP——这个命令应该离开你的计算机，经过网卡及网络电缆到达其他计算机，再返回。收到回送应答表明本地网络中的网卡和载体运行正确。但如果收到 0 个回送应答，那么表示子网掩码不正确或网卡配置错误或电缆系统有问题。

4) ping 网关 IP——这个命令如果应答正确，表示局域网中的网关路由器正在运行并能够作出应答。

5) ping 远程 IP——如果收到 4 个应答，表示成功的使用了缺省网关。对于拨号上网用户则表示能够成功的访问 Internet（但不排除 ISP 的 DNS 会有问题）。

（2）show 命令

如何在互联网络运行后了解它的信息，了解网络是否正常运行，监视和了解网络在正常条件下运行细节，了解出现故障的情况。监视哪些内容呢？利用 show interface 命令可以非常容易地获得待检查的每个接口的信息。另外 show buffer 命令提供定期显示缓冲区大小、用途及使用状况等。Show proc 命令和 show proc mem 命令可用于跟踪处理器和内存的使用情况，可以定期收集这些数据，在故障出现时，用于诊断参考。

1）收集路由器和第 3 层交换机网络配置信息

show version：显示设备型号、Flash 版本、DRAM 版本、IOS 版本。

show ip interface brief：显示接口简要信息（类型、状态、协议状态、IP 地址）。

show interface e0/0：显示某接口详细信息（MAC、IP、MASK）。

show ip protocols：显示 IP 路由协议信息。

show ip interface e0/0：显示接口的 IP 协议信息（状态、IP 地址、ACL）。

2）收集交换机配置信息

交换机网络配置表包含的信息：设备名、型号、位置、Flash 版本、DRAM 版本、CATOS 版本、管理地址、VTP 域、VTP 模式、端口号、端口速率、端口双工、VLAN 状态、STP 状态、速端口状态、中继状态等。

show version：显示 IOS 或 CATOS 版本、DRAM 版本、Flash 版本。

show vtp domain：（CatOS）显示 VTP 域和 VTP 模式。

show vtp status：（IOS）。

show interface：（CatOS）显示管理接口信息。

show port：（CatOS）显示每个端口的简要信息（号、VLAN、双工）。

show interface：（IOS）。

show trunk：(CatOS) 显示中继信息（模式、封装、允许端口、剪裁）。

show interface trunk：(IOS)。

show spantree 45：(CatOS) 显示端口的 STP 模式、类型、状态、速端口）。

show spanning－tree 45：(IOS)。

第三节　有线电视用户分配网的设计与管理

学习目标

通过学习，掌握有线电视用户分配网的设计方法，能够撰写有线电视系统验收报告基本要求。

相关知识

一、用户分配网有线电视系统设计

1. 有线电视系统的组成

有线电视系统通常可分为三部分：

(1) 前端系统

前端系统包括信号源部分，信号处理部分和信号放大合成输出部分。信号源包括接收天线、天线放大器、变频器、自办节目用的放像机、影视转换机等。信号处理部分包括频道变换器，频道处理器和调制器等。信号放大合成包括信号放大器、混合器、分配器以及集中供电电源等。

(2) 传输系统

传输系统包括由同轴电缆、光缆以及它们之间的组合部分和相应的硬件设备。

(3) 分配系统

分配系统包括延长放大器、用户放大器和相应的无源器件，如分配器、分支器和用户终端等。

有线广播电视网是指从有线电视台（站）将图像、声音信号以有线传输方式送至用户的网络系统。

2. 指标分配

（1）分配器的原理及指标

分配器基本电路是一个 2 分配器，它的原理如图 3—9 所示。

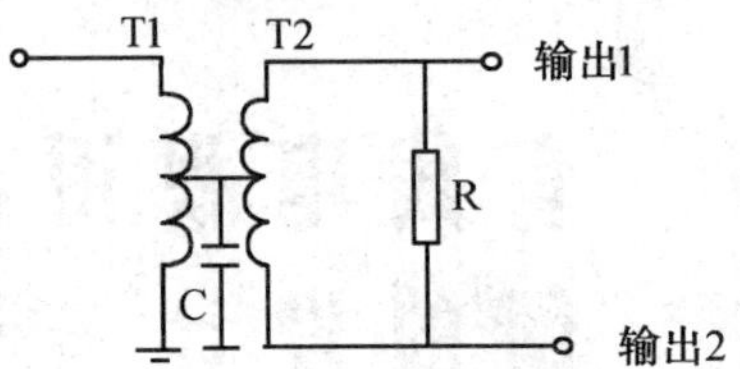

图 3—9　分支分配器基本电路

图中的 T2 为一分配变压器，它使用两根相同长度的导线绕在一个磁心上做成，其作用是要使 2 个输出端能相互隔离。信号经过 T1 送到 T2 的中心头时，分成 2 路分别流向输出端 1 和输出端 2。电路是对称的，所以在 2 个输出端得到相等的电流，即输出电平相等，完成了 2 分配的基本功能。但是如果有信号从输出端 2 送入时，电流经过变压器 T2 流向变压器 T1，同时在输出端 1 有 T2 感应出来的反相电流流入。依靠隔离电阻 R 的作用，从输出端 2 直接有一个正向电流流入输出端 1。当流出输出端 1 的 2 个电流大小相等时，输出端 1 上就没有电流流过，也就是说输出端 2 的信号不能送到输出端 1，起了隔离的作用。电路是对称的，所以输出端 1 送入信号时，也不会到达输出端 2，形成了相互的隔离。隔离电阻 R 的阻值大约为75 Ω的 2 倍，由于变压器漏感和分布参量的影响，2 个相反电流的相位不能保持 180°，阻值会有所改变，一般要大于 2×75 Ω。高频变压器 T1 是为变换阻抗用的匹配变压器。2 个输出端负载并连，将得到 1/2×75 Ω 的负载，但输入端的阻抗应为 75 Ω，因此 T1 的阻抗比要求为 2∶1，圈数比应为$\sqrt{2}$∶1。匹配变压器 T1 通常采用自耦式变压器。图中的电容器 C 是用来补偿变压器的漏感对高频率端的影响，其容量要由实验决定。

2 分配器是一个基本的电路单元，用它可以扩展为 4 分配器和 8 分配器。用一个 2 分配器在其输出端再各接一个 2 分配器，就组合成 4 分配器，进一步就可以扩展为 8 分配器。利用 2∶1 的分配变压器可以组成 3 分配器，用 2 个分配器组合成一个不等输出的 3 分配器来代替。

分配器有分配损耗，隔离损耗和反射损耗等指示。分配损耗是指负载直接在信号源上所得的功率和插入分配器后负载上所得的功率之比，用 dB 来表示。分配损耗应该越小越好，但在理论上，由于每个输出端只得到一半的输入功率，本来就要有 3 dB 的损耗。加上分配器元件本身是有损耗的，一般都大于 3 dB。4 分配器的理论损耗应为 6 dB。

隔离损耗是指负载直接在信号源上所得功率，和信号源从某一输出端送入，而在另外一输出端所得的功率之比，以 dB 来表示，它代表隔离的程度，越大隔离越好。

反射损耗是指负载直接接在信号源上所得的功率，和由于分配器的匹配不好而引起的反射功率之比，以 dB 来表示，当然它也是越大越好，越大表示反射越小，匹配越好。全反射时，反射损耗为 0 dB；完全匹配没有反射时，反射损耗将为无穷大。

国家标准规定的分配器，主要指标见表 3—15。

表 3—15　　分配器的主要指标

<table>
<tr><th>品种</th><th>分配损耗（dB）</th><th>隔离损耗（dB）</th><th>反射损耗（dB）</th></tr>
<tr><td rowspan="2">2 分配器</td><td>小于等于 3.7（VHF）</td><td rowspan="6">大于等于 20（VHF）
大于等于 18（UHF）</td><td rowspan="6">大于等于 16（VHF）
大于等于 10（UHF）</td></tr>
<tr><td>小于等于 4（UHF）</td></tr>
<tr><td rowspan="2">3 分配器</td><td>小于等于 5.8（VHF）</td></tr>
<tr><td>小于等于 6.5（UHF）</td></tr>
<tr><td rowspan="2">4 分配器</td><td>小于等于 7.5（VHF）</td></tr>
<tr><td>小于等于 8（UHF）</td></tr>
</table>

（2）定向耦合器的基本原理

分支器和串接单元的主要电路是定向耦合器电路，如图 3—10 所示。它有 2 个端子供主线的输入和输出，有一个端子作为分支输出用，负载电阻 R0 在定向耦合器内部已连接好，没有输出端子。当信号电流由主线输入流向主线输出时，要流过变压器 T1 的一次绕阻。在二次绕阻中就感应出一个电动势，并产生一个电流，其一半流向分支输出端，另一半流向终接负载R0。与此同时，主线上的电压加到了变压器T2的二次绕组上，在其一次绕阻中也感应出一个电动势，并产生一个电流。这个电流将流向分支输出端而从终接负载R0流回来。结果，在分支输出端上，2个电流是相同的，相加在一起并在分支输出的负载上形成一定大小的电平。但是在终接负载R0上，2个电流却是反相的，相互抵消不消耗任何功率。当信号电流反过来由主线输出端流向主线输入时，分支输出端的2个电流反相，相互抵消。因为主线上电压所形成的电流没有改变，分支输出的功率都消耗在R0上。所以主线输入的信号可在分支输出端形成分支输出信号，而主线输出送入的信号则不能在分支输出端分出信号，这就是定向性的原理。定向耦合器的名称由此而来。

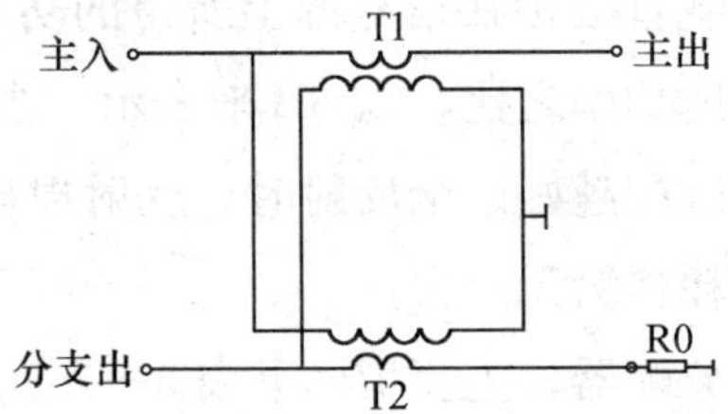

图3—10　定向耦合器基本电路

定向耦合器的使用可使主线上由于不匹配而产生的反射波不会影响分支输出的信号，因为反射波是由主线输出端送入的。定向耦合器的这个优点是大多数分支器都采用它的基本原因。定向耦合器还可用来作监测信号的耦合等。

(3) 分支器和串接单元的原理及指标

串接单元实质上是一个1分支器，也就是一个定向耦合器构成的分支器，变压器T1和T2的一、二次圈数比决定了分支输出信号的大小，人们按此做成了各种不同规格的分支器。2分支器是在一个定向耦合器的分支输出端接上一个2分配器组成。在少数情况下，也有用2个定向耦合器组成2分支器的。4分支器则是在定向耦合器的分支输出端上接一个4分配器组成。

分支器和串接单元有插入损耗、分支损耗、隔离损耗、反相隔离损耗和反射损耗等几项指标。

插入损耗是指负载直接接在信号源上所得的功率和插入分支器或串接单元后负载上所得的功率之比，以dB来表示。插入损耗意味着分支器插入主线后，主线上要损耗的量，所以越小越好。插入损耗小可以多串几个分支器。由于分支输出端上分去了一部分功率，理论上就有一个插入损耗的最低量。

分支损耗是指负载直接接在信号源上所得到的功率和信号从主线输入端输送，负载接在分支输出端上所得到的功率之比，以 dB 来表示。分支损耗表示分支输出多少信号，它要根据需要而定，所以并不是越大越好或越小越好，应该是越准确越好。用它可以保证用户接收到的电平在电视机的最佳电平范围之内。

隔离损耗和分配器的隔离损耗相同，是 2 个输出端之间的隔离程度。隔离损耗也称相互隔离损耗。反射损耗也和分配器的反射损耗完全相同。

反向隔离损耗（或简称反向隔离）是指负载直接接在信号源上所得的功率和信号从主线输出端送入，负载接在分支输出端上所得的功率之比，以 dB 来表示。反向隔离表示定向性的好坏，一般是越大越好。但是更重要的是反向隔离损耗和分支损耗之差要大，这个差值才代表定向性的大小。

国家标准对各种分支器和串接单元的指标都有规定（见表 3—16）。

表 3—16　　各种分支器和串接单元的国家标准指标

名称	规格	插入损耗（dB）	分支损耗（dB）	反向隔离损耗（dB）	反射损耗（dB）	相互隔离（dB）
2分支器	8（dB）	小于等于 3.5（V） 小于等于 4.5（U）	8±1.5	大于等于 18（V） 大于等于 13（U）	大于等于 16（V） 大于等于 10（U）	大于等于 22（V） 大于等于 18（U）
	12（dB）	小于等于 2（V） 小于等于 3（U）	12±1.5	大于等于 22（V） 大于等于 17（U）		
	16（dB）	小于等于 1.5（V） 小于等于 2（U）	16±1.5	大于等于 26（V） 大于等于 21（U）		
	20（dB）	小于等于 1（V） 小于等于 1.5（U）	20±1.5	大于等于 30（V） 大于等于 25（U）		
	24（dB）	小于等于 0.5（V） 小于等于 1（U）	24±1.5	大于等于 34（V） 大于等于 29（U）		
	28（dB）	小于等于 0.5（V） 小于等于 1（U）	28±1.5	大于等于 38（V） 大于等于 33（U）		

续表

名称	规格	插入损耗（dB）	分支损耗（dB）	反向隔离损耗（dB）	反射损耗（dB）	相互隔离（dB）
4分支器	12（dB）	小于等于 3.5（V） 小于等于 4.5（U）	12±1.5	大于等于 22（V） 大于等于 17（U）	大于等于 16（V） 大于等于 10（U）	大于等于 22（V） 大于等于 18（U）
	16（dB）	小于等于 2（V） 小于等于 3（U）	16±1.5	大于等于 26（V） 大于等于 21（U）		
	20（dB）	小于等于 1.5（V） 小于等于 2（U）	20±1.5	大于等于 30（V） 大于等于 25（U）		
	24（dB）	小于等于 1（V） 小于等于 2（U）	24±1.5	大于等于 34（V） 大于等于 29（U）		
	28（dB）	小于等于 1（V） 小于等于 2（U）	28±1.5	大于等于 38（V） 大于等于 33（U）		
1分支器或串接单元	8（dB）	小于等于 2（V） 小于等于 3（U）	8±1.5	大于等于 18（V） 大于等于 13（U）	大于等于 16（V） 大于等于 10（U）	—
	12（dB）	小于等于 1.5（V） 小于等于 2（U）	12±1.5	大于等于 22（V） 大于等于 17（U）		
	16（dB）	小于等于 1（V） 小于等于 1.5（U）	16±1.5	大于等于 26（V） 大于等于 21（U）		
	20（dB）	小于等于 0.5（V） 小于等于 1（U）	20±1.5	大于等于 30（V） 大于等于 25（U）		
	24（dB）	小于等于 0.5（V） 小于等于 1（U）	24±1.5	大于等于 34（V） 大于等于 29（U）		

有的分支器产品并不具有定向性，它不采用定向耦合器，例如分压式、变压器分压式等，显然不符合国家标准的规定指标，所以不宜使用。

3. 器件和线缆的选择原则

用户分配系统必须选择符合国标的器件和电缆。用户分配系统是用成串的分支器或串接单元组成。为阐明其计算原则，只取其中的一段来叙述，如图 3—11 所示。XC1 和 XC2 是 2 个分支器，是成串分支器中的一段。分支线上的信号由 A 点输入，穿过 XC1 和 XC2 从 D 点输出。假设 A 点的电平为 S_a，经过分支器 XC1 后，在 B 点将得到电平 S_b。根据上一节的叙述，A 和 B 间的电平差应为 XC1 的插入损耗。

$$S_b = S_a - L_1 \quad \text{dB}$$

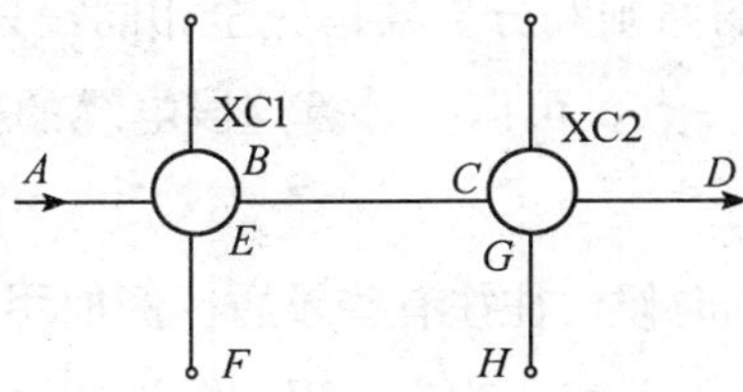

图 3—11 分支器串

式中的 L_1 是分支器 XC1 的插入损耗值。信号由 B 点经过电缆送到 C 点，电缆上要损耗 αdB，所以 C 点电平

$$S_c = S_b - \alpha \quad \text{dB}$$

从 C 点到 D 点经过了分支器 XC2，其插入损耗为 L_2dB。结果，D 点的电平将为

$$S_d = S_c - L_2 \quad \text{dB}$$

2 分支器有 2 个分支输出端，其电平相同。F 点为系统输出口或用户盒的输入，也就是说，它的电平是供用户的电视机用的。从 E 到 F 应损耗一段电缆的损耗值 α_1dB。所以 F 点的电平应为

$$S_f = S_e - \alpha_1 \quad \text{dB}$$

同样原则，可求出

$$S_g = S_d - \alpha - L_2 \quad \text{dB}$$

$$S_h = S_g - \alpha_2 \quad \text{dB}$$

式中的 L_2 为分支器 XC2 的分支损耗；α_2 为 G 到 H 点的电缆损耗值。

为了使用户电平有一个大致固定的数值，要选用合适的 L_1、L_2。当频道的数目不是很多时，用户电平可选在 70 dBμV；当频道数目大于 10 个时，应适当低些，大致在 67 dBμV 左右为宜。在小型系统中，用户电平的设计偏差可允许±5 dB，最终得到 70±10 dBμV 的范围，满足国家标准对输出口电平的要求。在大型的有线电视系统，用户电平的设计偏差只能允许±3 dB，即在 67±3 dBμV 之内；加上气候因素引起的系统电平变化±3 dB，最终可得到 67±6 dBμV 的范围。此中尚未包括传输网的不平度在内。另外，系统的最低频道和最高频道的电平不一定相等，要分别计算，都控制在要求的范围之内，并且还要满足国家标准对频道间电平差的要求。

串接单元串计算的原则和分支器串完全相同，只是 E 和 F 变成为一点，G 和 H 也变成为一点，可以少计算这段电缆的损耗。计算方法更为简单。

当实际进行计算的时候，往往有些矛盾。例如用户电平不合适要改用一种分支器时，插入损耗要相应改变，引起一连串电平的重新计算。设计师往往颠倒过来，从末端假定一个需要的电平，再往前计算。遇有不合适时，只要改变一个分支器的计算，重复计算的工作量就少得多。最低频道和最高频道的电平同时进行计算，更可使计算工作量减少。所以，在具体设计中有许多技巧，需要在设计实践中多总结。

4. 与其他管线的距离

在铺设电缆时特别注意与强电的平行间距不得少于 20 cm。

5. 机房要求

如没有卫星接收系统，机房可放在弱电井内，方便操作即可。如有卫星接收系统，根据现场情况机房面积不得少于 12 m^2，机房内必须有接地设备、空调设备等。

二、有线电视系统验收

1. 主观评价标准

参照竣工图样符号验收安装产品是否对应，主观评价每个电视终端的电视图像清晰视为合格，如有雪花、横纹、斜纹、麻点视为不合格。检查线缆、分支分配器、放大器、终端盒的安装是否正确、整齐、美观。

2. 客观评测标准

用电平表测量终端电平是否在（68±4）dB 之间，如图像清晰 U、V 段电平均在（68±4）dB 之间可为合格工程。

三、系统指标的调整

1. 电平表的使用

电平表的生产厂家及种类很多，详细使用方法，请参照说明书。测试时必须要根据各地不同频道来测试。

2. 系统指标的调整方法

（1）放大器的最大输出电平指标

最大输出电平是放大器的一项重要指标。测试它的条件为 2 个频道的信号同时输入放大器，而在输出端测量其交扰调制比。当交扰调制比达到 48 dB 时，放大器的输出电平就称为最大输出电平。各制造厂都有不同的测试条件，2 个频道、48 dB 交扰调制比的测试条件是国标所规定的。所以，放大器参数表上给出的最大输出电平就表示在此电平下，2 个频道的交扰调制比应不低于 48 dB。由于工厂为了测试上的方便，对放大器设备，采用了德国标准 DIN45004B 的测量方法来定义最大输出电平。用这种测量方法测得的交扰调制比值要减去 12 dB，才相当于我国系统标准所定义的交扰调制比。为区别与系统的交扰调制比，我们称用 DIN45004B 方法测得的数值为三音交调比。三音交调比的标准值为 60 dB，相当于交扰调制比 48 dB。按 DIN45004B 的方法测量时应送入 3 个信号，即频率为 f_1、f_2 和 f_2+2 MHz 的信号。在放大器输出端测量，f_2 和 f_2+2 MHz2 个信号要比 f_1 的电平低 6 dB。这时，再测量非线性失真产物 f_1+2 MHz，f_1 信号的电平和 f_1+2 MHz 干扰信号的电平之比，即称为三音交调比 X_{dB}。当 X_{dB} 正好为 60 dB 时，f_1 信号的输出电平即称为最大输出电平 S_{omax}。

三音交调比 60 dB 相当于交扰调制比 48 dB，可是国家标准规定系统交扰调制比为 46 dB。因此，有时候会有些混乱，读者们需要注意。频率 f_1 和 f_2 应为系统工作频率范围的最高端上 2 个频道的图像载波频率。800 MHz的全频道系统，f_1 应选 47 频道的图像载频，f_2 应选 48 频道的图像载频。12 频道系统的 f_1 和 f_2 应分别选 11 和 12 频道的图像载频。这是因为在高频率端，放大器的非线性失真是最大的，选这样的频率要求最苛刻。

（2）分配放大器的计算

干线放大器的分支输出信号或干线上分支器的分支输出信号，要分配给各用户，必须使用分配放大器。分配放大器是直接带动用户的，所以其输出电平不能太低，否则只能带动较少的用户，使工程造价提高。输出电平高的后果是非线性失真增加，因此分配指标时，必须将比较多的非线性失真指标分给分配放大器，通常约占全系统的 40%～50%。分配放大器在全频道系统中的连接方法如图 3—12 所示。

干线放大器的分支信号先经过一个分支放大器的放大。由于全频道系统的放大器性能较差，所以分支放大器仍应和干线放大器一样来考虑其指标，或者以支线指标的 1/3 来考虑。分支放大器的输出可根据需要

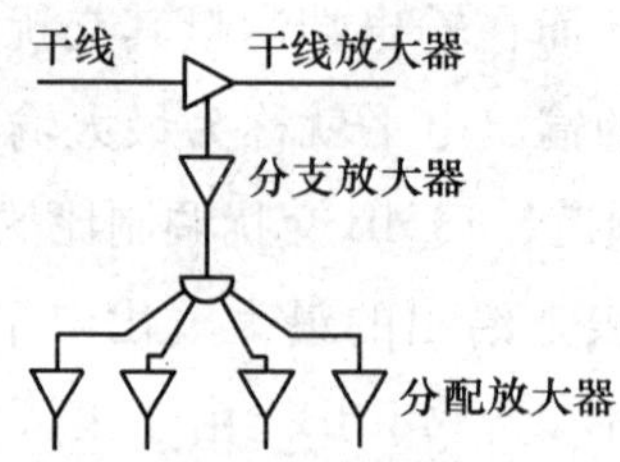

图 3—12　分配放大器在系统中心连接方法

用分配器分成若干路信号，每路信号的末端可接一个分配放大器。全频道系统的支线分配放大器的输出电平较高，可直接带动用户分配电路。根据这些要求，就可以计算分支放大器和分配放大器的输出电平。下面举例说明。

例 1：有一全频道支线，要求其交扰调制比为 52 dB（占全系统指标的一半），分支放大器占直线指标的 1/10，分配放大器占 9/10，2 种放大器的最大输出电平均为 118 dBμV，频道数 N 为 10 个。求其输出电平。

解：先求出分配的指标

分支放大器的 $q=1/10$，支线的交扰调制比（$CM_{支}$）$=52$ dB. 可求出分支放大器的交扰调制比应为

$$
\begin{aligned}
(CM_1) &= -20\ \lg q + 交扰调制比(CM_{支}) \\
&= -20\lg(1/10)+52 \\
&= 72\ \text{dB}
\end{aligned}
$$

分配放大器的 $q=9/10$，求出其交扰调制比（CM_2）应为

$$
\begin{aligned}
(CM_2) &= -20\ \lg q + 交扰调制比(CM_{支}) \\
&= -20\lg(9/10)+52 \\
&= 52.9\ \text{dB}
\end{aligned}
$$

现在可求出分支放大器的输出电平

$S_{omax}=118$ dBμV，（CM_1）$=72$ dB，$n=1$（串接放大器级数）频道数 $N=10$ 代入下式，可得

$$S_o \leqslant S_{omax}-1/2[(CM_1)-48]-10\lg n-5\ \lg(N-1)-\Delta$$

$$S_o \leqslant 118-1/2(72-48)-0-4.8-3$$

$$S_o \leqslant 98.2\ \text{dB}\mu\text{V}$$

这里考虑了设计余量 Δ（等于 3 dB）。

分配放大器的输出电平也可求出

$$S_{omax}=118\ dB\mu V，(CM_2)=52.9\ dB，n=1，$$

频道数 $N=10$ 代入下式，可得

$$S_o \leqslant S_{omax}-1/2[(CM_2)-48]-10\lg n-5\lg(N-1)-\Delta$$

$$S_o \leqslant 118-1/2(52.9-48)-0-4.8-3$$

$$=107.8\ dB\mu V$$

由此例可见，分配放大器由于指标分配得多，输出电平可用到 107.8 dBμV，比分支放大器的 98.2 dBμV 高出 9.6 dB 之多。这就意味着可带动约 80 户。

例 2：有一全频道支线，要求交扰调制比为 52 dB。分支放大器占支线指标的 1/3，分配放大器占 2/3。2 种放大器的最大输出电平均为 118 dBμV。频道数为 $N=10$。求其输出电平。

解：分支放大器的 $q=1/3$，所以其交扰调制比应为

$$(CM_1)=-20\lg q+(CM_{支})$$

$$=-20\lg(1/3)+52$$

$$=61.5\ dB$$

分配放大器的 $q=2/3$，所以其交扰调制比应为

$$(CM_2)=-20\lg q+(CM_{支})$$

$$=-20\lg(2/3)+52$$

$$=55.5\ dB$$

分支放大器的输出电平可求出

$$S_{omax}=118\ dB\mu V,(CM_1)=61.5\ dB,n=1,N=10$$

$$S_o \leqslant S_{omax}-1/2[(CM_1)-48]-10\lg n-5\lg(N-1)-\Delta$$

$$S_o \leqslant 118-1/2(61.5-48)-0-4.8-3$$

$S_o \leqslant 103.5\ dB\mu V$ 这里考虑了设计余量 Δ（等于 3 dB）

分配放大器的输出电平也可求出

$$S_{omax}=118\ dB\mu V，(CM_2)=55.5dB，n=1$$

$$N=10$$

$$S_o \leqslant S_{omax}-1/2[(CM_2)-48]-10\lg n-5\lg(N-1)-\Delta$$

$$S_o \leqslant 118-(1/2)(55.5-48)-0-4.8-3$$

$$S_o \leqslant 106.5\ dB\mu V$$

由此例可见，分配放大器的输出虽然比例 1 小 1.3 dB，但分支放大器的输出电平却高了不少。分支放大器的输出电平高就可以传送较远的

距离。所以，例 1 的情况适用于用户较集中又较多的场合，它要求带动用户多但传送距离不远。例 2 的情况适用于用户较分散的场合。

分配放大器在有线电视系统中的连接方法如图 3—13 所示。

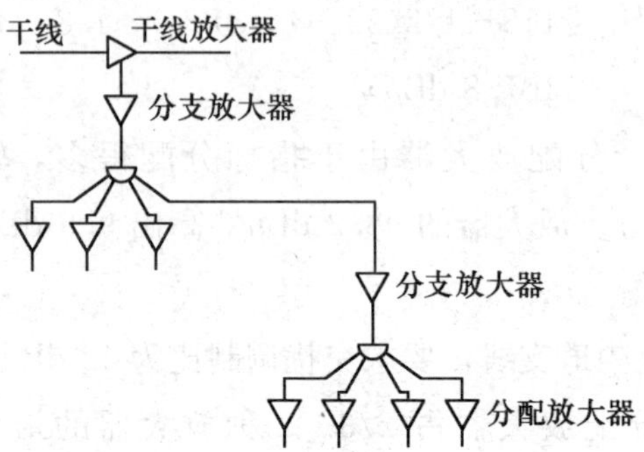

图 3—13 分配放大器的连接系统

干线放大器的输出信号，也是先经过一个分支放大器放大，然后用分配放大器分配。所不同的是，它有两极分配放大器，可以覆盖更大面积的用户。而且分支放大器的输出电平也比较高，可以传送较远的距离。分支放大器的输出根据需要可分成若干路，每路信号驱动一台第一级分配放大器。每台第一级分配放大器又可分成若干路，再去驱动第二级分配放大器。第二级分配放大器的输出即可带动用户分配电路。因此，每一个干线放大器的分支输出信号可带动几十台第二极分配放大器。在人口较密集的地区，可供几千户家庭。在大型的甚高频有线电视系统中，一台分支放大器和两台分配放大器组成的支线，常常用相同的输出电平，即 3 台放大器的输出电平相等。所以支线分配到的指标是等分给这 3 台放大器的，下面举例说明。

例 3：有一甚高频系统的支线，分配给它的交扰调制比指标为 $(CM_{支})=54$ dB，一台分支放大器和两台分配放大器各占 1/3 的支线指标。放大器的最大输出电平都是 124 dBμV，频道数为 20 个。问它们的输出电平可达多高？

解：三台放大器各占 1/3 的交扰调制比，每台放大器的交扰调制比应为：

$$(CM_1)=(CM_2)=(CM_3)=-20\lg q+(CM_{支})$$
$$=-20\lg(1/3)+54=63.5\ \text{dB}$$

它们的输出电平可用下式求得

$S_{omax}=124\ dB\mu V$，$(CM_1)=63.5\ dB$，$n=1$，

$N=20$

$$S_o \leqslant S_{omax}-1/2\left[(CM_1)-48\right]-10\lg n-5\lg(N-1)-\Delta$$

$$S_o \leqslant 124-1/2(63.5-48)-0-6.4-3$$

$$S_o \leqslant 106.8\ dB\mu V$$

这里考虑了设计余量 Δ（等于 3 dB）

由此例可知，它们的输出电平都比较高，因此可以使用较长的支线，带动较多的用户。

另一种解法是把三台放大器看成是相串接的，它们的指标相同，这样处理也是可以的。

$S_{omax}=124\ dB\mu V$，$(CM_1)=54\ dB$，$n=3$

$N=20$

$$S_o \leqslant 124-1/2(54-48)-10\lg 3-5\lg(20-1)-3$$

$$S_o \leqslant 124-3-4.8-6.4-3$$

$$S_o \leqslant 106.8\ dB\mu V$$

所得结果完全一样。至于放大器的噪声，通常因为输入电平较高，不会形成困难。所以为取得进一步的延长支线，可选用增益为 30dB 以上的放大器。这时，输出电平为 106.8 dBμV，输入电平即为 106.8－30＝76.8 dBμV。支线的载噪比根据下式可求出。

$$(C/N)=S_i-10\lg n-(F)-2.4$$

$$=76.8-10\lg 3-10-2.4$$

$$=59.6\ dB$$

这里假定放大器的噪声系数（F）为 10 dB。所得载噪比是很高的。所以使用较高增益的放大器是可以的，一般选用的放大器增益为 32～34dB 的放大器，分支和分配放大器相同。

（3）分支放大器和分配放大器

分支放大器和分配放大器通常都是相同的设备，它们的性能要求和干线放大器大致相同。结构上也和干线放大器的要求相同。不同的是它们的增益比较高，一般约为 30～34 dB；输出电平也比较高，常为 105～110 dBμV。在大部分情况下，不带自动电平控制功能。它们的指标举例见表 3—17。

表 3—17　　典型分配放大器的指标

序号	项目	正向	反向	备注
1	频带（MHz）	45～300	5～30	
2	不平度（±dB）	0.5	0.5	
3	反射损耗（dB）	16	18	
4	工作输出电平（dBμV）	110	113	
5	频道数	28	4	
6	工作增益（dB）	34	—	
7	复合三次差拍比（dB）	57	68	在 4、5、6 项条件下
8	交扰调制比（dB）	58	63	
9	二次互调比（dB）	68	67	
10	三次互调比（dB）	76	70	
11	载波交流声比（dB）	65	65	
12	噪声系数（dB）	9.5	9	

干线上用的分支、分配器要和干线放大器一样，用特殊设计的干线接插件来连接干线，也要防雨以便露天安装。

能力要求

一、有线电视用户分配网的设计

1. 用户终端的数量、位置的确定

(1) 分支器分配方式

为阐明分支器分配方式的原理，请参阅图 3—14 所示的实例。传来的信号通过最后一个分配放大器送入用户分配网络。一个分配放大器也可能带动几栋楼的用户分配网络。用户分配网络可根据楼的结构选用分配器，将信号分成若干路，通常一个门用一路信号。实例中有 4 个门，所以采用 4 路分配器或简称 4 分配器将信号分成 4 路。每个门有 5 层，每层有 4 户，可以串接 5 个 4 路分支器来组成。每层有一个 4 路分支器供给 4 户的系统输出口，也称用户盒。分支器将选用不同的规格，使到达各输出口的电平大致相等，保持最佳的电视机接受电平。电视机可用引入线连到系统输出口。如果每层只有 3 户，可空出一个分支器端口，通常不必要加终接电阻。如果每层只有 2 户，可改用 2 路分之器。4 路和 2 路分支器常简称 4 分支器和 2 分支器。分配器也可以空出一个端口，但必须加接终端电阻，这是门数少时常用的方法。每串分支器的最后一个分支器的主路输出也需要接终端电阻，否则会产生反射。用这种分配方式可以将信号分给各用户，而且使各用户的质量相同。最常用的分配器和分支器有 2 路、3 路和 4 路 3 种。

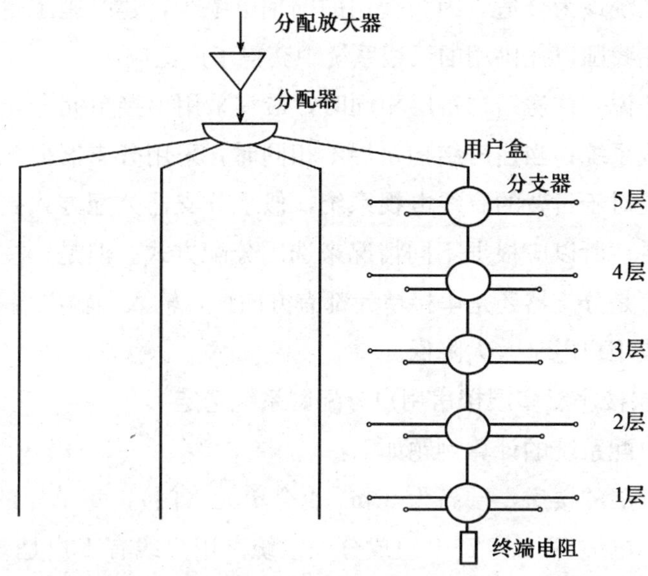

图 3—14　分支器分配方式

（2）串接单元分配方式

为阐明串接单元分配方式的原理，请参阅图 3—15 的实例。接单元的正式名称是串接式系统输出口，实际上这是一个单路分支器，但是在结构上和系统输出口合装在一起。串接单元分配方式是在每层的同一房间内，同一位置上装有串接单元。同轴电缆可以从上到下将它们串接起

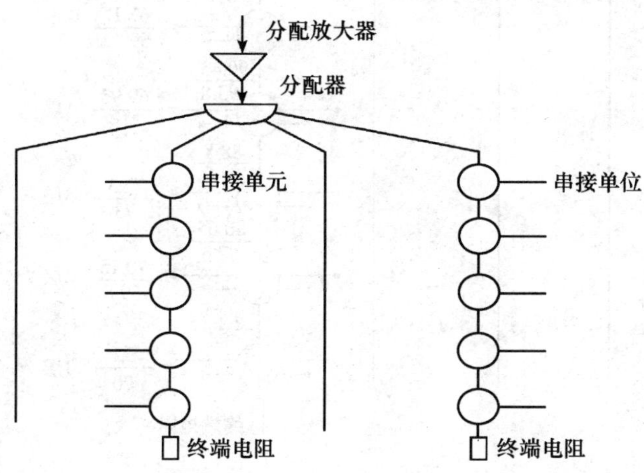

图 3—15　串接单元分配方式

来，在最后一个串接单元的末端要接上终端电阻，以防产生反射。串接单元也可选用不同的规格来保持大致相等的用户电平。这种分配方式对供用天线系统最为合适，因为使用的同轴电缆少，建筑施工量少，造价比较低。在我国以往供用的天线系统中获得了广泛应用。

一般地说，住房结构每层相同时，最宜采用串接单元分配方式来组成共用天线系统；当住房结构每层不相同时，采用分支器分配方式比较适宜。但是对于付费的有线电视系统，似乎分支器分配方式更适于控制用户的收看。所以应根据不同情况来选用分配方式。但是，按照我国的标准，不管是分支器还是串接单元都有方向性，输入和输出端不能接反，否则会造成用户电平大大降低。

2. 高层楼房、多层楼房用户分配网系统选定

用户分配系统的计算例题如下：

有一五层的楼房，层高为 3 m，4 个单元（门），每单元的每层有 3 户。用藕芯电缆 SYKV-75-5 组成分配系统。用户线有 1 户是 5 m 长，2 户是 10 m 长。用 4 分支器分配方式设计此系统。

解：系统的组成如图 3—16 所示。计算时将最低的 1 频道电平数值写在分子式上、最高的 48 频道电平数值写在分母上，便于对照。

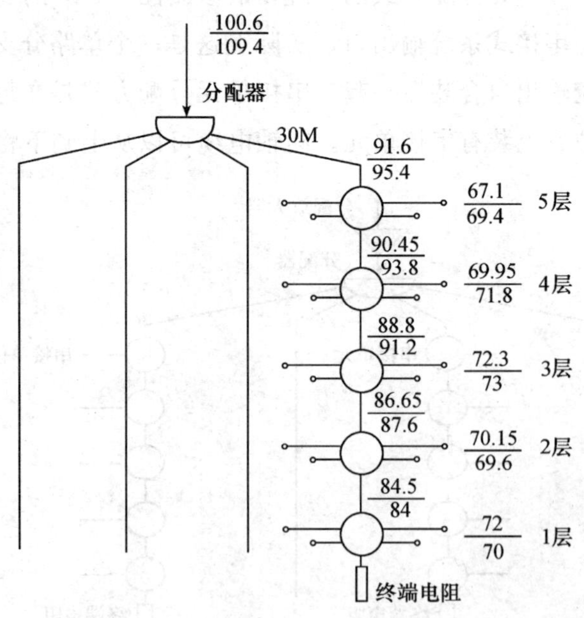

图 3—16　用户分配系统实例

连接电缆的损耗，可查阅相关的资料。1 频道的损耗为 0.05 dB/m，48 频道的损耗为 0.2 dB/m。所有的电平的单位都是 dBμV。

首先取底层 10 m 的用户电平为$\frac{72}{70}$

48 频道的电平稍低，是因为考虑到高频道的损耗比较大。

加上 10 m 长电缆的损耗，在底层分支器的分支输出端电平应为：$\frac{72+0.5}{70+2}=\frac{72.5}{72}$

底层分支器选用 12 dB 的，即分支损耗为 12 dB。从而可求得底层分支器的输入电平。

底层分支器输入电平为：$\frac{72.5+12}{72+12}=\frac{84.5}{84}$

底层 5 m 长用户电平为：$\frac{72.5-0.25}{72-1}=\frac{72.25}{71}$

2 层分支器选用 16 dB 的。插入损耗 VHF 为 2 dB，UHF 为 3 dB。分支损耗为 16 dB。

2 层分支器输入电平为：$\frac{84.5+0.15+2}{84+0.6+3}=\frac{86.65}{87.6}$

2 层分支器分支电平为：$\frac{86.65-16}{87.6-16}=\frac{70.65}{71.6}$

2 层 10 m 长用户电平为：$\frac{70.65-0.5}{71.6-2}=\frac{70.15}{69.6}$

2 层 5 m 长用户电平为：$\frac{70.65-0.25}{71.6-1}=\frac{70.4}{70.6}$

3 层分支器仍选用 16 dB 的，则：

3 层分支器输入电平为：$\frac{86.65+0.15+2}{87.6+0.6+3}=\frac{88.8}{91.2}$

3 层分支器分支电平为：$\frac{88.8-16}{91.2-16}=\frac{72.8}{75.2}$

3 层 10 m 长用户电平为：$\frac{72.8-0.5}{75.2-2}=\frac{72.3}{73.2}$

3 层 5 m 长用户电平为：$\frac{72.8-0.25}{75.2-1}=\frac{72.55}{74.2}$

4 层分支器如仍选用 16 dB 的。用户电平将会超过 75 dB。因此改用 20 dB 的分支器。其插入损耗 VHF 为 1.5 dB，UHF 为 2 dB。分支损耗为 20 dB。

4 层分支器输入电平为：$\frac{88.8+0.15+1.5}{91.2+0.6+2}=\frac{90.45}{93.8}$

4 层分支器分支电平为：$\frac{90.45-20}{93.8-20}=\frac{70.45}{73.8}$

4 层 10 m 长用户电平为：$\frac{70.45-0.5}{73.8-2}=\frac{69.95}{71.8}$

4 层 5 m 长用户电平为：$\frac{70.45-0.25}{73.8-1}=\frac{70.2}{72.8}$

5 层分支器可选用 2 4 dB 的分支器。插入损耗 VHF 为 1 dB，UHF 为 1 dB。分支损耗为 24 dB。

5 层分支器输入电平为：$\frac{90.45+0.15+1}{93.8+0.6+1}=\frac{91.6}{95.4}$

5 层分支器分支电平为：$\frac{91.6-24}{95.4-24}=\frac{67.6}{71.4}$

5 层 10 m 长用户电平为：$\frac{67.6-0.5}{71.4-2}=\frac{67.1}{69.4}$

5 层 5 m 长用户电平为：$\frac{67.6-0.25}{71.4-1}=\frac{67.35}{70.4}$

至此计算告一段落。结果表明，此项设计的用户电平在 67.1～74.2 dBμV之间，合乎设计要求。

以下将计算 4 分配器的输入电平。4 分配器的分配损耗 VHF 为 7.5 dB，UHF 为 8 dB。因此，5 层分支器的输入电平再加上 30 m 长电缆的损耗可得 4 分配器的输入电平。

4 分配器的输出端电平为：$\frac{91.6+1.5}{95.4+6}=\frac{93.1}{101.4}$

4 分配器的输入端电平为：$\frac{93.1+7.5}{101.4+8}=\frac{100.6}{109.4}$

中间 2 个单元距离 4 分配器的长度并不是 30 m，这时这两串分支器的输入电平会高些。只要将所有的电平数字都增加输入电平的增高量就可以，不必重新计算。设计时要修改电平，也可以统一增减，例如想将 48 频道降低 2 dB，只要将所有分母上的电平都减掉 2 dB 就可以。这时 4 分配器的输入电平数值分母上成为 107.4。计算得到的 4 分配器输入电平就是此楼房所需的电平，传输网分配放大器必须能供出这个电平。如果分配放大器的输出不够，可用 2 台分配放大器供给，这时 4 分配器要更换成 2 个 2 分配器，每台分配放大器带动一个 2 分配器。

4 分配器所需 1 频道和 48 频道的电平不相等，可以用分配放大器的均衡器来调整。放大器的高频端电平高，低频端电平低，人们常称它为预均衡。分配放大器具有预均衡，是系统中常用的平衡高低频道用户电平相差太大的方法之一。

多层与高层计算方基本相同，这里不一一列举。

3. 根据现场情况提出路由要求和安装尺寸

在安装时根据现场埋管、桥架情况安装，不得在桥架内盘线、留线、断线，按照施工标准施工，确保实际安装长度与图样长度基本符合。连接器件时电缆不得预留太多，一般不得多于 1 m。终端留线不得多于0.3 m。

4. 器件选则

按照图样选配符合入网要求的电缆、放大器、分支分配器、终端盒等器件。

5. 缆线选择

按照图样选配符合国家入网要求的电缆使用。

二、卫星电视及有线电视用户分配网的验收

1. 安装质量检查

见表 3—18 为安装质量记录表。

表 3—18　　安装质量记录

检查项目	检查内容及规范标准要求	检查结果	备注
电缆铺设	所有的电缆必须铺设在弱电线槽和弱电管中		
	保证电缆运动时，不与电线槽、管、支架等发生卡阻		
	电缆处于井道底部时，与缓冲器保持一定距离		
	电缆在线槽或管中不得有死弯		
分支器、分配器的安装	必须安装在弱电箱内		
	安装走线布局必须规范漂亮		
	连接分支、分配器 F 头必须牢固		
放大器的安装	方便开盖调试检修		
	固定在箱内		
	各节点连接牢固漂亮		

续表

<table>
<tr><th>检查项目</th><th colspan="3">检查内容及规范标准要求</th><th>检查结果</th><th>备注</th></tr>
<tr><td rowspan="3">用户终端的安装</td><td colspan="3">安装要与地面平行，漂亮</td><td></td><td rowspan="3"></td></tr>
<tr><td colspan="3">距地面距离一般是 30 mm</td><td></td></tr>
<tr><td colspan="3">安装牢固</td><td></td></tr>
<tr><td rowspan="2">图像测试与观测</td><td colspan="3">图像要清晰无麻点、斜纹、横纹</td><td></td><td rowspan="2"></td></tr>
<tr><td colspan="3">用户电平在 68±4 dBμV</td><td></td></tr>
<tr><td rowspan="2">检查人员
签章</td><td>质检员</td><td>工长</td><td>班组长</td><td colspan="2">检测人员</td></tr>
<tr><td></td><td></td><td></td><td colspan="2"></td></tr>
<tr><td>检查日期</td><td></td><td></td><td></td><td colspan="2"></td></tr>
</table>

2. 卫星电视接收天线的参数调试

国内可以接收的卫星、轨道位置、转发的电视节目、频率和对应的接收机频道等参数可查看有关资料。在搜索卫星时，要确定接收哪一颗卫星和哪一套节目，首先设置好接收机频道，然后按卫星轨道经度和地面站站址经、纬度，按照卫星频道表查找，也可以按照公式计算天线方位角和仰角。

例如：

北京为东经 116.5°、北纬 39.5°，欲接收 105.5°亚太 1 号时，横坐标上取公式：$\Delta l = 116.5° - 105.5° = 11°$；纵坐标上取 39.5°，过此两点作横、纵坐标平行线相交于 A 点，可从方位曲线族查得方位角 $A_Z = 17°$，从仰角曲线族查得仰角 $E_1 = 42°$。

卫星电视接收天线的调试方法如下：先将天线仰角调整到计算位置，再按天线的方位盘指示值将天线调整到计算位置。然后在±5°～±10°范围内缓慢转动天线，这时在某一位置电视机屏幕上应出现电视画面，可能画面不理想，有许多“麻点”或“马赛克”，可以先细调方位角使图像达到较佳状态或电平直到最高，然后再调仰角使图像更好，这样反复几次，边观察、边调整，直到图像最佳。与此同时，也要进行接收机频道设置已获得清晰图像。

如果在计算的方位角值±5°范围内收不到电视图像，说明仰角轴偏离卫星方向太远。这时，要是仰角以大约天线波宽度 θ（$\theta = 70\lambda/D$，λ 为卫星工作波长，C 波段 7.5 cm，KU 波段 2.5 cm，D 作为天线口径）为间隔升高，每升高一次后，使方位进行±5°～±10°扫描。如果升高 5°后仍搜索不到卫星电视信号，则将仰角从计算位置开始以同样方式再向下扫描，直到搜索到卫星电视信号。

3. 输出终端的电平指标

用户终端电平范围见表3—19。

表3—19　　用户终端电平范围

频段	最大电平指数（dBμV）	最小电平指数（dBμV）
VHF	80	57
UHF	80	60
FM（立体声）	80	47
FM（单声道）	80	37

注：表内TV电平值系指调制包络峰处图像载频电压的有效值。FM电平值是指调频广播载频电压的有效值。

4. 有线电视系统的性能评测

有线电视系统的性能评测方法是：对该系统使用器材进行主观评价后（对照图样查看安装器材的正确和美观，对图像的清晰度的观察），再对各主要器件的测试。

（1）对有线电视前端电平的检测。根据图样要求器材性能一般主输出电平在98～110 dBμV之间。

（2）对各放大器输入、输出的测试。放大器输入电平一般在68～80 dBμV之间；放大器输出电平一般在98～110 dBμV之间。

（3）用户终端输出电平在60～78 dBμV之间，最好是68±4 dBμV。

以上数据达标可视为该系合格。

第四章

建筑设备监控系统的设计、验收、管理

第一节　建筑设备监控系统的设计与配置

学习目标

通过学习，了解楼宇监控系统产品的市场动态，能够进行楼宇监控系统方案设计并能够对楼宇监控系统进行配置。

相关知识

一、建筑设备监控系统的方案设计

1. 设计的依据和标准

（1）设计依据

设计依据是指进行一项设计所要依据的具体要求、有关规范、规定和标准及有关资料等。设计依据包括：

1）招标文件及招标方答疑等有效文件的文字要求、建筑物的设计任务书等。

2）建筑设计院的建筑、结构、设备、电气、给排水、弱电设计图样。

3）国家现行有关规范和标准：

《智能建筑设计标准》（GB/T 50314—2000）

《民用建筑电气设计规范》（JGJ/T 16—92 ）

《工业自动化仪表工程施工及验收规范》（GB 50093—2002）

《自动化仪表安装工程质量检验评定标准》（GBJ 131—90）

《智能建筑工程质量验收规范》（GB 50339—2003）

《智能建筑弱电工程设计施工图集》（97×700）

《建筑智能化系统集成设计图集》（03×801—1）

《建筑设备监控系统设备设计安装》（03×201—2）

4）国际标准化组织或专业协会（或联盟）的有关标准及规定；如国际标准化组织 ISO、国际电子电器工程师协会 IEEE、国际电信联盟 ITU、电信工业协会 TIA、欧洲智能建筑组织 EIBG、美国智能建筑学会 AIBI 等。

5）有关资料。如产品设计手册、使用说明书等。

（2）设计标准

设计标准是指进行一项设计所要符合的标准，也就是对各种技术进行标准化，规范化。设计标准包括国家标准、国际标准及工业（行业）标准等。

1）智能建筑设计标准。《智能建筑设计标准》（GB/T 50314—2000）中，将智能建筑分为甲、乙、丙三种标准智能建筑。也就是从智能建筑的控制范围、系统设置的功能、采用技术的水平、系统的种类等方面，将智能建筑划分成高、中、低三种不同标准的模型，不仅可以给使用者提供一个功能需求的参考式样，也可以指导设计者和承包商进行智能建筑系统的设计。

2）产品标准。产品标准采用包括如 LonWorks、CAN 等标准总线和标准通信协议。LonTalk、BACnet、OPC 等开放性标准产品，使不同厂家的产品具有互换性和互操作性，给系统集成、系统监控、降低维修保养成本创造了条件。

2. 设计的原则和目标

（1）设计原则

目前在我国智能建筑在大中城市和沿海地区发展较快，一个城市中智能建筑的多少和这个城市的总体环境及科技水平有着直接的联系。好的智能建筑将给一个城市带来巨大的经济、社会、环境效益。智能建筑在设计原则中主要考虑以下几点。

1）先进性。智能建筑应采用目前比较先进的“集散型控制系统”，通过中央监控系统（上位计算机）与现场控制器、现场传感器、执行器及远程通信设备进行联网，实现分散控制集中管理监控功能。

2）可靠性。智能建筑应尽量采用成熟的经过工程检验的先进技术。因为，系统一旦投入使用，即应保证其运行的连续性和可靠性。

3）开放性。智能建筑应采用开放的技术标准，避免系统互联或扩展的障碍。要求各系统设置的 DDC 均应有方便实用的通信结构，能实现系统软、硬件的连接，使系统充分开放，容错性好，并能很好地进行信息交换。

4）标准化。智能建筑的工程设计及其实施将按照国家和地方的有关标准进行。采用国际标准化的设计和目前比较成熟的品牌产品。

5）实用性。智能建筑应以实际的需求为原则，不同的地区和场所应有不同的设计标准。在保证先进性的同时，以简单实用、经济合理、施工维修方便、提高工作效率、节省人力和物力资源为目标进行工程设计，争取获得最大的投资回报率。

6）可扩展性。智能建筑的设计应具有足够的应变能力，要有适当的预见性和超前性，考虑今后系统的发展和升级。集成网络系统的总体结构应采用结构化和模块化，达到良好的兼容性和可扩展性。

7）交互性。智能建筑管理系统应提供完善的人机交互界面，并对系统进行优化设计。要具有人机界面良好，运行管理方便、形象逼真、内容丰富、数据准确、反应迅速、操作简便等特点。

（2）设计目标

设计目标也是建设目标，是指项目设计最终的功能和技术定位。在设计过程中，针对不同的地区和场所应有不同的设计标准。而不能一味地追求时尚，很多功能本着够用的原则即可，不要认为系统集成的子系统越多越好，级别越高越好。应根据当地的经济条件、人文环境、习惯爱好综合考虑。设计目标主要体现在对机电设备实现科学化的运行管理、为使用者提供良好的环境、提高人员效率、减少人员及费用、节省能耗等方面。近些年来“人性化”和“绿色节能”也成为智能建筑设计目标之一。

二、建筑设备监控系统的功能

1. 系统的控制功能

建筑设备监控系统采用的是计算机集散控制，作为中央监控系统的主计算机对现场的设备并不实施控制，而是把控制权交给现场的直接数字控制器（DDC）。DDC 根据建筑设备分布的位置进行分散组合，并对现场设备进行实时控制。中央监控主计算机和 DDC 进行网络通信和连接如图 4—1 所示。

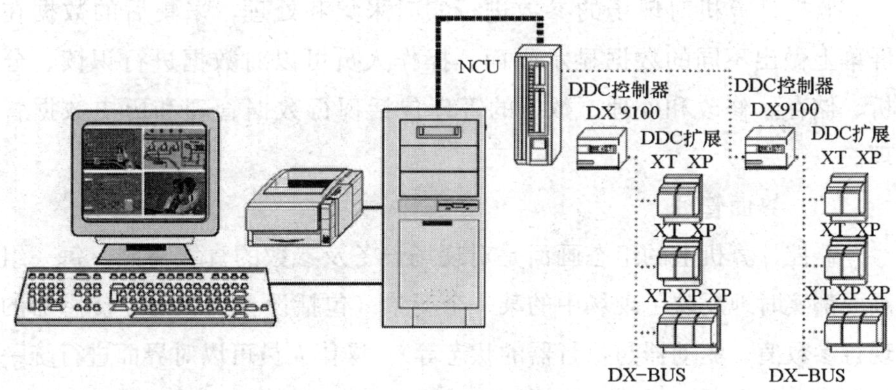

图 4—1　建筑设备监控系统结构图

现场设备直接由 DDC 驱动完成相应的操作，这些操作可以是 DDC 通过预先编制好的控制程序实现，也可以由中央监控主计算机向 DDC 发送控制信号实现。系统的控制功能主要包括：

（1）启停控制

启停控制通常是由 DDC 完成对一些开关量设备的控制，如送风机、生活水泵、排污泵、照明设备等。它是通过 DDC 中预先编制好的控制程序实现的。同时为了实现远程在线监控，还要向 DDC 提供运行状态和故障报警。

（2）数值控制

数值控制通常是由 DDC 完成对一些模拟量设备的控制，当采集到模拟量（温度、湿度、压力、流量、电量等）信号后，通过 DDC 中预先编制好的控制程序，实现对模拟量设备（如电动水阀、电动风阀、压差旁通阀等）的开度控制（通常采用 PID 调节控制）。为了实现远程在线监控，还要向 DDC 提供模拟量的现行值。通过与 DDC 内部各类设定值的比较，完成相应的控制、调节和报警。

2. 系统的管理功能

建筑设备监控系统利用监控计算机对现场设备实施管理。建筑设备监控系统管理的主要功能如下：

（1）设备管理

系统对智能建筑中的各项自动控制设备，提供技术管理的支持，实现设备运行状态的实时监控和参数显示，以及设备档案与维修管理等。

（2）数据管理

监控计算机对现场的参数进行实时采集和处理，采集后的数据在屏幕上做出不同的数据显示画面，操作人员可以对数据进行识读、分析、储存、修改和处理。数据的管理包括现行数据管理和历史数据管理。

（3）界面管理

监控计算机上的组态画面是对现场设备及参数的真实写照，每一组画面都实时地反映了现场中的某一个场景（包括设备的状态、传感器的现行参数值、驱动器与执行器的状态等）。操作人员可以对界面进行统一的管理，如参数（温度、湿度、压力、流量、电量等）的设定、控制命令的发布、故障和特殊事件的应急处理等。

（4）曲线与报表管理

监控计算机采集现场的信息后，以数据库的形式存储在计算机中。利用这些数据可以生成不同的现行曲线和历史曲线，作为运行管理和查询的依据。同时，利用这些数据还可以生成不同形式的报表，值机人员可以随时对这些曲线和报表进行打印输出。

综上所述，建筑设备监控系统是一套完善的计算机管理系统，它不仅可以完成对现场的监控，还可以实现科学的管理。

三、建筑设备监控系统的选型配置

1. 传感器、执行器的配置

（1）传感器、执行器的作用

自动控制系统采用的是闭环控制调节，由被控对象、传感器、调节器（控制器）和执行器几个基本部分组成。传感器通过对被控对象的被控参数进行测量，送入调节器后与给定值进行比较并得到一定的偏差，调节器经过调节运算（通常采用PID算法）后发出调节命令，控制执行器对被控对象的被控参数进行控制，使被控参数满足要求。其原理如图4—2所示。

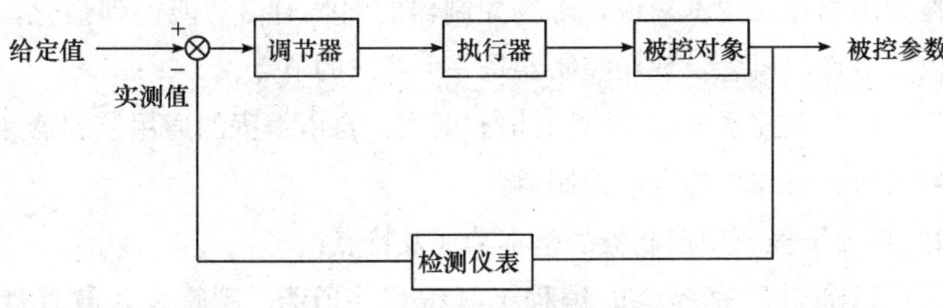

图4—2　闭环控制系统原理框图

1）传感器通过对非电量参数（温度、湿度、压力、流量等）的测量，再经过变送器转变成标准的电量输入给调节器或DDC。传感器是实现现场信息采集的主要手段，并在自动控制系统中占有极为重要的地位，在某些场合成为解决实际问题的关键。

2）执行器是现场控制单元的驱动部分，由执行机构和调节机构组成。执行器接受调节器或DDC发出的电信号（电压或电流信号）来推动执行机构，产生推力和位移。最常见的电动执行机构是阀门驱动器和风门驱动器。调节机构是执行器的调节部分，最常见的是调节阀，它受执行机构的操纵，改变阀心与阀座间的流通面积，用来调节工艺介质流量。

（2）传感器、执行器的配置

传感器、执行器的配置是根据被测介质的对象特性、介质相关参数（温度、湿度、压力、流量范围、阀前阀后压差、介质密度等）和管道管径、管道阻力情况按照一定的方法进行计算和选型的过程。合理选择传感器和执行器，是构成自动控制系统的关键环节。

2. 直接数字控制器的配置

（1）直接数字控制器（DDC）

直接数字控制器，即现场控制器（DDC），本身具有较强的运算功能和较复杂的控制功能，可以独立进行就地控制。

现场控制器在本质上就是一种特殊的计算机。它直接承担控制任务，因而要求实时性好、可靠性高和适应性强。DDC 通过模拟量输入通道（AI）和开关量输入通道（DI）采集实时数据，然后按照一定的规律进行计算，最后发出控制信号，并通过模拟量输出通道（AO）和开关量输出通道（DO）直接控制全过程。

作为现场总线技术来说，现场控制器的网络通信功能得到强化，其概念改为节点的概念，现场控制器是一个特殊的节点。

建筑设备监控系统的 DDC 一般有两类：自由编程的通用控制器和固定功能无法自由编程的专用控制器。

1）自由编程通用控制器的基本功能及特点：

①可以通过厂家提供的编程工具编程（FBD、逻辑表、解释性语言）。

②拥有可以自定义的 I/O 点或可以扩展 I/O 模块。

③功能一般较强大。

2）专用控制器的基本功能及特点：

①功能固定，针对具体应用，无法自由编程，也不用编程。

②拥有数量有限并且功能固定的 I/O 点，一般无法扩展 I/O 模块。

③目前楼宇自控系统中较流行的专用控制器通信一般使用 LonWorks 技术。

（2）如何配置直接数字控制器（DDC）

直接数字控制器的配置是整个建筑设备监控系统配置的核心。它将所有被控机电设备的监测和控制点接入控制系统，一个合理的配置也是系统能够实现最佳运行的先决条件。要求设计者对产品所采用的技术、网络结构、通信方式、各部分的软硬件功能及输入输出模块的类型、功能有一个详细的了解。在配置过程中，既要做到最优化，又要做到经济合理。

能力要求

一、建筑设备监控系统的设计

1. 系统方案的设计

（1）系统方案设计的基本步骤

建筑设备监控系统技术方案的设计通常分为如下几个步骤：

1）需求分析。设计前应去建设单位现场考察，根据建筑物的实际情况、资金情况、业主的要求（一般通过招标文件和设计图样），依据相关规范和规定，确定建筑物内监控和管理的各功能子系统，确认各功能子系统包含的设备数量。

2）确定监控系统的方案。有了明确目标后即可进行方案的初步设计，包括系统的配置、设备的选型、子系统监控功能的分解、材料明细的编制等。完成初步设计后，反馈于业主，听取业主意见并进行修改和完善，最终明确系统的控制方案及要达到的控制目标。

3）制作监控点表。监控点表是在控制方案的基础上制定出来的，它一方面反映了监控系统的监控目标，另一方面确定被控设备监控点位、监控点的性质及所要选用的传感器、阀门及执行机构。所以，设计好监控点表是合理选择现场控制器、输入/输出模块，并根据监控中心的要求，确定中央监控系统的硬件设备数量和系统软件以及工具软件的种类与数量的最好依据。

4）统计汇总设备清单。对选配的上述设备进行列表统计与汇总。做出材料明细清单，交采购人员购置。

5）绘制图样。绘制出整个建筑设备监控系统的系统图和控制原理图及平面施工图。

（2）系统方案的设计内容

1）中央监控站系统。中央监控工作站由主控计算机（1～2 台）、通信接口、打印机和相应的软件组成。应支持 TCP/IP 的网络操作系统，如中文 Windows 2000 Server、中文 Windows XP 或中文 Windows NT。在监控计算机上，可以实现动态图形的显示；控制程序、监视程序和操作程序的输入、修改与传送；现场动态实时数据、现行和历史运行曲线的查询和打印；显示现场 DDC 控制器及现场设备的运行状态、故障报警；记录运行参数、测量值、设定值、报警及报警处理情况，根据要求定时打印有关数据报告等。

系统监控软件应采用当前最先进且符合业界标准的软件技术，运行在多任务多线程主流的操作系统之上。要求具有功能强大的可扩展的接口图形界面，具有菜单式的选择方式，良好的人机对话界面。能够对设备系统进行完善的集成监控和管理。

2）现场DDC的配置。根据监控点表完成对现场DDC的配置，现场控制器的设置应首先考虑工艺设备监控的合理性，原则上每个工艺流程的所有设备应由同一台现场控制器进行监控，以增加系统可靠性，便于系统调试。

现场控制器应分散布置在被控设备附近。这样，可以做到系统故障充分分散。同时还可节省管线量和施工量。现场控制器的输入/输出点应实现优化设计，应留有适当余量，一般预留量应大于10%。

根据设计依据和用户的使用要求，设计编写控制程序，对现场的机电设备进行控制与管理，并将节能控制方法与分布在现场的传感器、执行器结合，完成对现场机电设备的运行状态的监控、现场动态数据的采集及现场执行机构的调节。

3）现场输入/输出设备的配置。现场输入/输出设备是指那些连接在DDC的DI、AI、DO、AO点上的外部元件和控制单元。在系统中应合理地选择现场输入/输出设备。一般来说，建筑设备中不包含监控系统所需的一些元件和控制单元，如温度传感器、湿度传感器、压力传感器、流量传感器、水流开关、电动蝶阀、液位开关、电动水阀、电动风阀、低温开关、压差开关等。所以，在做系统设计时，应考虑这些产品的配置和组合。

（3）建筑设备的监控设计

1）空调机组的监控

①监测内容：

a. 空调机组新风、回风的温度、湿度监测。

b. 空调机组室外温度度、湿度监测。

c. 过滤器压差监测。

d. 室内空气质量浓度监测。

e. 新风、回风阀的开度监测。

f. 送风、回风机手/自动状态、运行状态、故障状态监测。

g. 加湿器手/自动状态、运行状态、故障状态监测。

h. 根据回风湿度控制加湿器启/停。

②控制与管理：

a. 系统依据设定值与回风温度的偏差调节表，电动调节水阀开度。

b. 系统依据回风湿度，控制加湿器的启/停。

c. 系统监测过滤器压差堵塞报警，通知清洗或更换。

d. 送风、回风机启/停控制。

e. 新风、回风阀根据回风空气质量及室外温度、湿度，进行开度控制。

f. 利用防冻开关进行盘管防冻保护。

g. 风机、风阀和水阀的联锁控制。

h. 记录设备运行时间。

i. 设定故障报警和紧急停机。

j. 系统专家诊断。

2）新风机组的监控

①监测内容：

a. 新风机组送风温度、湿度监测。

b. 室外温、湿度监测。

c. 过滤器压差监测。

d. 新风阀的状态监测。

e. 防冻开关状态监测。

f. 送风机手/自动状态、运行状态、故障状态监测。

g. 加湿器手/自动状态、运行状态、故障状态监测。

②控制与管理：

a. 系统依据设定值与送风温度的偏差调节表，电动调节水阀开度。

b. 系统依据送风湿度，控制加湿器的启/停。

c. 系统监测过滤器压差堵塞报警，通知清洗或更换。

d. 新风机启/停控制。

e. 利用防冻开关进行盘管防冻保护。

f. 送风机与新风阀启/停联锁。

g. 记录设备运行时间。

h. 设定故障报警和紧急停机。

i. 系统专家诊断。

3）制冷站的监控

①监测内容：

a. 冷冻水供/回水温度监测。

b. 冷冻水供/回水压力监测。

c. 冷冻水回水总流量监测。

d. 冷却水供/回水温度监测。

e. 冷冻水泵的手/自动转换，运行状态，故障状态。

f. 冷却水泵的手/自动转换，运行状态，故障状态。

g. 冷水机组的运行状态、故障状态。

h. 冷却水水流状态监测。

i. 冷却塔风机手/自动转换，运行状态，故障状态。

j. 冷冻水侧电动阀的阀位监测。

k. 冷却水侧电动阀的阀位监测。

l. 冬/夏季电动切换阀的阀位监测。

②控制与管理：

a. 冷冻水泵的启/停控制。

b. 冷却水泵的启/停控制。

c. 冷却塔风机启/停控制。

d. 冷冻水侧电动阀的控制。

e. 冷却水侧电动阀的控制。

f. 冬/夏季电动切换阀的控制。

g. 设备间联动控制。

h. 记录设备运行时间。

i. 设定故障报警和紧急停机。

j. 系统专家诊断。

4）锅炉与换热站的监控

①监测内容：

a. 热水锅炉供水流量、压力、温度监测。

b. 热水锅炉回水总管压力监测。

c. 蒸汽锅炉供汽流量、压力、温度监测。

d. 热水锅炉供回水开关阀开度监测。

e. 蒸汽锅炉供汽开关阀开度监测。

f. 热水锅炉一次水循环泵运行及故障状态监测。

g. 热交换器二次水供水温度监测。

h. 热交换器一次水调节阀开度监测。

i. 换热器二次水开关阀开度监测。

j. 换热器二次水循环泵运行及故障状态监测。

②控制与管理：

a. 锅炉供汽（水）电动阀的控制。

b. 空调水一、二次循环泵的启/停控制。

c. 空调换热器二次开关阀的控制。

d. 根据换热器二次水出水温度自动调节一次水回水调节阀开度，以使二次出水温度达到设定值。

e. 记录设备运行时间。

f. 设定故障报警和紧急停机。

g. 系统专家诊断。

5）给排水系统的监控

①监测内容：

a. 生活水供水总管压力。

b. 生活水供水总管流量。

c. 地下消防水池的高、低水位监测及超高、超低液位报警。

d. 潜水泵手/自动状态，运行状态，故障报警。

e. 污水池的高、低水位监测及超高、超低液位报警。

②控制与管理：

a. 根据污水池液位自动启/停排污泵。

b. 排污泵运行时间记录。

c. 设定故障报警和紧急停机。

d. 系统专家诊断。

6）送排风系统的监控

①检测内容：

a. 监测送风、排风机手/自动状态，运行状态，故障报警。

b. 有害气体浓度显示及报警。

②控制与管理：

a. 控制送、排风机启/停。

b. 记录设备运行时间。

c. 设定故障报警和紧急停机。

d. 系统专家诊断。

7）变配电系统的监控

监测内容：

①监测高压进线开关、联络开关状态。

②监测所有高压进线电量信号（三相电流、三相电压、有功功率、无功功率、功率因数、电度量）。

③监测低压进线开关、母联开关状态。

④监测变压器温度报警。

⑤监测所有低压进线电量信号（三相电流、三相电压、有功功率、无功功率、电度量）。

⑥监测重要低压出线回路的开关状态及电度量。

⑦显示主接线图。

8）UPS 不间断电源系统的监控

监测内容：

①蓄电池组的输出电压、电流的检测及故障报警。

②UPS 系统电压、电流的检测及故障报警。

9）灯光、照明系统的监控

①监测内容：

照明回路的手/自动状态，运行状态监测。

②控制与管理：

a. 按时间表控制模式进行照明回路的启/停控制。

b. 照明回路与安全防范系统的联动控制：当报警信号发出时，开启相应照明回路，以满足摄像机正常工作的需要。

c. 照明回路与门禁系统的联动控制：下班后当加班人员进入办公室时，开启相应照明回路满足工作需要。

d. 照明系统的节能措施：照明系统是建筑物重要的耗能系统，应根据使用者的具体需求制定切实可行的节能措施。

10）电梯系统的监控

监测内容：

①电梯运行状态、故障报警。

②上下行状态。

2. 监控点表的设计

监控点表是投标文件的重要组成部分。它是对一个工程的建筑设备监控系统所控机电设备、监控内容的细化统计。该表包括每个被控设备的输入/输出信号名称、类型、数量；现场一次设备的名称、型号和数量；现场 DDC 的配置类型。制作监控点表的过程即是传感器、执行器的选型和现场 DDC 的配置过程。依据制作好的监控点表，即可制作生成设备清单的明细内容，进而依此进行设备报价清单的制作。

(1) 监控点表的制作

监控点表的制作一般分以下几个步骤：

1) 对招标文件的文字要求和所设计的暖通、给排水、电气等专业的施工设计图样进行详细的解读消化，充分理解所控制的每个对象的工艺流程和控制要求。

2) 确定被控设备（可能是一个设备，也可能是一个工艺系统）的控制方案。

3) 对一次传感器、执行器进行选型设计，确定接口设备的类型。这里所指接口设备除指一次传感器、执行器外还有设备的电气二次配电箱，如水泵、风机、照明回路等设备的二次配电箱。

4) 确定被控设备检测和控制信号的类型（类型为模拟量输入、开关量输入、热电阻输入、模拟量输出、开关量输出及信号为 4～20 mA、0～10 V、1～5 V、0～5 V 的输出）和数量。

5) 根据统计好的信号的类型和数量进行现场控制器的配置。

(2) 监控点表的设计举例

1) 2 台新风机组监控点及 DDC 配置（见表 4—1）

表 4—1　　新风机组监控点及 DDC 配置表

监控点类型 / 被控项目	被控数量	TI	AI	AO	DI	DO	现场接口设备	自控设备数量
新风机组（带加湿）	2							
送风温度、湿度	4	2	2				风道温度、湿度传感器	2
新风门驱动器	2					2	开关型风门驱动器	2
过滤器淤塞报警	2				2		过滤器压差开关	2
防冻开关	2				2		防冻开关	2
盘管水阀	2			2			电动二通调节水阀	2

续表

监控点类型 被控项目	被控数量	TI	AI	AO	DI	DO	现场接口设备	自控设备数量
蒸汽加湿	2					2	电动二通调节蒸汽阀	2
送风机前后压差检测	2				2		气体压差开关	2
送风机启/停控制	2					2	常开无源触点（在启动柜内）	
送风机运行状态	2				2		常开无源触点（在启动柜内）	
送风机故障状态	2				2		常开无源触点（在启动柜内）	
送风机手/自动状态	2				2		常开无源触点（在启动柜内）	
	小计	2	2	2	12	6		14
通用控制测温模块 D 型 RH6-GCB-B	使用	2	2	2	4	2	模块：3AI/3TI/3AO/4DI/2DO	1
电动机控制模块 A 型 RH6-MCA	使用				8	4	模块：12DI/4DO	1
主控管理模块 RH6-MCU-CC								1
8 继电器板							8 继电器板	1
机柜								1

①新风机组监控内容分析

a. 送风温度、湿度：选配 2 个温度、湿度传感器，送风温度为 2 个 PT1000 热电阻输入信号，送风湿度为 2 个 0～10 V/4～20 mA 模拟量输入信号。

b. 新风门驱动器。选配 2 个开关型风门驱动器，控制信号为 2 个开关量输出信号。

c. 过滤器淤塞报警。选配 2 个水过滤器压差开关，信号为 2 个开关量输入信号。

d. 防冻开关。选配 2 个防冻开关，信号为 2 个开关量输入信号。

e. 盘管水阀。选配 2 个电动二通调节水阀，控制信号为 2 个 0～10 V/4～20 mA 模拟量输出信号。

f. 蒸汽加湿。选配 2 个电动二通调节蒸汽阀，控制信号为 2 个开关量输出信号。

g. 送风机前后压差检测。选配 2 个气体压差开关，信号为 2 个开关量输入信号。

h. 送风机。通过送风机电气二次配电箱进行监控。2 个手/自动状态信号取自电气二次配电箱手/自动转换开关辅助接点（2 个开关量输入信号），2 个送风机状态信号取自电气二次配电箱接触器辅助接点（2 个开关量输入信号），2 个送风机故障信号取自电气二次配电箱过热继电器辅助接点（2 个开关量输入信号），2 个送风机控制无源触点信号送至电气二次配电箱（2 个开关量输出信号）。

②监控点统计

2 台新风机组监控点统计如下：

a. 热电阻输入信号：2 个。

b. 模拟量输入信号：2 个。

c. 模拟量输出信号：2 个。

d. 开关量输入信号：12 个。

e. 开关量输出信号：6 个。

③DDC 配置。以 RH6000 为例。

a. I/O 模块的配置：首先看模拟量输入 2 个、电阻输入 2 个和模拟量输出 2 个的数量，选择通用控制测温模块 D 型（4DI，3AI，2DO，3AO，3TI）1 台可满足使用要求；但可以看到 4DI 和 2DO 不能满足 10 个 DI 和 6 个 DO 的要求，需再选配 1 台电动机控制模块 A 型（4DO，12DI）。

b. 其他设备的配置：根据不同厂家的产品，可能会有不同的配置。此处，需应配置主控管理模块 1 台，继电器板、机柜等设备。

c. DDC 的配置应遵循就近安装的原则，因此需考虑设备的安装位置，一台 DDC 宜控制安装比较集中的设备。

2）冷冻站监控点及 DDC 配置（见表 4—2）

表 4—2　　冷冻站监控点及 DDC 配置

被控项目＼监控点类型	被控数量	TI	AI	AO	DI	DO	现场接口设备	自控设备数量
冷水机组	3							
冷冻水系统								
冷冻水供、回水温度	2	2					水道温度传感器	2
冷冻水回水流量	1		1				流量计	1
冷冻水供、回水压力	2		2				水道压力传感器	2
供回水压差旁通阀	1			1			压差旁通阀	1
水流开关	3				3		水流开关	3
冷冻水循环泵启/停控制	3					3	常开无源触点（在启动柜内）	
冷冻水循环泵运行状态	3				3		常开无源触点（在启动柜内）	
冷冻水循环泵故障状态	3				3		常开无源触点（在启动柜内）	
冷冻水循环泵手/自动状态	3				3		常开无源触点（在启动柜内）	
补水泵启/停控制	2					2	常开无源触点（在启动柜内）	
补水泵运行状态	2				2		常开无源触点（在启动柜内）	
补水泵故障状态	2				2		常开无源触点（在启动柜内）	
补水泵手/自动状态	2				2		常开无源触点（在启动柜内）	
补水箱液位	3				3		液位开关	3
冷冻水侧电动蝶阀反馈及控制	3		3			6	蝶阀＋执行器	3
冷却水系统								
水流开关	3				3		水流开关	3
冷却水循环泵启/停控制	3					3	常开无源触点（在启动柜内）	

续表

被控项目 \ 监控点类型	被控数量	TI	AI	AO	DI	DO	现场接口设备	自控设备数量
冷却水循环泵运行状态	3				3		常开无源触点（在启动柜内）	
冷却水循环泵故障状态	3				3		常开无源触点（在启动柜内）	
冷却水循环泵手/自动状态	3				3		常开无源触点（在启动柜内）	
冷却水侧电动蝶阀反馈及控制	3		3			6	蝶阀＋执行器	3
冷却水供、回水温度	2	2					水道温度传感器	2
冷却塔电动蝶阀反馈及控制	3		3			6	蝶阀＋执行器	3
冷却塔风机启/停控制	3					3	常开无源触点（在启动柜内）	
冷却塔风机运行状态	3				3		常开无源触点（在启动柜内）	
冷却塔风机故障状态	3				3		常开无源触点（在启动柜内）	
冷却塔风机手/自动状态	3				3		常开无源触点（在启动柜内）	
	小计	4	12	1	42	29		26
通用控制测温模块D型RH6-GCB-B	使用	4	4	1	6	2	模块：3AI/3TI/3AO/4DI/2DO	2
模拟量输入模块RH6-AIA	使用		8				模块：10AI	1
数字量输入模块RH6-DIA	使用				36		模块：16DI	3
数字量输出模块RH6-DOA	使用					27	模块：10DO（继电器输出）	3
主控管理模块RH6-MCU-CC								1
4继电器板							4继电器板	1
机柜								1

①冷冻站监控内容分析

a. 冷冻水系统：

• 冷冻水供、回水温度。选配 2 个水道温度传感器，温度为 2 个 PT1000 热电阻输入信号。

• 冷冻水回水流量。选配 1 个流量计，流量为 1 个 0～10 V/4～20 mA模拟量输入信号。

• 冷冻水供、回水压力。选配 2 个水道压力传感器，压力为 2 个 0～10 V/4～20 mA 模拟量输入信号。

• 供回水压差旁通阀。选配 1 个电动调节阀。控制信号为 1 个 0～10 V/4～20 mA 模拟量输出信号。

• 水流开关。选配 3 个水流开关，信号为 3 个开关量输入信号。

• 冷冻水循环泵。通过水泵电气二次配电箱进行监控。3 个手/自动状态信号取自电气二次配电箱手/自动转换开关辅助接点（3 个开关量输入信号），3 个循环泵运行状态信号取自电气二次配电箱接触器辅助接点（3 个开关量输入信号），3 个循环泵故障信号取自电气二次配电箱过热继电器辅助接点（3 个开关量输入信号），3 个循环泵控制无源触点信号送至电气二次配电箱（3 个开关量输出信号）。

• 补水泵。通过水泵电气二次配电箱进行监控。2 个手/自动状态信号取自电气二次配电箱手/自动转换开关辅助接点（2 个开关量输入信号），2 个循环泵运行状态信号取自电气二次配电箱接触器辅助接点（2 个开关量输入信号），2 个循环泵故障信号取自电气二次配电箱过热继电器辅助接点（2 个开关量输入信号），2 个循环泵控制无源触点信号送至电气二次配电箱（2 个开关量输出信号）。

• 补水箱液位。选配 3 个液位开关，设置上上限、上限、下限液位，信号为 3 个开关量输入信号。

• 冷冻水侧电动蝶阀。选配 3 个电动蝶阀和阀门驱动器。阀位反馈信号为 3 个模拟量输入信号，控制信号为 6 个开关量输出信号。

b. 冷却水系统：

• 水流开关。选配 3 个水流开关，信号为 3 个开关量输入信号。

• 冷却水循环泵。通过水泵电气二次配电箱进行监控。3 个手/自动状态信号取自电气二次配电箱手/自动转换开关辅助接点（3 个开关量输入信号），3 个循环泵运行状态信号取自电气二次配电箱接触器辅助接点

（3 个开关量输入信号），3 个循环泵故障信号取自电气二次配电箱过热继电器辅助接点（3 个开关量输入信号），3 个循环泵控制无源触点信号送至电气二次配电箱（3 个开关量输出信号）。

• 冷却水侧电动蝶阀。选配 3 个电动蝶阀和阀门驱动器。阀位反馈信号为 3 个模拟量输入信号，控制信号为 6 个开关量输出信号。

• 冷却水供、回水温度监测。选配 2 个水道温度传感器，温度为 2 个 PT1000 热电阻输入信号。

• 冷却塔电动蝶阀。选配 3 个电动蝶阀和阀门驱动器。阀位反馈信号为 3 个模拟量输入信号，控制信号为 6 个开关量输出信号。

• 冷却塔风机。通过风机电气二次配电箱进行监控。3 个手/自动状态信号取自电气二次配电箱手/自动转换开关辅助接点（3 个开关量输入信号），3 个风机状态信号取自电气二次配电箱接触器辅助接点（3 个开关量输入信号），3 个风机故障信号取自电气二次配电箱过热继电器辅助接点（3 个开关量输入信号），3 个风机控制无源触点信号送至电气二次配电箱（3 个开关量输出信号）。

②监控点统计

冷冻站监控点统计如下：

a. 热电阻输入信号：4 个。

b. 模拟量输入信号：12 个。

c. 模拟量输出信号：1 个。

d. 开关量输入信号：42 个。

e. 开关量输出信号：29 个。

③DDC 配置

以 RH6000 为例。

a. I/O 模块的配置：首先看电阻输入 4 个和模拟量输出 1 个的数量，选择通用控制测温模块 D 型（4DI，3AI，2DO，3AO，3TI）2 台可满足使用要求；再看模拟量输入 9 个，开关量输入 52 个，开关量输出 25 个，以上 2 个模块共 6 个 AI，8 个 DI，4 个 DO 不能满足要求，还缺 3 个 AI，44 个 DI，21 个 DO 口，故需再选配 1 台模拟量输入模块（10AI）、3 台数字量输入模块（16DI）、3 台数字量输出模块（10DO）。当然，这里涉及预留量和成本的因素，还可以有其他配置方法。

b. 其他设备的配置：根据不同厂家的产品，可能会有不同的配置。

此处以 RH6000 为例，需配置主控管理模块 1 个，继电器板、机柜等设备。

c. DDC 的配置应遵循就近安装的原则，因此需考虑设备的安装位置。在冷冻站系统中，由于冷却塔往往安装在楼顶，距离冷冻站较远，故往往单独设置 1 台 DDC。

二、建筑设备监控系统的配置

1. 传感器、执行器的选型设计

建筑设备监控系统是工业自动化仪表系统在大型民用建筑中的应用。要想选好传感器、执行器，首先应对其测量原理和应用标准（现代仪表测量技术的基本概念及应用）进行了解和掌握，进而学习在进行建筑设备监控系统的设计中如何进行传感器和执行器的选型。

（1）建筑设备监控系统常用传感器及选型

1）温度传感器。在智能建筑中最常用的温度传感器为热电阻温度传感器。其测量原理是利用导体电阻值随温度变化而变化的特性制成的传感器，称为热电阻。目前在建筑中常用的为铂电阻和铜电阻。

铂电阻：适用范围为－200～850℃，常用的分度号为 Pt50、Pt100 和 Pt1000 等。

铜电阻：适用范围为－40～140℃，常用的分度号为 Cu50 和 Cu100 等。

①选型方法（基本步骤）：

a. 温度传感器的量程：使测量范围位于仪表量程的 2/3 处；

b. 根据被测介质、测量范围选择传感器类型；

c. 根据管径确定插入深度（一般以 45°角斜插入管道中心位置，大管径垂直插入管道中心位置）；

d. 根据现场控制器电阻输入口确定采用的分度号。

②智能建筑中常用温度传感器的选型：

a. 用于冷冻水供、回水温度：被测介质为空调水；测量范围为 7～12℃；所选传感器为 Pt1000 水道温度传感器。

b. 用于冷却水供、回水温度：被测介质为空调水；测量范围为 32～37℃；所选传感器为 Pt1000 水道温度传感器。

c. 用于新风机组及空调机组新、送、回风温度：被测介质为空气；

测量范围为夏季 24～28℃，冬季 19～22℃；所选传感器为 Pt1000 风道温度传感器。

d. 用于锅炉出水（蒸汽）温度：被测介质为锅炉水；测量范围为 90～95℃；所选传感器为 Pt1000 水道温度传感器。被测介质为锅炉蒸汽测量范围为 140～200℃；所选传感器为 Pt1000 蒸汽温度传感器。

e. 用于换热器二次供水温度：被测介质为空调热水；测量范围为 60～65℃；所选传感器为 Pt1000 水道温度传感器。

2）湿度传感器。在智能建筑中最常用温度、湿度为一体的相对湿度传感器为电容型湿度传感器。其电容值大小是环境空气相对湿度的函数，相对湿度经电路转换成 DC0～10V 信号，对应相对湿度 0％～100％，实际使用量程范围在 10％～95％。检测精度在 20％～90％区域可确保达到 ±5％。

选型方法：

用于新风机组及空调机组新、送、回风湿度：因实际使用中一般为温度、湿度同时检测，通常选用温度、湿度检测为一体的温、湿度传感器。温度信号为 Pt1000 电阻信号，湿度信号为 DC0～10V。

3）压力变送器。压力变送器由压力敏感元件和信号转换电路组成。压力信号转换成 DC0～10 V 或 DC4～20 mA输出。最常用压力传感器有应变式压力传感器、压阻式压力传感器、压电式压力传感器。

①选型方法：

a. 对稳定压力，正常操作压力应小于满量程的$\frac{2}{3}$处；

b. 对脉动压力，正常操作压力应小于满量程的$\frac{1}{2}$处；

c. 对高压压力，正常操作压力应小于满量程的$\frac{3}{5}$处。

②智能建筑中常用压力变送器的选型：

a. 用于冷冻水供/回水压力：被测介质为空调水；测量范围为 0～10 MPa；所选传感器为压力变送器，量程范围为 0～16 MPa。

b. 用于锅炉出水（蒸汽）压力：被测介质为空调水；测量范围为 0～10 MPa；所选传感器为压力变送器，量程范围为 0～16 MPa。被测介质为蒸汽；测量范围为 0～10 MPa；所选传感器为压力变送器，量程范围为 0～16 MPa。

4）压差变送器与压差开关。压差变送器是由压差采样装置采集到的与压差成比例关系的信号被变送器处理后，输出 DC0～10 V 或 DC4～20 mA信号，进行远程传输。一般用于冷冻水供、回水压力差的监测。压差控制器是由压力差所控制的电开关，也称压差开关。压差开关输出干接点信号。一般用于感应空气压力差、液体压力差等。

选型方法：

用于空调机组及新风机组过滤器前后压差的测量，一般使用压差开关。

5）流量变送器与流量开关。流量变送器由传感器和变送器组成。流量信号采用不同的物理结构测量并转换成 DC0～10 V 或 DC4～20 mA 信号输出，进行远程传输。最常用流量传感器有以下几种：节流式、压差式、涡轮式、叶轮式、电磁式等。

①种类：

a. 节流式流量计。节流式流量计是在被测管道上安装节流元件，如孔板、喷嘴、靶、转子等，使流体流过这些阻挡体时，流体状态发生变化。根据流体对节流元件的推力和节流前后的压力差，测定流量的大小。再把节流元件两端的压差或节流元件上的推力转换成标准电信号。此种流量计有差压流量计、靶式流量计、转子流量计等。

b. 速度式流量计。速度式流量计常用的有涡轮流量计，该流量计是在导管中心轴上安装一个涡轮装置。流体通过管道，推动涡轮转动，其涡轮的转速正比于流体的流量。涡轮在管道内转动的转速通过非接触的电磁感应方法测出。其叶片采用导磁材料，导管外面安放一组套有感应线圈的磁铁，涡轮旋转改变磁铁的磁通量，磁通量的变化感应出电脉冲。在一定流量范围内产生的电脉冲数与流量成正比。涡轮流量计线性好，反应灵敏，但只能在清洁液体中使用。

c. 容积式流量计。容积式流量计通常是椭圆齿轮流量计，它靠一对加工精良的椭圆齿轮在一个转动周期里，排出一定量的流体，只要累计出齿轮转动的圈数，就可以得知一段时间内的液体流量。只要椭圆齿轮加工精确，防止腐蚀和磨损，就可达到极高的测量精度，误差仅在0.2%～0.55%，所以经常作为紧密测量用，该流量计经常用于高黏度的流体测量。

d. 水流开关。水流开关由叶片、调节螺钉、延迟电路、微动开关及连接部件组成，其工作原理是配水管中的水流推动叶片通过膜片使微动开关闭合，导通有关电路，一般装有延迟功能，确定水流信号有效后给出水流信号。水流开关在智能建筑中通常用于水泵出口，以监测水泵的工作状态。

e. 气体流量开关。气体流量开关结构与水流开关相似，在钢板制成的外壳内设一组单刀双置微动开关。叶片作用于气流，较水流开关宽一些，通常选用不锈钢片。其工作原理是风管内气流推动叶片使风流开关内的微动开关闭合，导通有关电路。风流开关在智能建筑中通常设于送风机出口，以监测送风机的运行状态。

②选型方法（选型步骤）：

a. 被测介质的确定。是液体，还是蒸汽；是干净的，还是脏污、高黏度或腐蚀性的。

b. 安装条件的确定。周围环境是否有电磁干扰，是否有较强振动。安装管道能否满足前（10～20）D，后（3～5）D 直管段（不同形式的流量检测仪表要求不尽相同）的要求。

c. 流量仪表型式的选择。根据被测介质的物性和环境条件，确定采用哪一种流量计。在建筑设备监控系统中，通常在以下场合进行流量检测：冷冻水供回水流量检测和换热器二次供、回水流量的检测、锅炉供水（汽）流量检测、冷冻水冷却水循环泵出水流量检测，其他水泵出水流量检测，风机出口风流检测等。目前，冷冻水供回水流量检测和换热器二次供回水流量的检测，通常采用转子流量计；锅炉供水（汽）流量检测，通常采用涡街式流量计。

d. 仪表精度的选择。根据该测量参数在控制系统中的作用来确定，还要综合考虑价格等因素。一般用于智能建筑监控系统的现场检测仪表与传感器多低于 0.5 级。

e. 仪表规格的选择。包括被测介质流量范围、管径、介质压力、介质温度、安装要求等。

f. 仪表信号的选择。信号类型必须与控制模块的信号类型一致。信号类型一致与否，直接关系到系统能否顺利开通，设计时应该予以重视。

g. 流量仪表的量程选择。正常流量为满量程的 50%～70%，最大流量不应大于满量程的 90%，最小流量不应小于满量程的 10%。

6）液位传感器。在智能建筑中，经常要对给排水的水位进行监测和控制，对液位检测的传感器包括压差式、浮子式或浮筒式、电容式、电阻式等。

①种类：

a. 压差式液位计。压差式液位计是利用测量液位与空气的压力差，换算成液柱的高度，通过压差传感器测得液位。此种方法多用于大容量或密闭容器的液位检测。

b. 浮子式液位计。浮子式液位计由磁浮子、导管、干簧管、电阻检测电路、安全栅、信号处理单元组成。当液位高度发生变化时，受浮力作用，磁浮子沿导管作相应的上升和下降运动，这一高度的干簧管在磁浮子的磁力作用下呈吸合状态，干簧管和电阻检测电路输出排列的信号。液位检测的精度取决于干簧管的密度。此种液位传感器通常用于大型储槽洁净液体液位的连续检测，脏污及黏性的液体不宜采用浮子式液位计。

c. 浮球式液位计。浮球式液位计有浮球、导向管、电极组成。浮球随液位的变化上下浮动时，液位点的电极动作输出干接点信号。当工程中对液位的高度灵敏度要求不高，而只是需要高、中、低等信号，以便控制液体的补给泵的启/停，对液面的高低进行补充，则可选用此液位计。如集水坑、生活水箱、生活水池、消防水池等。

d. 电阻式液位计。电阻式液位计是利用液体的电阻和电容作为检测的对象，在介质中安装几个金属接点，利用介质的导电性，接通检测控制回路，检测液位高低。这种监测仪表结构简单、价格便宜，但只能用于无氟液体中。

e. 电容式液位计。电容式液位计是用于液位连续精密测量的仪表。在智能建筑中较少应用。

②选型方法：

a. 液位测量仪表的量程选择。一般应是正常液位处于仪表满量程的50%左右。

b. 液位测量一般选用浮筒式或浮子式仪表。当不能满足要求时，可选用电容式、电阻式或其他仪表。

c. 在选液位测量仪表时，还应注意仪表的测量范围和液体密度的要求等。

7）空气质量传感器。空气质量传感器主要适用于测量空气中 CO_2 和 CO 的含量。如果室内 CO_2 含量增加，应启动新风机组，向室内补充新鲜空气以提高空气质量。汽车库内的空气质量传感器主要用于检测车库内 CO_2 和 CO 的浓度，检测汽车尾气的排放量，及时启动排风机，以加强车库的换气量，保证车库内空气质量与环境安全。

半导体气体传感器的优点是制作和使用方便，价格便宜，响应快，灵敏度高，因此被广泛地应用在智能建筑的气体监测中。

（2）建筑设备监控系统常用执行器及选型

执行器由执行机构和调节机构两部分组成。执行机构是执行器的驱动部分，它按照调节器（或 DDC）输出信号的大小和类型，产生推力和位移；调节机构是执行器的调节部分，最常见的是调节阀，它受执行机构的操纵，改变阀芯与阀座间的流通面积，调节工艺介质流量。

执行机构按照动力种类分为气动、电动、液动三种类型，按照执行机构的输出方式，分直行程执行机构和角行程执行机构。目前在智能建筑监控系统中通常采用电动执行机构。

在应用中，电动执行机构的控制信号可以是开关量或模拟量，开关量完成通/断控制；模拟量完成连续控制。建筑设备监控系统常用的电动执行机构为风阀驱动器和水（蒸汽）阀驱动器。

调节机构接受执行机构输出的轴向或角位移的驱动，控制工艺介质流量的大小，实现对被调量的控制。建筑设备监控系统最常见的调节机构是阀门和风门。

1）座阀。座阀主要由阀体、阀座、阀芯、阀干等部件组成。当阀芯在阀体内上下移动时，可改变阀芯与阀座之间的流通面积，控制流过的流量。座阀又分为直通单座、直通双座和三通阀，如图 4—3 所示。

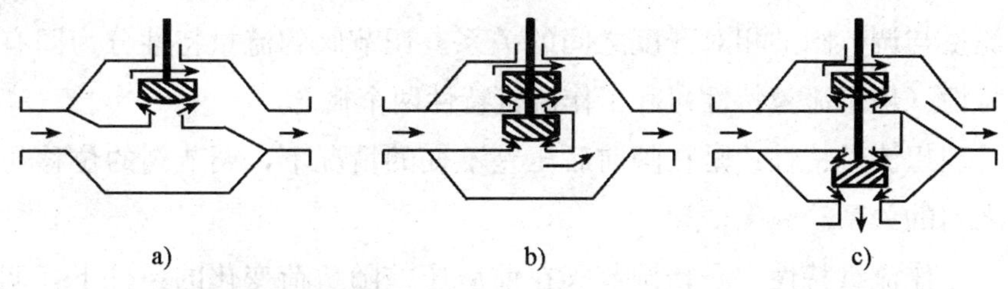

图 4—3 单座阀、双座阀、三通阀结构示意图

a）直通单座调节阀结构示意图 b）直通双座调节阀结构示意图 c）三通阀结构示意图

①直通单座调节阀。直通单座调节阀只有一个阀芯和一个阀座。它

的特点是泄漏量小，因为它是单阀芯结构，容易达到密闭，甚至完全切断。但由于流体对阀芯的推动力是单向作用的，不平衡力较大，所以单座阀只能用于低压差场合。

②直通双座调节阀。直通双座调节阀有两套阀芯和两套阀座。流体同时从上下两个阀座通过，对上下阀芯的作用力方向相反而大致抵消，因而双座阀的不平衡力小，对执行机构的驱动力要求低，适宜于大压力和大管径的场合。双座阀的缺点是由于上下两个阀芯不易同时关闭，故泄漏量比单座阀大。

③三通阀。三通阀有分流阀（一入两出型）和合流阀（两入一出型）。分流阀用于要求上游流体流量保持恒定的系统，三通阀通过分流的方式实现一个出口流量的调节，而剩余流量由另一出口分流，同时保持阀门入口流量基本恒定。合流阀则是在保持出口流量恒定的同时，对某一入口的流体在初流中的流量进行调节，出口流量中的其余部分由另一入口的流体补充，从而保证阀门出口流量基本恒定。

2）蝶阀。冷冻水、冷却水、冷却塔、热水、冬夏季切换等蝶阀一般采用开关阀即可满足控制要求，开关阀的阀径一般与管径一致，故不需进行计算。只要根据阀径配置驱动器即可。蝶阀的驱动一般是电动机，控制方式包括正、反转控制，左、右限位开关，左、右扭矩报警等。

3）风阀。空调、新风机组所用的风量调节阀一般采用各种形式的多叶调节阀，由机组成套提供，只要根据阀径配置驱动器即可，驱动器采用电动执行器。

4）调节阀的选型

①调节阀的流量特性。调节阀的流量特性是指介质流过调节阀的相对流量与调节阀的相对开度之间的关系。调节阀的流量特性分为固有流量特性（理想流量特性）和工作流量特性两个概念。

理想流量特性：是在阀前后压差不变的情况下，调节阀的位移与流量之间的关系。

工作流量特性：是指调节阀在前后压差随负荷变化的条件下，调节阀的位移与流量之间的关系。

常用调节阀的流量特性有三种：直线特性、对数特性、快开特性。

实际使用时调节阀装在具有阻力的管道系统上，调节阀前后的压差不可能不变，通过调节阀的流量将与理想流量特性所对应的流量不同。

直通调节阀的工作流量特性如图 4—4 所示。

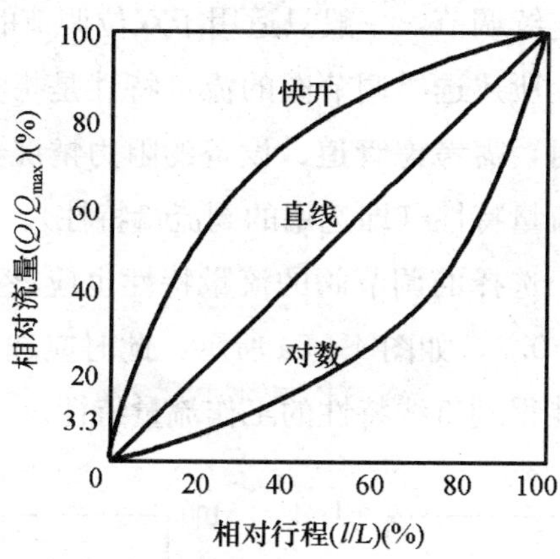

图 4—4　直通调节阀的工作流量特性

在下式中用 S 值表示调节阀全开时阀压降占该支路全部压降的百分比。

$$S=\Delta P_{T\min}/P_o$$

式中　S——管道阻力参变量；

$\Delta P_{T\min}$——阀门全开时，阀门前后的最小压差；

P_o——管道中的总压降。

若管道、设备等无阻力时，$S=1.0$，实际工作特性与理想工作特性是一致的。随着管道阻力的增加，S 值变小，调节阀的工作流量特性与理想流量特性的偏离越来越大。在实际使用时，不希望 $S<0.4$。根据不同的 S 值可求得在串联管道中的工作流量特性。

②调节阀流量特性的选择。在实际系统设计中，调节阀流量特性的选择是调节阀选择的重要问题。从调节原理来看，要保持一个调节系统在整个工作范围内都具有较好的品质，就应使系统在整个工作范围内的总放大倍数尽可能保持恒定。通常，变送器、调节器和执行器的放大倍数是常数，但调节对象往往是非线性的，因此选择调节阀时，希望以调节阀的非线性补偿调节对象的非线性。

例如，若对象的放大倍数是随负荷加大而减小，如选用放大倍数随负荷加大而加大的调节阀，就能使两者互相补偿，从而保证整个工作范围内都有较好的工作质量，而对数流量特性的阀具有这种特性。若调节对象的流量特性是线性的，则应选用具有直线流量特性的调节阀。快开特性的阀具有小开度时的放大倍数高，容易振荡，打开度时调节不灵敏的特点，不适于做连续调节，一般只适用于双位调节的场合。

必须说明，以上所述选择调节阀的流量特性是指实际的工作流量特性，在确定调节阀时，需考虑管道、设备的阻力情况，由工作流量特性推出调节阀的固有流量特性（即选用的阀流量特性）。例如，一个系统的对象特性是线性的，选择的调节阀的流量特性也应该是线性的，但如果管道阻力参变量 $S=0.3$，如图 4—5a 所示，此时应选择固有流量特性为对数特性的阀，才能得到直线特性的工作流量特性。

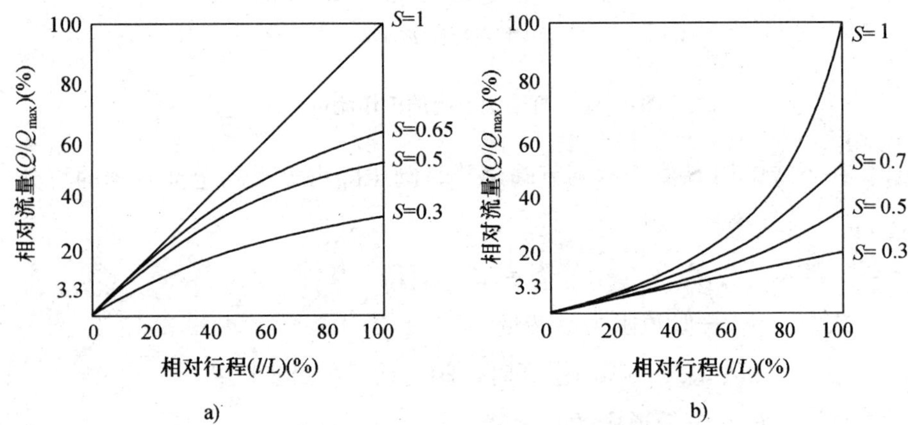

图 4—5　调节阀的工作流量特性

a）直线阀工作流量特性　b）对数阀工作流量特性

③调节阀流通能力的计算方法。调节阀的流通能力，直接反应阀的容量，是设计和使用调节阀的重要参数。在工程设计中，流通能力的计算，是选择阀门口径的依据。

流通能力即在阀门全开时，阀前后压差为 $\Delta P=10^5$ Pa，流体密度 $\rho=1$ g/cm^3，每小时流过阀的流体的体积流量数（m^3/h）。

流通能力的计算：

介质为水时，流通能力按下式计算：

$$C_v=\frac{316W}{\sqrt{\Delta P/\rho}}=\frac{316Q}{\sqrt{\Delta P/\rho}}$$

式中　C_v——阀的流通能力；

W——水的体积流量，m^3/h；

Q——水的质量流量，t/h；

ΔP——调节阀前后压差，Pa；

ρ——水的密度，g/ m^3。

介质为蒸汽时，流通能力按下式计算：

$P_1/P_2>\beta$（亚临界状态），即 $P_2>0.5\ P_1$ 时：

$$蒸汽：C_v=\frac{10G}{\sqrt{(P_1-P_2)\ \rho_2}}$$

$P_1/P_2\leqslant\beta$（超临界状态），即 $P_2\leqslant 0.5\ P_1$ 时：

$$蒸汽：C_v=\frac{14.14G}{\sqrt{\rho'_2 P_1}}$$

式中　C_v——阀的流通能力；

G——蒸汽流量，kg/h；

P_1、P_2——阀前和阀后压力，Pa；

ρ_2——调节阀后蒸汽的密度，kg/ m^3；

ρ'_2——调节阀出口截面上蒸汽的密度，kg/ m^3；

β——临界压缩比，一般取 $\beta=0.5$；

C——调节阀流通能力。

④调节阀口径的选择。根据设计最大水流量的压差确定最大流通能力 C_{max}，然后根据产品厂家提供的对照表查出所需的阀径。

在实际工程中，根据经验，往往合理计算的阀径大约为管径的 2/3，故在实际使用时也可按经验来确定。

5）执行机构的选配。座阀与执行机构一般配套为一个整体，蝶阀需另配执行机构。

蝶阀执行机构的力矩根据蝶阀转矩确定，蝶阀力矩由流体通过蝶阀产生的不平衡力矩、蝶阀上压差造成在蝶阀轴上摩擦力矩和阀自重及填料产生的摩擦力矩组成。这几部分可通过有关公式计算出来。在实际使用中，也可由厂家根据蝶阀口径代为确定。

2. DDC 的选型设计

（1）现场控制器 DDC 的设置原则

在进行现场控制器的选型设计时，首先要明确现场控制器 DDC 以下几个方面的设置原则：

1）DDC 的设置，应主要考虑系统管理方式，安装调试维护方便和经济性，一般按机电设备的平面布置进行划分，如布置在冷冻站、热交换站、空调机房、新风机房等控制参数较为集中之处，以达到末端元件距离较短为原则（一般不超过 50 m），也可布置在弱电竖井中。

2）DDC 的设置应充分考虑工艺设备监控的合理性，原则上每个工艺流程的所有设备应由同一台现场控制器进行监控，以增加系统可靠性，便于系统调试。

3）现场控制器 DDC 要远离输水管道，以免管道、阀门跑水，殃及控制盘。在潮湿、蒸汽场所，应采取防潮措施。

4）现场控制器 DDC 要离电动机、大电流母线、电缆 1.5 m 以上，以避免电磁干扰。在无法满足要求时，应采取可靠屏蔽和接地措施。

5）现场控制器 DDC 一般可选用壁挂式结构，在设备集中的机房控制模块较多时，可选落地柜式结构，柜前操作净距不小于 1.5 m。如采用落地机柜，柜后操作净距不小于 0.6 m。

6）每台 DDC 应按照现场控制器输入、输出端口的类型及数量合理配置（适当留有 5%～10%的余量），由于每台新风机组、空调机组的控制点数较少，所以可以考虑 2～3 台新风机组或空调机组共用 1 台现场控制器。

（2）现场控制器 DDC 的选型设计的方法

在满足上述原则的条件下，进行 DDC 的选型方法主要包括以下几个方面：

1）按照监控点表，统计每个 DDC 所要监控的信号类型和数量。

2）熟悉了解选用的产品，如控制器或输入输出模块的类型、输入输出口的形式和数量。目前，市场上的楼宇自控主流产品的分类如下：

①按是否带有 CPU 分为控制器和 I/O 模块两种，带有 CPU 和若干个输入输出口的，通常称为控制器；无 CPU 只有输入输出口的，通常称为 I/O 模块。不管是控制器还是 I/O 模块，各厂家根据使用要求，都设计有不同数量 I/O 口的产品，在选型设计时应根据不同的监控需求来进行选配。

②按使用功能分为通用控制器和专用控制器两种，可以自由编程的称为通用控制器，固定功能无法自由编程的称为专用控制器。

3）确认 DDC 的 I/O 口与传感器及执行器的信号类型是否匹配，以保证系统的正常调试和运行。通常，各厂家设计的 I/O 口均可通过跳接线方式满足不同信号的要求。

4）根据所要监控的信号类型和数量选用合适的DDC。

总之，针对不同的系统结构，DDC的配置和组合方式略有不同，可以在实际应用中综合考虑。

第二节　编程与组态设计

学习目标

通过学习，可以使学员进一步掌握工程中的设计、编程、组态、调试等。可以使学员掌握楼宇控制器在工程中的应用。

相关知识

一、编程的知识

1. DDC的编程指令

（1）GX-9100的编程指令

GX-9100编程软件（美国江森）提供了一些程序单元，它是DDC进行不同控制功能的程序包，常用的程序单元有PID单元、选择输出单元、时钟控制单元、内部常数单元、PLC程序单元、内部逻辑触点等。

1）PID程序单元

①P调节是比例控制，即控制器的输出与输入误差信号成比例关系，它是一种最简单的控制方式。比例控制属于有差调节。

②I调节是积分控制，即控制器的输出与输入误差信号的积分成正比关系。当输入误差信号为正偏差时（即便误差很小），由于积分的作用，随着时间的增加，输出也在增加而使稳态误差进一步减小，直到等于0。当输入误差信号为负偏差时（即便误差很小），同样由于积分的作用，随着时间的增加，输出将减小而使稳态误差趋近于0。输入误差为0时，控制器输出将保持在稳定的当前值。因此，在使用积分调节时，可以使系统做到无差调节。在自动化控制环节上，比例＋积分（PI）控制应用比较广泛。

③D 调节是微分控制，在微分控制中，控制器的输出与输入误差信号的微分（即误差的变化率）成正比关系。通常在自动控制系统中，由于有较大惯性组件（环节）或有滞后组件，调节过程中可能会出现振荡甚至失稳。其原因是由于存在有抑制误差的作用，使其变化总是落后于误差的变化。当引入“微分项”后，它能预测误差变化的趋势，这样，具有比例＋微分的控制器，就能够提前使抑制误差的控制作用等于 0，甚至为负值，从而避免了被控量的严重超调。

PID 是比例、积分、微分调节程序单元。其作用是对某个变量进行实时自动跟踪调节。其组成结构如图 4—6 所示。

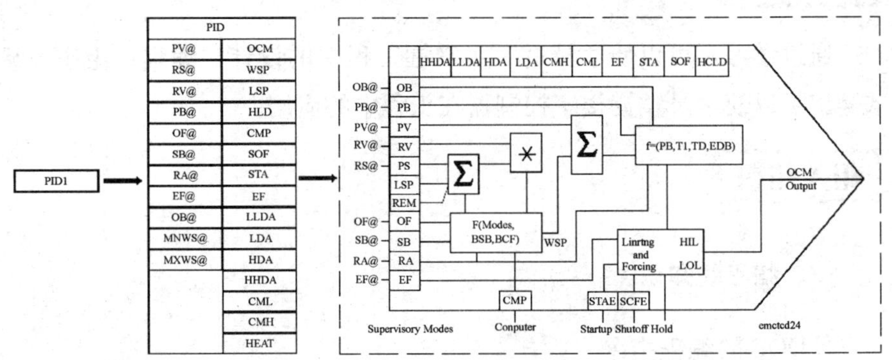

图 4—6　PID 调节的组成结构

在主菜单中，点击 Edit \ Add PM \ Control \ PID 后，调出 PID 程序单元（命名为 PID1），并将其放置在编程区域中，双击该图标后出现参数列表。PID 的调节原理如图 4—6 中的右半部分所示。选中 PID1 程序单元，点击右键并选中 Data，调出其属性对话框，现以新风机水阀的开度调节为例，进行属性定义，如图 4—7 所示。

参数注解：

User Name/用户名；

Description/描述；

Ena Shutoff：0＝N/关断选择；

Shutoff Out Level/关断输出比值；

Ena Startup：0＝N/开启选择；

Startup Out Level/开启输出比值；

Ena Symm Mode：0＝N/对称模式选择；

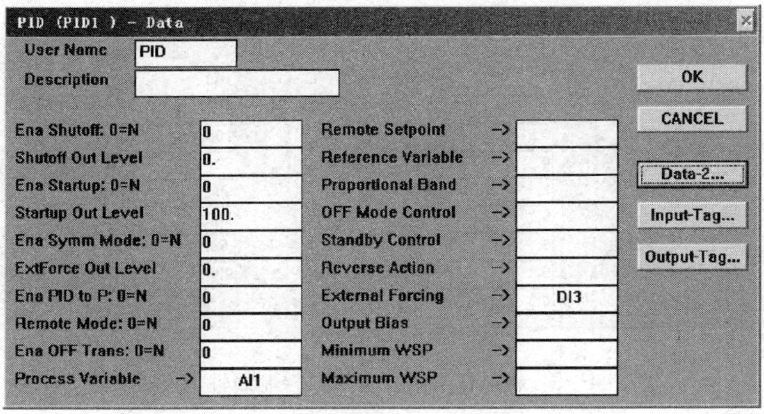

PID (PID1) - Data

User Name	PID			OK
Description				CANCEL
Ena Shutoff: 0=N	0	Remote Setpoint ->		
Shutoff Out Level	0.	Reference Variable ->		Data-2...
Ena Startup: 0=N	0	Proportional Band ->		
Startup Out Level	100.	OFF Mode Control ->		Input-Tag...
Ena Symm Mode: 0=N	0	Standby Control ->		
ExtForce Out Level	0.	Reverse Action ->		Output-Tag...
Ena PID to P: 0=N	0	External Forcing ->	DI3	
Remote Mode: 0=N	0	Output Bias ->		
Ena OFF Trans: 0=N	0	Minimum WSP ->		
Process Variable ->	AI1	Maximum WSP ->		

图 4—7　新风机水阀开度 PID 控制属性定义表 1

ExtForce Out Level/强制输出比值；

Ena PID to P：0=N/选择 PID 的 P 模式；

Remote Mode：0=N/远程模式；

Ena Off Trans：0=N/关断传送选择；

Process Variable/过程变量（当前值）；

Remote Setpoint/远程设置点；

Reference Variable/参数变量；

Proportional Band/比例范围；

Off Mode Control/控制停止模式；

Standby Control/附加变量；

Reverse Action/反转作用；

External Forcing/外部强制；

Output Bias/输出偏差；

Minimum WSP/WSP 最小值；

Maximum WSP/WSP 最大值。

属性中定义了模拟量输入 AI1 为过程变量（温度检测当前值），经过内部 PID 运算后输出给输出模拟量，其调节范围在 0%～100%之间进行。外部的数字量 DI3 对水阀实施强制控制，其控制值为 0。再点击图 4—7 中的 Data2，调出系统的内部属性对话框，如图 4—8 所示。

参数注解：

Local Set Pt. ［LSP］/温度给定值；

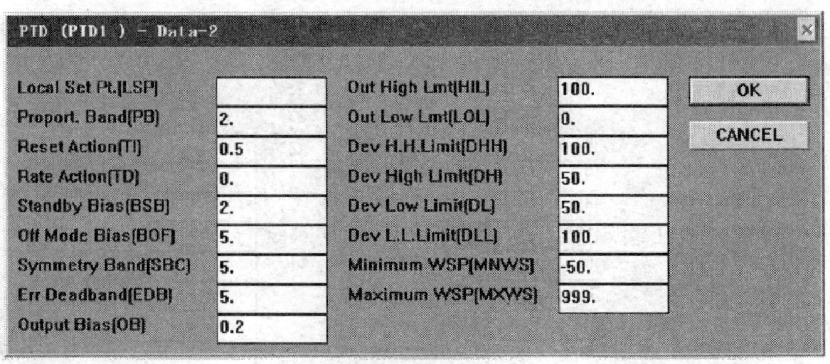

图 4—8　新风机水阀开度 PID 控制属性定义表 2

Proport Band［PB］/比例参数值；

Reset Action［TI］/比例积分参数值；

Rate Action［TD］/比例微分参数值；

Standby Bias［BSB］/偏差值；

Off Mode Bias［BOF］/停止模式偏差值；

Symmetry Band［SBC］/对称值；

Err Deadband［EDB］/死区值；

Output Bias［OB］/输出偏差值；

Out High Lmt［HIL］/输出的上限值；

Out Low Lmt［LOL］/输出的下限值；

Dev H. H. limit［DHH］/偏差过高警报极限值；

Dev High limit［DH］/偏差高警报极限值；

Dev Low limit［DL］/偏差低警报极限值；

Dev L. L. limit［DLL］/偏差过低警报极限值；

Minimum WSP［MNWS］/WSP 最小值；

Maximum WSP［MXWS］/WSP 最大值。

在该表中，主要是对系统的内部参数如给定值，P、PI、PD 调节值，反馈值，偏差值等进行了设定。

2）选择输出单元。在主菜单中，点击 Edit \ Add PM \ Numeric \ Select 后，调出 Select 程序单元（命名为 Select1），将选择输出单元与输入和输出进行连接，连接后的数据区属性如图 4—9 所示。

选择输出单元是根据不同的译码地址对输入变量进行输出分配，在表中＃1、＃2、＃3、＃4 为 4 组模拟量输入（压力、温度、湿度、差压

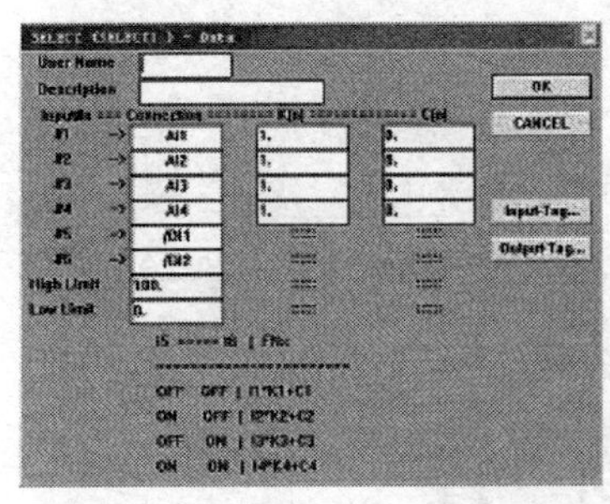

/DI1	/DI2	输出表达式
OFF	OFF	I1*K1*C1
ON	OFF	I2*K2*C2
OFF	ON	I3*K3*C3
ON	ON	I4*K4*C4

图 4—9 选择输出属性及控制逻辑真值表

等)，＃5 和＃6 是二位地址译码，根据＃5 和＃6 的不同组合，输出一个运算表达式。

3）时钟控制单元。在主菜单中，点击 Edit \ Add PM \ Time Schedule 后，调出 Time Schedule 程序单元（命名为 TS1），时钟控制单元是定义某个控制的启动和停止时间，具体表达格式为：

①时间的格式是 HH：MM。

②日的表达方式为：1—星期一；2—星期二；3—星期三；4—星期四；5—星期五；6—星期六；7—星期日；8—节假日；9—工作日；0—全年。

时钟控制单元的数据区属性如图 4—10 所示，可以设定外部强制控制（External Extension)；外部强制启动（External Forcing ON）和外部强制停止（External Forcing OFF)。也可以设定由时钟控制启动和停止。

同时，时钟控制模块还提供了 8 组时间控制的启停操作，如星期一至星期五（工作日）的启停时间、双休日的启停操作、节假日的启停操作等。

在使用该控制单元时，可以根据需求进行不同的时钟设定和管理。每组设定都互相兼容。

在属性中定义时间范围是 60 s（最小时间单位)，工作范围是星期一至星期五（工作日)，早 6:03 启动 22:03 停止。

4）内部常数单元。在主菜单中，点击 Edit \ Add PM \ Analog Constants 后，调出 Analog Constants 程序单元（命名为 ACO)，可以对 ACO＃1 至 ACO＃8 进行常数设置，如图 4—11 所示。ACO 的输出可作为内部数值变量使用。

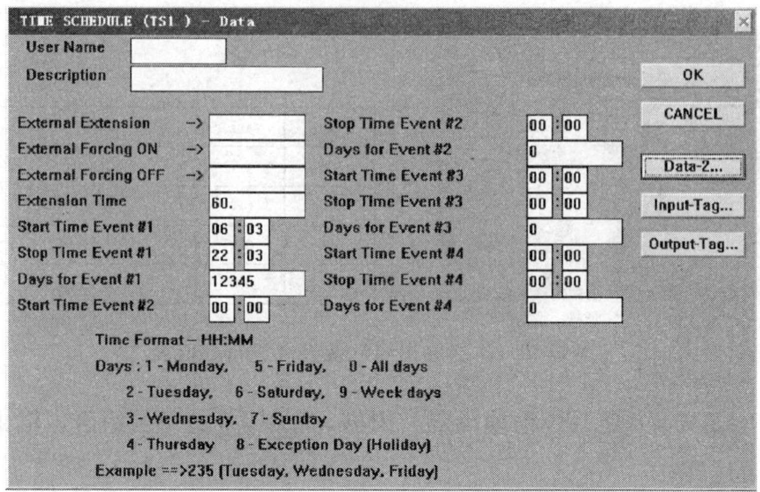

图 4—10　时钟控制模块属性定义

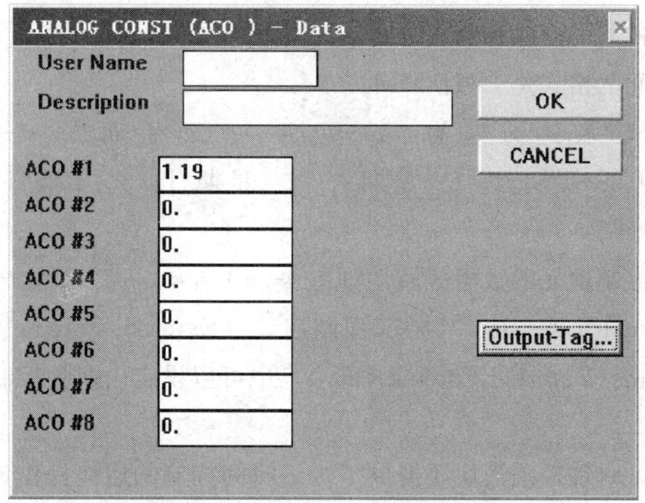

图 4—11　内部常数模块属性定义

5）PLC 程序单元。在主菜单中，点击 Edit \ Add PM \ PLC 后，调出 PLC 程序单元（命名为 PLC1），PLC 单元是用来完成逻辑运算和控制。双击该单元即可进入梯形图编辑界面，如图 4—12 所示。

在进行梯形图编辑时，选中一个节点后点击右键，在元件列表中选择一个逻辑符号。在最右侧一列应选择输出元件。PLC 单元不需要和外部连接，只需进行逻辑运算即可。

6）内部逻辑触点。在主菜单中，点击 Edit \ Add PM \ LRS1-32 后，调出 LRS1-32 内部逻辑触点（命名为 LRS1-32），LRS1-32 可以在

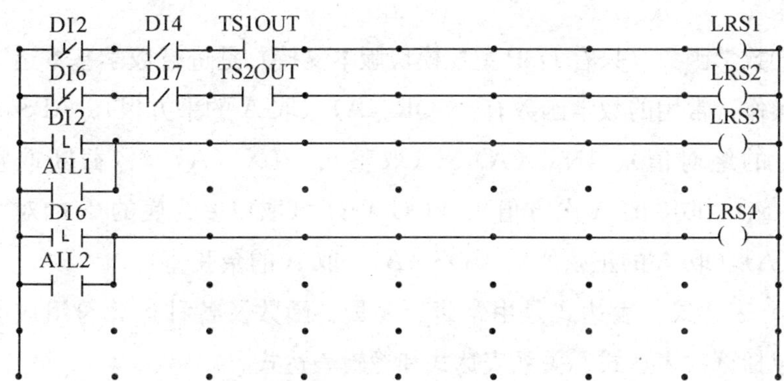

图 4—12 PLC 程序单元的梯形图编辑区

PLC 中参与逻辑控制，它就像是在控制电路中的继电器一样，起着扩充和联锁作用（LRS33-64 与 LRS1-32 具有相同的作用）。

（2）RH－BASIC 的编程指令

1）常量和变量

①常量是具有一定数值参数的量，通常的表达方式有：整型数（十进制数，可以带负号，在内存中占 2 个字节）、浮点数（带小数点的十进制数，可以带负号，在内存中占 4 个字节）、字符串常量（由半角双引号引起来的字符序列，但只支持布尔量的字符串和时间常量）。

②变量是以字母开始，其后可以是数字或下画线，但不得出现空格，变量的名字长不能超过 16 个字符。通常的表达方式有：整型变量（变量名的标志符为%，例如 TA1%，EQ_SC% 等）、浮点型变量（变量名不加标志符，例如 TA1，EQ_SC 等）、布尔型变量（变量名的标志符为 &，例如 TA1&，EQ_SC& 等）、时间型变量（变量名的标志符为 #，例如 ABC# 是合法的时间型变量名）、状态型变量（变量名的标志符为 &，如 RUN&＝"FWD"，OUT RUN& 等）。

③时间函数以字符串常量形式返回系统实时时钟值，字符串常量格式为“时：分：秒”；时间函数 TIME 只允许与时间变量作相等与否的简单判别操作，不允许对时间函数 TIME 作除此以外的任何运算或判别操作。

④自定义函数的函数形式为 FN 符号名，例如：FNABCD（X，Y，Z）返回值为浮点量的函数（只支持浮点量的函数值的返回），自定义函数支持函数参数返回，只需在用函数的时候在调用参数的后面加入 REF

即可。

⑤数学函数（只有 DSP 主控模块版本支持）是进行数学基本运算的一种操作，常用的数学函数有：SQR（A）（取 A 的平方根）、ABS（A）（取 A 的绝对值）、INT（A）（取整）、FLX（A）（截断取整）、EXP（A）（取 e 的 A 次方值）、LOG（A）（取以 e 为底的 A 的对数）、SIN（A）（取 A 的正弦值）、COS（A）（取 A 的余弦值）。

2）表达式。表达式是由常量、变量、函数及各种运算符组成的式子，包括算数表达式、关系表达式和逻辑表达式。

①算数表达式（见表 4—3）

表 4—3　　　　算数表达式

运算符	含义
+	加法
−	减法
*	乘法
/	除法
^	乘方

算数表达式主要是用来完成四则运算，其算数表达式形式如：A+BC*3；(WT−4)/WD；3+56*24；(24+56)/2+34 等。

在算数表达式中，运算符的优先级是：乘方→括号→乘法或除法→加法或减法。

②关系表达式（见表 4—4）

表 4—4　　　　关系表达式

运算符	含义
<	小于
>	大于
=	等于
<=	小于等于
>=	大于等于
<>	不等于

关系表达式主要是用来完成对变量的比较，其关系表达式形式如：AB>=15.6；TIME=MYTIME#；MI&<>" STN" 等。

在关系表达式中优先级是相同的，只能用括号指定关系运算的优先级。

③逻辑表达式（见表 4—5）

表 4—5　　逻辑表达式

运算符	含义
AND	与
OR	或
NOT	非

逻辑表达式主要是用来完成逻辑控制，其逻辑表达式形式如：A AND B OR WD；(A OR B) AND C 等。

在逻辑表达式中，逻辑符的优先级是：NOT→AND→OR。

④各类运算符的优先级

在编程过程中，同时出现不同的运算符时，其优先级顺序为：算数运算符→关系运算符→逻辑运算符。

3）语句。语句是程序运算的主体，通常称语句为脚本或程序。常用的语句有：变量说明语句（DIM）、赋值语句、输出语句（OUT）、自定义函数说明语句（DEF）、条件语句（IF）、计数型循环语句（FOR）、子程序调用语句（GOSUB）等。

①变量说明语句：DIM

DIM 语句的一般形式为：

DIM　变量名，变量名，……　例如：DIM　ABC，T1%，M2&，MT#，ARR [2]，BOOL& [10]

DIM 语句支持对变量一次性赋初值，其形式为：

DIM　变量名=值，变量名=值，……　例如：DIM　ABC=5.0，T1%=28，M2&="ON"，MT#="15：00：00"

DIM 语句是非执行语句，它必须出现在 BASIC 程序部分的最开始，不允许出现在执行语句之后。

②赋值语句。赋值语句的形式为：

变量名 =表达式　例如：A=CDD；B%=B%+1；ST&="OFF"

③输出语句：OUT

输出语句支持间接向外部设备输出参数，其形式为：

OUT　变量名　例如：OUT　SV1；其中输出的变量名必须是系统变量挂接的私有变量名。

④条件语句：IF

条件语句的一般形式为：

```
IF  表达式  THEN
    ⋮
  ELSE
    ⋮
END  IF
```

其中的表达式为关系表达式或逻辑表达式。

```
例如：IF  TM1<A  AND  TT1&="OFF" THEN
          ST1&="ON"
          ELSE
          COUNT%=COUNT% + 1
       END  IF
```

条件语句的嵌套形式为：

```
IF  表达式  THEN
⋮
ELSE
⋮
        IF  表达式   THEN
                ⋮
             ELSE
                ⋮
END  IF
```

⑤循环语句：FOR

循环语句的一般形式为：

FOR　循环变量 =初值 TO 终值 [STEP 步长]

```
      ·
      ·  } 循环体
      ·
      EXIT  FOR
      NEXT  循环变量
```

例如：FOR　I%＝1　TO　5

```
      A% = A% + 1
      NEXT  I%
```

⑥子程序调用语句：GOSUB

子程序调用语句的形式为：

GOSUB　行标号

其中的行标号是字母或数字开头的字符串。行标号与它所标注的行使用冒号分隔。

例如：GOSUB　XYZ5

```
      ⋮
XYZ5：TT = 5.6
      RETURN
```

例如：GOSUB　1000

```
      ⋮
1000：B% = 18
      RETURN
```

注意：

a. 被调用的子程序体必须放在本进程结束处 END 的后面，即该子程序附属于本进程，不允许在不同进程中调用同一个子程序。子程序作为一个进程的一部分，不允许子程序不能递归调用、不允许嵌套。

b. 控制方案中子程序标号总数不大于 128 个。

2. DDC 编程软件界面的功能介绍

DDC 编程软件通常采用的是高级语言或图形化编程语言。在进入编程软件后，其主界面可以实现的功能为：

（1）编程功能

DDC 的编程可以采用高级语言（脚本程序），如清华同方的 DDC 采用的就是 RH－BASIC 语言，它是参考广大工程技术人员熟知的 BASIC

语言，使用了其中一些较为简单的语句，构成的能够支持并发多进程控制方案的描述语言。RH－BASIC 语言易读、易懂，很容易为众多对 BASIC 语言有粗浅了解的工程技术人员所掌握。

DDC 的另一种编程语言是采用了图形化编程语言，如美国江森的 DDC 所用的 GX-9100 编程语言。这种语言通过对程序单元的属性定义、数据写入、逻辑运算、构件策略以及程序单元与 I/O 接口的连接等完成程序的编辑。

在程序的编写过程中，一般是在离线状态下进行，用户程序经过编程软件的检测无误后在传向 DDC 控制器。

（2）组态功能

所有的 DDC 编成软件均可以对系统的配置进行组态，如 CPU 模块、I/O 模块、通信单元、特殊 I/O 单元等。同时，利用 DDC 编程软件对 I/O地址、通信协议等进行定义。

（3）上传下载功能

通常用户将编辑好的程序存放在笔记本电脑的硬盘上，经过语法检查后，可以利用编程软件完成对下位机（DDC 控制器）的程序下载。经过在线的调试，对不合理和有缺陷的部分进行必要的修改，然后再重新下载到 DDC 控制器中。同时，下位机中运行正常的用户程序，也可以通过编程软件实现上传，上传后的用户程序称为离线程序。这样就可以将不同 DDC 控制器中的用户程序备份到笔记本电脑的硬盘上。

（4）监控功能

借助于编程软件可以对外部连接的 I/O 设备进行连机测试，包括开关量的通/断测试，模拟量的数据采集、精度测量等。同时，还可以通过强制的功能对外部执行单元驱动，观察其操作能力。

（5）诊断与报警功能

所有的 DDC 控制器均具有故障自诊断和报警的能力，这其中包括硬件故障和软件故障的诊断和报警。如 CPU 模块、I/O 模块等的线路故障，外部接线和供电电源的故障，模拟量量程和等价的故障，编程中的非法语句等。一旦系统检测到上述故障后，编程软件可以提示报警信息，供技术人员分析和判断。

二、组态的知识

1. 组态的基本功能

组态软件具有两种状态，即开发状态和运行状态。开发状态主要面向工程技术人员，他们既需要在开发状态下根据工程的具体要求进行二次开发，也需要在运行状态下完成对系统的整体调试。最终用户是组态软件二次开发后的产品的最终使用者。他们只需要在运行状态下合理地使用工程人员开发的软件即可。

（1）组态软件开发环境下需要实现的功能

1）系统设备的定义与数据库生成，即系统组态。

2）系统的前台显示的定义，即显示组态。

3）设备的控制规则的定义与实现，即控制组态。

4）系统报表的定义与生成，即报表组态。

5）系统通信设备的定义，即通信组态。

6）系统报警信息的定义，即报警组态。

（2）组态软件运行环境下需要实现的功能

1）系统对控制设备的数据采集。

2）系统根据设定的控制规则实现对设备的控制。

3）设备数据的存储。

4）系统根据报警定义报警。

5）根据报表定义生成和打印。

6）与其他程序进行通信。

（3）组态软件在运行环境下用户可以进行的操作

现以清华同方易视组态软件为例进行说明。

1）查看配置。打开配置窗，在配置窗选中要查看详细信息的根节点，则在配置区的树结构显示其子节点，同时在编辑区显示所有子节点及其属性。

2）切换画面。在配置区或编辑区左键双击要打开的画面，或在已打开的画面中左键单击事件添加了画面切换函数的控件，都可切换到相应的画面。

3）查看画面上的测点的历史曲线。如果画面上的控件在动画连接中关联了某个测点，运行状态下在该控件上点击鼠标右键，就能弹出该测点的历史曲线。如果这个测点的名称前面有附加的条件，那么就不能查看该测点的历史曲线。

在弹出来的对话框上可以选择显示的时间间隔和曲线的显示方式，也可以通过控件上的按钮来改变时间区间。

历史趋势图中的曲线可以显示该测点的运行状态，如果曲线为实心的，表示该时间段下位机运行正常；如果曲线的某一段为双点画线的形式，则表示软件与下位机没有连接或者连接断开；如果曲线的某一段为虚线的形式，则表示下位机的通信故障。

4）查看历史状态。在运行状态下，可以查看当前所有画面在过去某一时刻的运行状态，方法是在工具菜单下选择查看历史状态或者在工具栏上点击“历史状态”按钮，此时就会弹出一个对话框，在上面选择查看的时刻。确定后，画面上显示的就是该时刻的状态，要恢复到当前的状态只需在工具栏上再次点击“历史状态”按钮就可以了。

5）配置用户。如果用户有“配置用户”的权限，则可以在配置区添加、删除用户组或用户，或者修改用户组或用户属性。

6）备份历史数据库。系统长时间运行一段时间之后，或者由于磁盘空间不足，用户应当备份历史数据库（菜单为：工具→备份数据库）。在备份历史数据库之后在工程路径下的 backup 目录会出现一个与当前时间同名的子目录，里面就是备份的历史数据。如果磁盘空间不足，可以把整个子目录移动到别的磁盘分区，这样并不影响系统的运行，只是相应时间段内的历史数据查询不到而已。当工程路径下的磁盘空间不足 300 MB 时，系统会定时给出提示，此时用户应该腾出足够的磁盘空间，或者备份数据库，并把它移动到别的磁盘分区。

7）进入到设计环境。如果用户有“配置系统”的权限，则可以选中文件菜单的“进入设计状态”子菜单，弹出用户登录对话框，登录确认后可以进入设计环境，对工程进行修改。

8）退出。如果用户有“退出系统”的权限，可以选中文件菜单的“关闭工程”或“退出”子菜单，退出系统。

2. 组态工具的使用说明

在组态环境中，软件提供了画面工具箱作为组态的工具供开发人员开发使用，如图 4—13 所示。易视软件画面工具箱上的工具快捷按钮自左向右依次为：

(1) (2) (3) (4) (5) (6) (7) (8) (9) (10) (11) (12) (13) (14)

图 4—13　画面工具箱组成

（1）组控件：组合在画面中选中的所有控件。

（2）PolyLine 控件-直线：画直线。

（3）PolyLine 控件-弧线：画弧线。

（4）PolyLine 控件-贝塞尔曲线：画贝塞尔曲线。

（5）PolyLine 控件-矩形：画矩形。

（6）PolyLine 控件-椭圆：画椭圆。

（7）PolyLine 控件-圆角矩形：画圆角矩形。

（8）标签控件：显示文本。

（9）文本控件：显示或输出文本。

（10）位图控件：显示位图。

（11）动画控件：显示动画。

（12）定时器控件：定时器。

（13）曲线控件：实时趋势图。

（14）曲线控件：历史趋势图。

利用这些控件可以完成组态画面的制作，而每个控件只是代表了一个图形符号。还必须为其属性赋值才可以具有实体意义。

3. 脚本程序的编写语言

用户可以建立一个 VBScript 文件，即脚本语言。通过编写 VBScript 代码对测点实现控制和画面中的控件的动画。关于 VBScript 的语法，在此不做详细介绍，请参见相应的文档资料。

4. 设备通信协议的知识

目前诸多的现场总线包括 FF、PROFIBUS、LonWorks 等互不兼容，RH6000 控制系统综合了几类现场总线的特点开发了具有自定义的模块连接总线 RHINET 以及站点连接总线 RHBNET。考虑 BACnet 通信协议标准受到各大控制器厂商的支持，它极有可能成为未来建筑设备管理系统一致采用的通信协议。力求兼容 BACnet 通信协议。

（1）RH6000 控制系统模块连接总线 RHINET

模块连接总线 RHINET 用于连接安装在现场控制机内的主控单元（计算、通信功能）、测控单元（I/O 模块）以及延伸到远端的现场测控单元（远端 I/O 模块）。由于计算单元的协调控制信息要通过这条总线发向测控单元，因而对这条总线的通信可靠性以及实时性有较高的要求。

（2）RH6000 控制系统站点连接总线 RHBNET

站点连接总线 RHBNET 用于实现各现场控制器 DDC 与网络服务器（中央站）的连接。它可以使用 CAN 物理层。CAN 总线是一种常用的现场总线，当采用 CAN 总线连接时，CAN 的网段上应使用阻抗为 120 Ω对绞线连接。RH6000 控制系统的站点连接总线以 CAN 物理层作为站点连接总线 RHBNET，是因为 CAN 物理层可以确保 50 kb/s 左右的通信速率的情况下支持 1 km 的传输距离。站点连接总线 RHBNET 除了支持 CAN 物理层连接外，还支持通过公共电信网、电话拨号、无线 GPRS、以太网进行连接。

能力要求

一、编程设计与调试

1. DDC 的编程设计

（1）GX-9100-8154 的编程设计

美国江森的 DDC 控制器采用 GX-9100 编程软件进行编程设计。现以照明监控系统为例，完成对 DDC 控制器的编程设计。照明监控系统 DDC 编程原理如图 4—14 所示。

1）I/O 点的组态。在照明监控系统中，主要使用开关量完成控制。对每一路照明都应实现启/停控制、运行状态反馈、故障报警。为了节省输入点，将故障报警定义为软点，即在控制输出时，若没有运行状态的反馈信号即视为故障。现将泛光（艺术）照明 LP1～LP7 的运行状态采集信号连接在 DI1～DI7 数字量输入点上。LP1～LP7 的控制输出连接在 DO3～DO7 和 XT1DO6 上。

2）预制时间表。在照明监控系统中，对 LP1～LP7 的控制采用时间预制表控制形式（TS）。参数预制如图 4—15 所示。最小时间单位是分钟（min），定义为星期六和星期日晚上 20:00 开，23:59 关。

3）日历单元。选用 EXD 日历单元，完成对特殊节日的泛光照明控

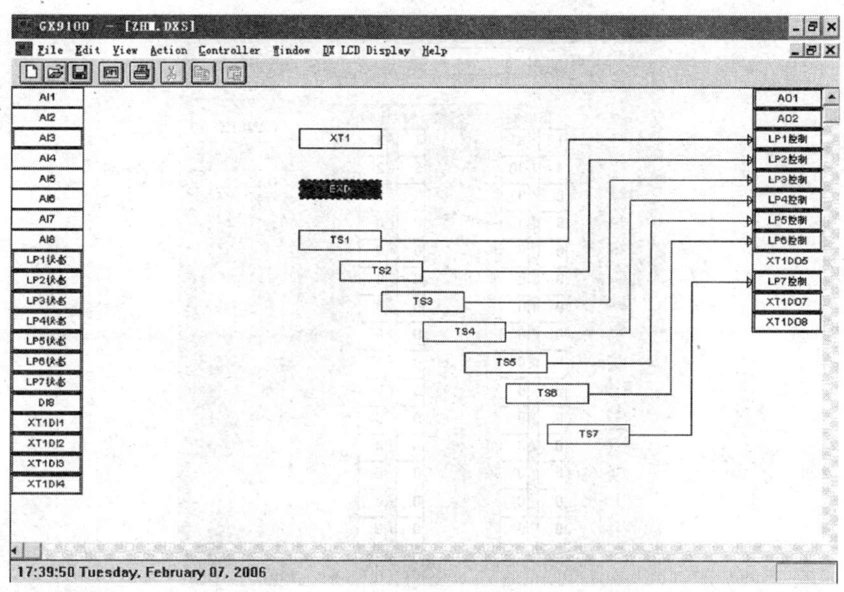

图 4—14　照明监控系统编程原理图

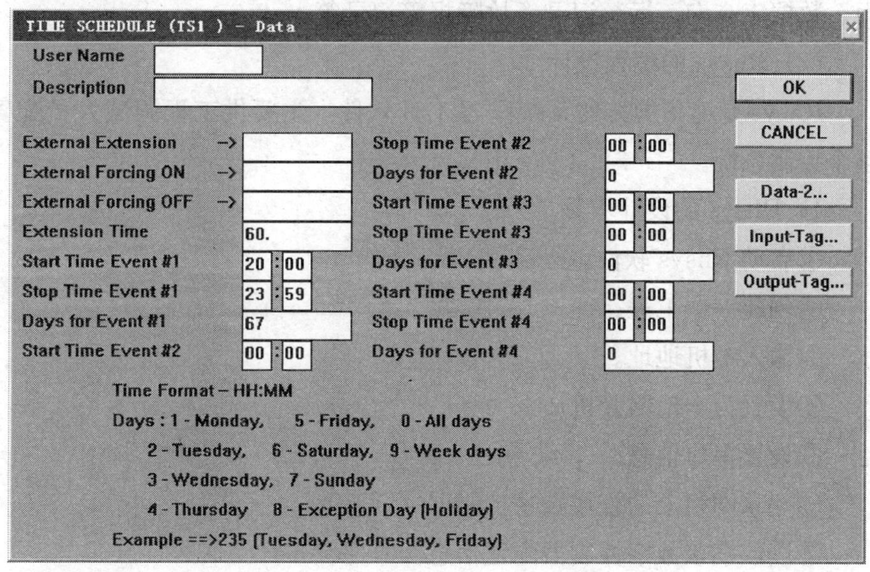

图 4—15　预制时间表参数设置

制。如 12 月 31 日至 1 月 3 日、4 月 30 日至 5 月 2 日。参数设置如图 4—16 所示。

4）XT 扩展单元。由于 DDC 本机有 DO 点 6 个，现需要 1 个 DO 单元点，所以扩展了一个 4DI/4DO 数子量单元。站点号设为 24。

程序编制好后，由上位机组态软件 M5 统一进行管理，包括监控画

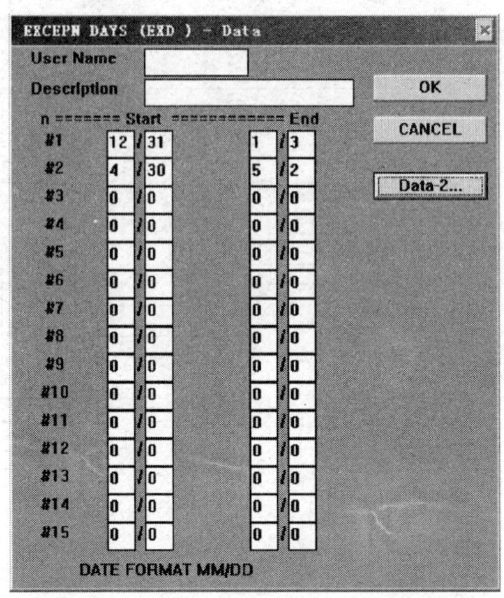

图 4—16 日历单元参数设置

面、数据表查询、运行记录、故障报警记录等。

(2) Rhsys 的编程设计

Rhsys 是清华同方的系统配置工具软件，主要供工程调试人员配置整个控制系统。

1) Rhsys 的设计步骤

①启动 Rhsys 软件。

②创建一个工程。

③输入本机地址。

④设置为本地网管机。

⑤设置串口信息。

⑥登录网络上的直接数字控制器 (DDC)。

⑦读取直接数字控制器配置信息。

⑧修改数据点的属性，如报警上下限、特性等。

⑨创建、修改控制程序。

⑩下载控制程序。

2) 工程设计实例

①完成一个风阀联动调节的程序设计。编程实例如下：

NAME：CONT

```
    CONDITION：SET                手动输出新风阀位
    SYSVAR：
    PF=GCA1_AO1                   排风阀开度
    HF=GCA1_AO2                   回风阀开度
    XF=GCA1_AO3                   新风阀开度
    SDSYSVAR：
    SET=SET

    BASPROG：                     程序开始
    XF=SET                        新风阀开度的设定
    OUT XF                        新风阀输出

    HF=100-XF                     回风阀开度的设定
    OUT HF                        回风阀输出

    PF=XF                         排风阀开度的设定
    OUT PF                        回风阀输出
END
```

②完成建筑设备监控系统中照明控制的编程设计。在编程设计中，确定了照明的启/停时间、确定照明的控制通道。

编程实例如下：

```
NAME：LIGHT
CONDITION：TIME=LT_ON#        照明启动时间变量为执行
                              条件
CONDITION：TIME=LT_OFF#       照明停止时间变量为执行
                              条件
SYSVAR：
DO1&=DOA1_DO1                 定义照明的控制通道名称
DO2&= DOA1_DO2
DO3&= DOA1_DO3
SDSYSVAR：
LT_ON#=LT_ON#                 定义启、停时间变量
```

```
  LT_OFF#=LT_OFF#

  BASPROG：        程序开始
  DIM  LT_ON# ="20：00：00"，LT_OFF#="23：30：00"
                   定义启、停初始时间，外部可以修改

  IF TIME= LT_ON#  THEN              到了照明启动时间，赋开
                                     启值
  DO1&="ON"
  DO2&="ON"
  DO3&="ON"
END IF

  IF TIME= LT_OFF#  THEN             到了照明关闭时间，赋关
                                     闭值
  DO1&="OFF"
  DO2&="OFF"
  DO3&="OFF"
END IF
  OUT DO1&                           输出值，执行动作
  OUT DO2&
  OUT DO3&
END IF
END
```

③完成建筑设备监控系统中污水排放的编程设计。

编程实例：

```
  NAME：PUMP
  CONDITION：MCD1_DI1&             水池低液位
  CONDITION：MCD1_DI2&             水池高液位
  SYSVAR：
  LL&= MCD1_DI1&                   定义液位通道名称
  HL&= MCD1_DI2&
```

```
    PUMP_DO&= MCD1_DO1          定义水泵控制通道名称

    BASPROG:                    程序开始
    IF HL&="ON"    THEN         高液位动作
    PUMP_DO&="ON"               启动水泵
    OUT   PUMP_DO&
END IF

    IF LL&="ON"    THEN         低液位动作
    PUMP_DO&="OFF"              启动水泵
    OUT   PUMP_DO&
END IF
END
```

2. DDC 的程序调试

利用工具软件对 DDC 控制器完成编程后，还需要对程序进行调试。调试的内容包括（以清华同方 RH6000 型 DDC 为例）：

（1）程序错误检查

在程序的编写过程中，难免有语法错误的发生，一般的编程软件都具有程序语法检查的功能，这在离线时就可以得到验证。但有时还会发生因错误的编写而导致程序的出错，这种情况可能不会导致 DDC 报错，但会影响程序的正常运行。现举例如下：

1）因敲错变量名而导致的程序错误。程序段为：

```
……
  BASPROG:                开始说明语句（非执行语句），所有
                          说明语句必须出现在任何可执行语
                          句之前
  DIM KI=1.0，KP=4.0，SUMRES=0.0  定义进程私有变量
  DIM  PROP，SUM=0.0，PIPOS   PROP 为偏差，SUM 为
                              积分器输出，PIPOS 为
                              PI 控制输出
  PROP=X-SET              计算偏差
  SUM=SM+PROP             计算积分项
```

```
IF SUMRES<1.0 THEN     当 SUMRES 小于 1 时，不考虑积分
  SUM=0.0
END IF
……
```

检查时出现:"Error：line 18：48＃：变量未定义!!" 提示，同时程序窗口中第 18 行出现一栏蓝底高亮的语句，表示出错的位置，如图 4—17 所示。

图 4—17 程序检查报错窗口

该行语句为：SUM＝SM＋PROP

正确的语句应为：SUM＝SUM＋PROP

由于系统将错误行明显标示出，所以应该立即看出由于敲键盘之误将 SUM 敲成了 SM。而 SM 并不是该程序的变量，也不会在变量表中定义。将 SM 改回 SUM 后，错误排除。

2）敲错系统变量名。一般的编程软件都具有程序语法检查的功能，这在离线时就可以得到验证。但有时还会发生因错误的编写而导致程序的出错，这种情况可能不会导致 DDC 报错，但会影响程序的正常运行。现举例如下：

出错程序段为：

```
NAME：   DEMO                       进程名
CONDITION：   INTERVAL 20           进入条件：每 20 s 进入一次
SYSVAR：   T1＝AIA1 _ AI1
           T2＝AIA1 _ TI2
           VALVE＝VDB1 _ VO1
```

```
SDSYSVAR：  MODE%=MODE%      0表示夏季工况
                             1表示冬季工况
     X=T1
     SET=SET                 SET为温度设定值
  BASPROG：
……
```

系统提示为：" Error：line 4：91＃：SYSVAR表中的右值出现非法系统变量!!"

第4行为：T2=AIA1 _ TI2 从系统提示看AIA1 _ AI2变量定义有问题，仔细检查发现是将看起来并无错误"AI2"误敲为"TI2"。改正后，错误排除。

3）漏敲语句的一部分。

```
……
PROP=X-SET                  计算偏差
SUM=SUM+PROP                计算积分项
IF SUMRES<1.0 THEN          当SUMRES小于1时，不考虑
                            积分
  SUM=0.0
END IF

IF SUM>1000.0               当积分器输出过大时，认为是
                            故障
  SUM=0.0
END IF
PIPOS=50.0+KP*PROP+KI*SUM      PI控制输出
……
```

系统提示为：" Error：line 28：68＃：没有与本END IF匹配的关键字IF! "

从系统提示看，系统已认出该END IF语句，因此该END IF行本身并未出错，错误肯定出在与之匹配的行，也就是上述两行的位置：

IF SUM>1000.0

由于错误定位很准确，所以立即可以看出该行少了"THEN"关

键字。

从这个例子可以看出，有时系统标示出的行并不是实际错误发生的行。给排除错误增加了困难。尤其对于条件语句，循环语句等。因此要根据系统提示，认真分析排除故障。

4）DIM 语句位置错误的情况。程序片断：

```
……
BASPROG:                              开始说明语句（非执行语句），
                                      所有说明语句必须出现在任何
                                      可执行语句之前
DIM KI=1.0，KP=4.0，PROP，SUMRES=0.0
PROP=X-SET                              计算偏差
DIM   SUM=0.0，PIPOS

SUM=SUM+PROP                            计算积分项
IF SUMRES<1.0 THEN                      当 SUMRES 小于 1 时，不
  SUM=0.0                               考虑积分
END IF
……
```

系统提示为："Error：line 17：59 #：DIM 语句位置必须紧随 BASPROG 语句之后!!" 该 DIM 语句本身没有问题，而它前一行：

PROP=X-SET

这条语句不是 DIM 语句，由于它出现在下面 DIM 语句的前面，那么它下面的 DIM 语句就没满足 DIM 语句位置必须紧随 BASPROG 语句之后的条件。解决方法是将 PROP=X-SET 放在 DIM 语句后面。

通过调试，只有当信息窗口中显示：" Pre-Compiler OK!" 表明程序没有语法错误，可以执行下载运行。

（2）程序在线调试

在线调试是对程序中的某些参数和状态进行修改，然后观察起运行情况。这一步很重要，每个完整的程序都要经过程序的调整。只有在调试的过程中才能检验程序的好坏。

1）照明控制系统的调试。前边我们介绍过用江森的 DDC 控制泛光（艺术）照明的程序，原来启/停控制时间是 20：00/23：59，现修改其

时间为当前的某一个时间段，如启/停时间改为 9：00/9：02。由此来验证照明设备的运行情况。

对于特殊节假日的泛光（艺术）照明调试，同样可以将时间调整到当前的时间来验证。

2）温度开阀的调试。前面，介绍了关于温度开阀调节的控制程序，在对其进行调试时，可以对其参数进行修改，如改变 KI（积分常数）、KP（比例常数）和 SET（温度设定值）的数值。观察阀门开度的变化。以此来验证程序的控制效果。当然，也可以通过对外部温度传感器的信号（X）模拟来进行调试。

总之，程序的调试一般先进行单变量动作的调试，然后再进行局部小范围的调试，最后进行整体的程序连调。通过调试，可以发现程序中存在的缺陷和不足。这些需在实践中去体会。

二、系统的组态设计（以“易视”为例）

1. 组态的方案设计

组态设计是完成计算机监控所需的开发过程，包括数据变量的建立、监控画面的制作、控件的属性定义、脚本程序的编辑、数据报表和运行曲线的查询及打印等。

现以清华同方为例，易视（RH-IDCS）组态软件是工程中下位机 DDC 与上位机之间通信并在上位机运行的软件。它运用图形化的界面设计，界面友好、操作简单、易于使用。同时，它的组态功能使其适用于多种控制系统，用户可以根据需要自行定义，功能十分强大。

（1）建立工程文件夹

每个工程都需建立一个独立的文件名，工程文件的建立方法见其他教程中的相关内容。一个工程涉及的文件和素材很多，为了将来便于将整个工程文件打包，建议在新建一个工程体系时先建立一个独立的文件夹（文件夹名字为 BAS），然后在该文件夹中再次建立各个分项文件夹（如 images、misic、gif、text、form、data 等）。这样可以将图片文件放到 images 文件夹中，声音文件放到 music 文件夹中，动画图放到 gif 文件夹中，文本和帮助文件放到 text 文件夹中，窗口组态文件放到 form 文件夹中，数据库文件放到 data 文件夹中。一切准备就绪就可以完成工程文件的建立了。

（2）建立安全机制

对于一个工程来说，建立安全机制是很重要的。它是对知识产权的保护和运行的科学化管理所采取的有效措施。在整个工程中，可以实现分级管理，不同级别的人员具有不同的权限，如组态开发的权限、运行登录的权限、运行数据修改和查看的权限等。易视（RH-IDCS）系统默认的管理员用户名和密码都是 sa。进入后需对管理员密码进行修改。而其他用户的建立均由管理员定制。

（3）建立数据库变量

在工程中，很多的控制过程均要用到变量，如设备的启/停控制、温度值的检测等。这些变量不仅实现了现场的控制，还为日后的管理提供信息源，如数据的查询、报表的生成、曲线的打印等。组态软件中的变量分内部虚拟变量和外部实体变量。所谓内部虚拟变量就是不和外部设备连接，而那些实体变量则是要和外部设备进行连接，在一个工程中，两种变量都要用到，实体变量实现信息的采集和对外部设备的控制，虚拟变量可以作为中间环节，实现过渡控制。

（4）建立用户窗口

用户窗口是实现现场监控和管理的界面，不同的监控分布在不同的窗口中，如建筑设备监控系统中的“新风机监控系统”“空气处理机监控系统”“供配电监控系统”“照明监控系统”等都是由不同的窗口构成。在用户窗口中，可以设计现场画面的制作、各种图符和图标的动画、参数的修改和调用、曲线的显示等组态开发过程。而这些窗口在进入运行状态时，即是所需要的监控画面。

（5）建立通信组态设备

任何一个工程文件最终都是要实现对下位 DDC 控制器的监控和管理。所以，作为上位监控和管理的计算机要保持和下位机的实时通信，这就要求用户建立通信组态并完成相应的属性设置，如图 4—18 和图 4—19 所示。

如果服务器和工作站合用一台计算机，则 Server IP 一项必须填本机的虚拟 IP 地址 127.0.0.1。

如果服务器和工作站各用一台计算机，则 Server IP 一项应填组网套件运行的那台机器的 IP 地址 192.168.0.11（此地址仅为举例，实际工程中应按实际地址填写）。

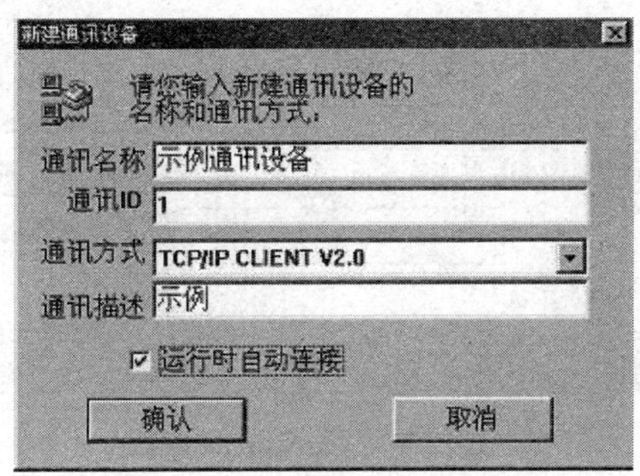

图 4—18 新建通信设备对话框

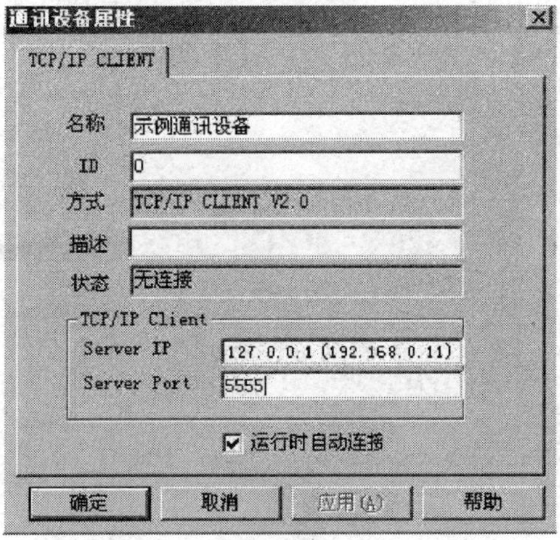

图 4—19 通信属性的设置对话框

2. 监控画面的制作

(1) 建立画面

在工程配置窗口中右键单击“显示组态”，然后在弹出快捷菜单上单击“新建画面”弹出如图 4—20 所示的对话框，填写好对话框中的内容，单击“确定”完成“新画面”的建立。

(2) 添加控件

建立“新画面”后在调试窗口出现新添加的表单视图，可以在表单上添加各类控件，组成各种监控界面，下面以温度的刻度指示为例。

1) 先点击绘图工具快捷按钮中的  图标，然后在表单上按住鼠标左键并拖动，会出现一条弧线，在其属性栏里找到“DrawWidth”填入

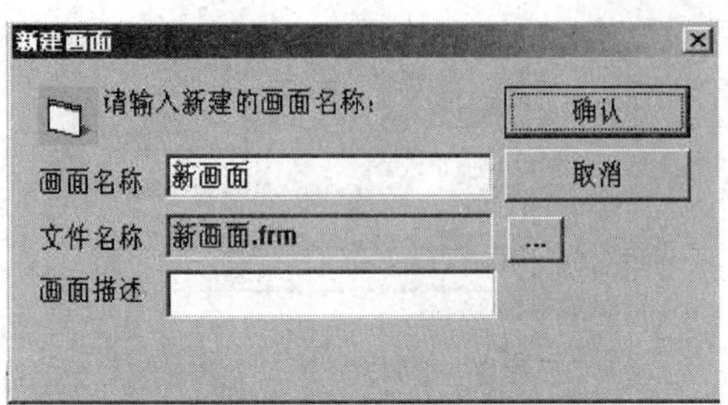

图 4—20　新建画面对话框

2，使弧线宽度为 2，如图 4—21 所示。

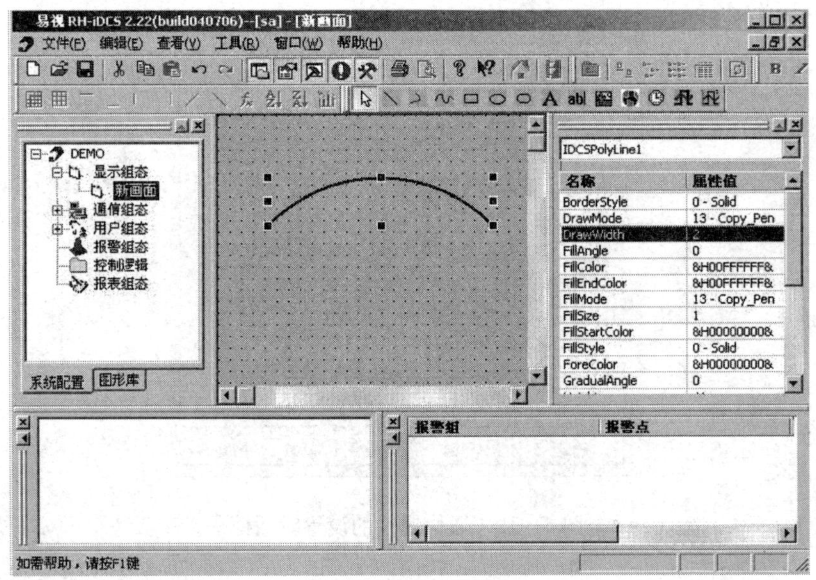

图 4—21　绘制表头的弧线

2）再选中图标，在表单上按住鼠标左键并拖动，在弧线的相应位置上标上刻度，在其属性栏里找到“DrawWidth”填入 2，“ForeColor”属性选取黄色，如图 4—22 所示。

3）选取图标，在刚才刻度附近填上刻度数值，在表单上按住鼠标左键并拖动，创建控件，在其属性栏里找到“Caption”并填入数字，在“Backstyle”中填入“Transparent”，表示标签透明，如图 4—23 所示。

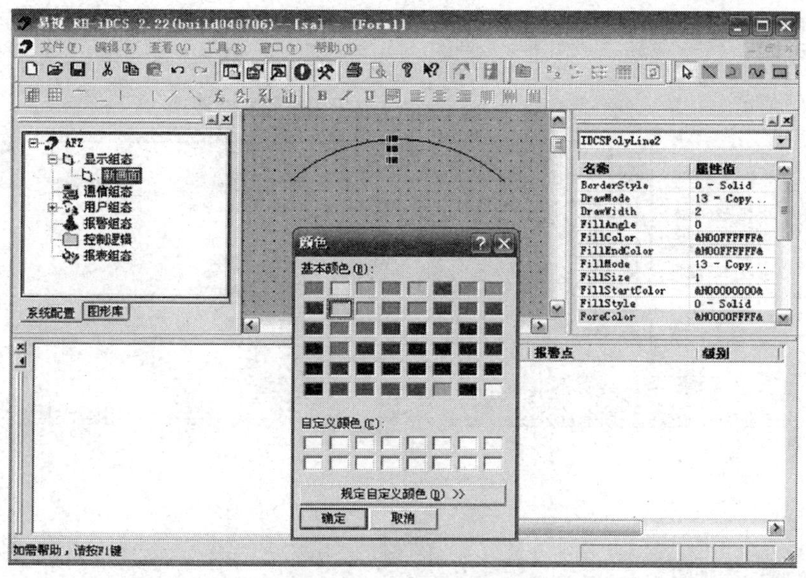

图 4—22　绘制表头的刻度

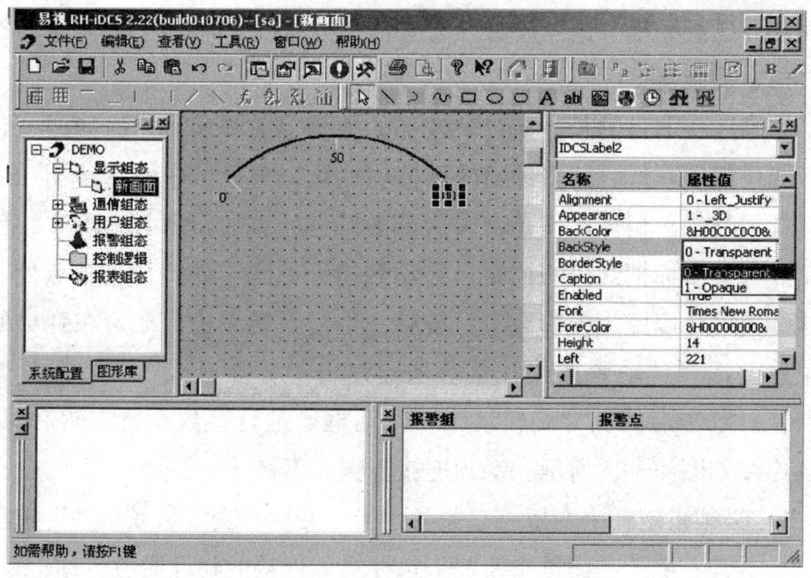

图 4—23　填写表头的刻度值

4）再次选中图标，画刻度指针，选中图标，画上圆心，并设置属性，如图 4—24 所示。

（3）设置控件

通过属性表设置控件的线宽、颜色、字体、字号、字颜色等属性，

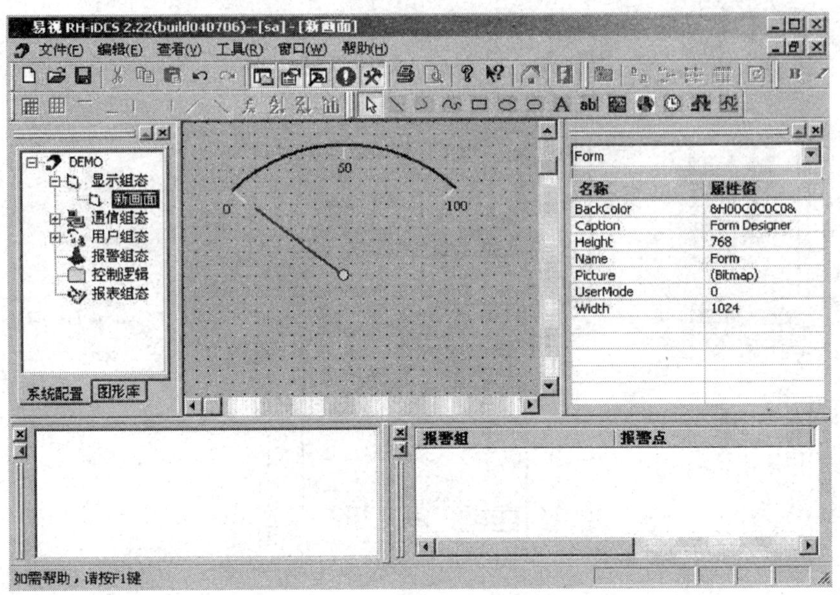

图 4—24 绘制表头的指针

上面部分已经列出（具体设置方法参见说明书）。

（4）动画连接

动画连接的目的是让指针和外部的测量值关联起来。比如温度、流量、阀位值等，红色的指针随外部数值变化以黄色的中心点转动，达到实时指示目的。具体操作是：两次单击红色的直线，则会出现一红色的控制点，用鼠标把红色的控制点移动到指针的圆心处即黄色圆点处，表示这个控件将以此为控制点进行旋转。然后右键单击直线，在弹出的快捷菜单上选择“动画连接”菜单项，弹出“动画连接”对话框，选中“旋转”，双击后弹出“旋转动画”对话框，进行参数设置，然后保存。动画连接如图 4—25 所示。动画连接步骤如下：

1）必须指定一个变量与它关联，指定变量“变量名或条件”选项可通过点击其右侧的“浏览按钮”来选择实际连接的物理通道名称。

2）指定数值变量的取值范围，然后指定数值变量的取值范围，如最小值为 0.0000（最小角度为 0°），最大值为 300.0000（最大角度为 135°）。

3）开关量的控制条件，控制开角度时为“1”；控制关角度时为“0”。并可以定义为“状态显示”或“连续动画”。

4）连续动画的赋值，如连续动画的控制条件、数值的极限位置、移

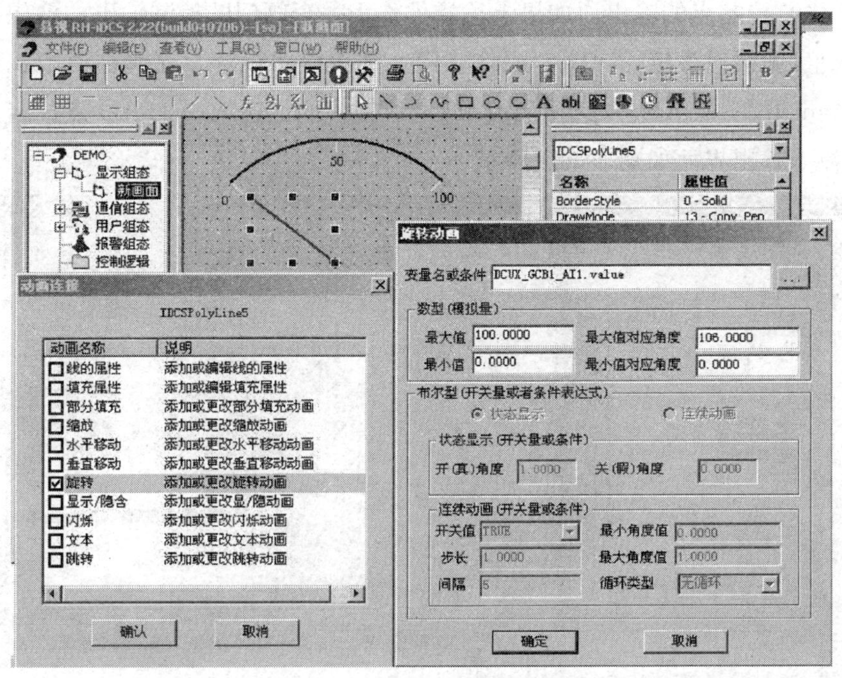

图 4—25　动画连接的设置过程

动的步长、间隔和循环类型等参数的定义。

5）测试运行。在菜单栏的“工具”中，找到“调试“选项，点击后进入在线运行状态。运行画面如图 4—26 所示。指针将随外部通道模拟值的变化转动。如果刻度对得不合适，可回到上一步，继续调整动画设置。

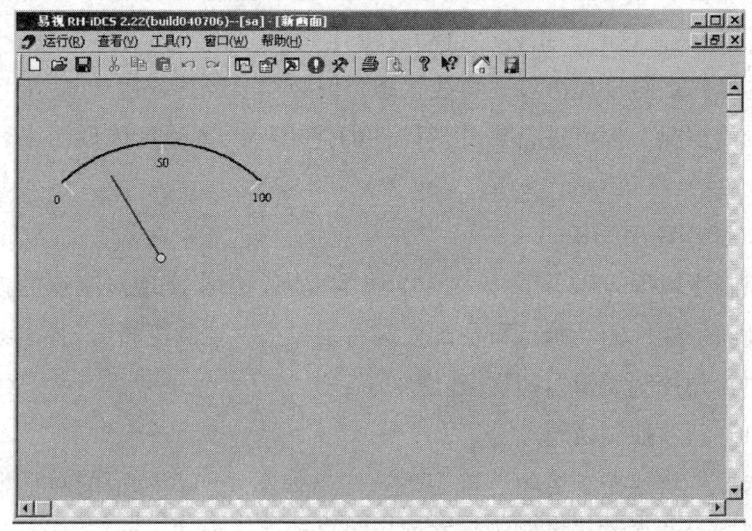

图 4—26　进入调试后的运行界面

6）控制点的输出。如果上述控件作为一个阀门的控制输出，希望选中刻度弧线时设定输出值，操作步骤：选中弧线控件，在属性栏中找到“Point ID”，点击进入选择测点 ID 对话框，同上选取一个 AO 点。定义控制点输出界面如图 4—27 所示。

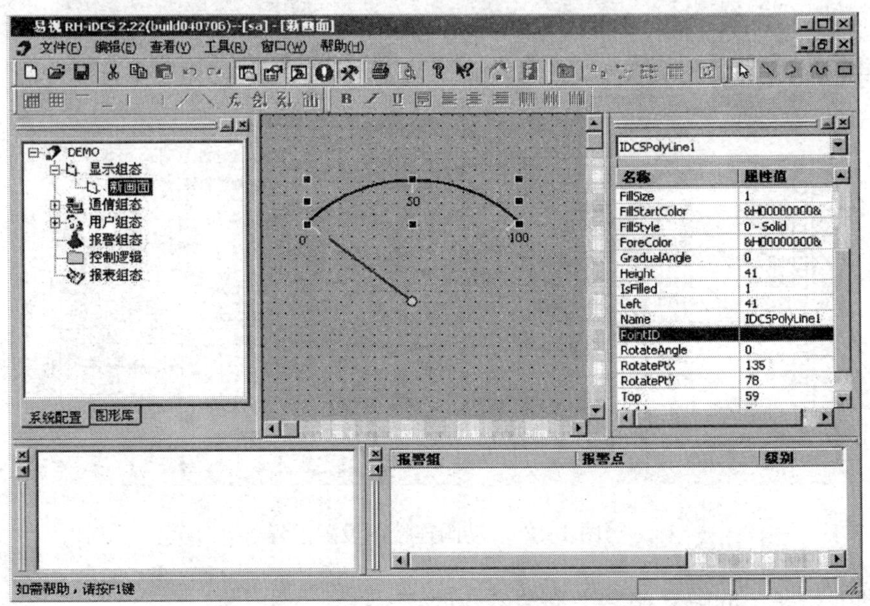

图 4—27　定义控制点输出界面

确定、保存、进入运行状态后，鼠标放在弧线上就会有一个向下的箭头，点击后会出来一个设定框，填入输出值或拉动滑杆，然后点击“确定”按钮。这时，指针会自动旋转。

选择测点的过程可以是离线状态，但必须已经读取过 DDC 配置，或是在线的情况下都可进行。其他控件的使用可以参阅具体说明书，方法类似。

3. 脚本程序的编辑

控制逻辑即 VBScript 代码，为脚本程序，用来实现对测点的控制和完成画面中控件的动画。可在配置区右键单击“控制逻辑”，弹出菜单后选择“新建控制逻辑”，具体步骤如下：

（1）新建控制逻辑

选择“新建控制逻辑”确定后，弹出如图 4—28 所示的对话框，输入控制逻辑的名称，控制逻辑文件后缀自动生成为“. vbs”。

在上述对话框中单击“确认”按钮，则在配置区的编辑区的控制逻

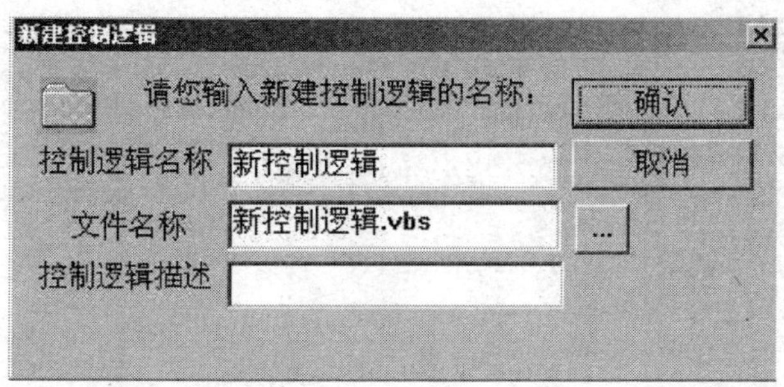

图 4—28 新建控制逻辑对话框

辑组态根节点下添加了“新控制逻辑（默认名称）”的子节点，而且新增加一工具条，如图 4—29 所示。

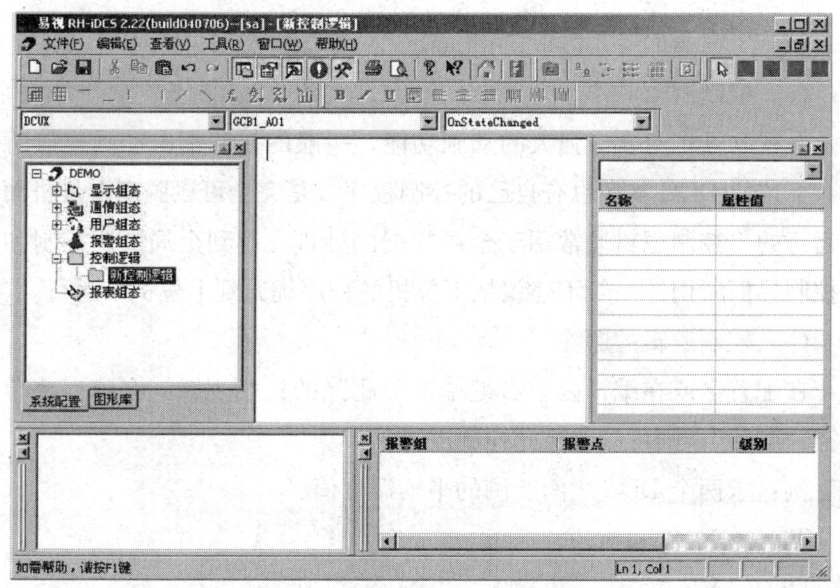

图 4—29 添加新控制逻辑后的界面

（2）新建控制逻辑的应用界面

新增加的工具条中包含了三个组合框，第一个组合框列出通信组态中所有的控制设备和 Globals。第二组合框为当前控制设备下所有的测点或 Systems 和 Time 项。第三组合框列出 OnValueChanged，OnStateChanged，OnSetPoint 三个选项。三个组合框自由组合成各种触发条件，会自动地在代码编辑区增加一过程框架，只要根据需要在过程框架内部用 VBScript 语法进行编码即可实现对所选测点的控制，如图 4—30 所示。

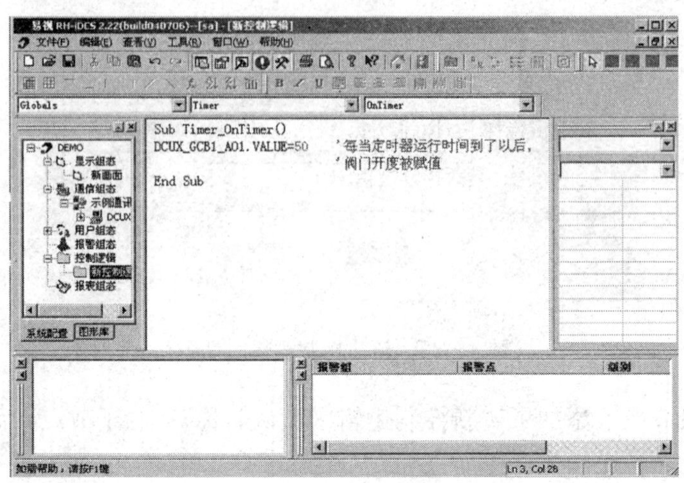

图 4—30　控制逻辑的应用界面

（3）控制逻辑的作用

易视软件本身含有强大的动画功能，一般的控制都由动画连接所完成。下位机 DDC 本身也有自己的控制程序，是完全可以脱离上位机而独立运行的。控制逻辑通常用于全局数据的处理，起到全局协调控制和美化控制界面所用。一般不建议把下位机的程序提升到上位机来运行。

（4）控制逻辑的删除

在配置区或在编辑区中右键单击要删除的控制逻辑，在弹出菜单中选择“删除”，则可以删除此控制逻辑。

例：求两个 DDC 之间所测的平均温度值。

```
Timer.Interval=5000
DIM AVE
Sub Timer_OnTimer ()
AVE=(DCU1_GCB1_AI1.VALUE+DCU2_GCB1_AI1.VALUE)/
    2
End Sub
```

4. 用户菜单的设计

对于易视软件的用户菜单设计并无复杂之处，其设计方法类似于控件的动画连接，如图 4—31 所示。因为所有的菜单都是以文本控件、图形控件存在于表单中，而所有的控件都支持跳转功能，所以菜单的制作和设计更多偏向于美工的制作和画面的修饰。

图 4—31　组态软件的用户菜单制作

用户菜单的操作步骤类似于监控界面的操作。下面举例说明菜单设计。

(1) 背景的建立

新建一个组态画面取名为“MAIN”，单击编辑区的空白画面，右边属性栏有许多属性。通常会有一幅底图，在“Picture”栏里选取已经处理好的背景图的文件路径，选取该文件，画面大小视上位机桌面的分辨率而定。

(2) 菜单的设计

菜单通常按索引的方式，根据系统的分类、楼层、功能等方法进行命名。先用○图标创建一个圆（也可以调入一个小的图标），利用填充属性，使其为红色，作为菜单的装饰。然后用A图标，创建一个文本控件，在“Caption”的属性里填入，菜单名称为“空调机组”字样，可以修改其字体、颜色和大小。

(3) 跳转连接

选中“空调机组”字样，单击鼠标右键，调出快捷菜单并单击“动画连接”，选中“跳转”项，出现画面跳转对话框。单击“…”按钮，再次出现画面选择对话框，选择所希望跳转的目标界面。比如在图中选择“新画面”，如图 4—32 所示。

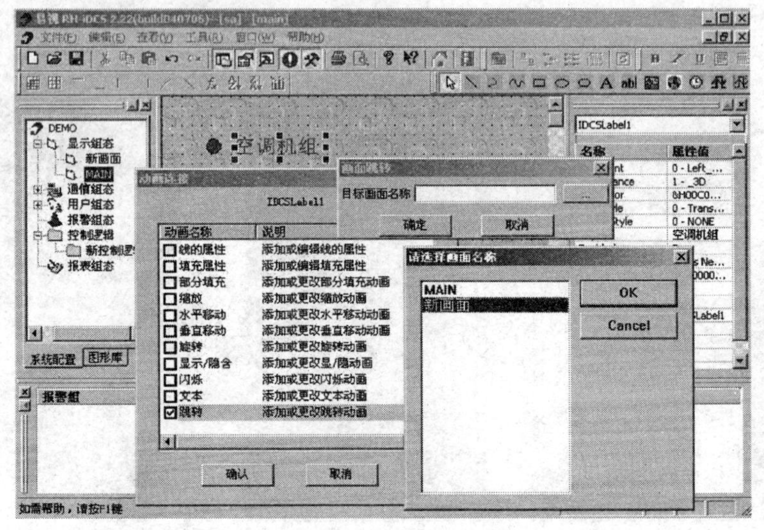

图 4—32　用户菜单的制作过程

（4）美化完善

主界面可以用此方法依次将所有的菜单做好，每个菜单可以实现画面的跳转。可以将需要监控的内容依次做在不同的画面中。如图 4—33 所示，做好菜单后还需要对菜单进行修饰和完善。图中做了三个菜单，同时每一个界面之间的切换都可以通过“跳转”这一动画连接功能来实

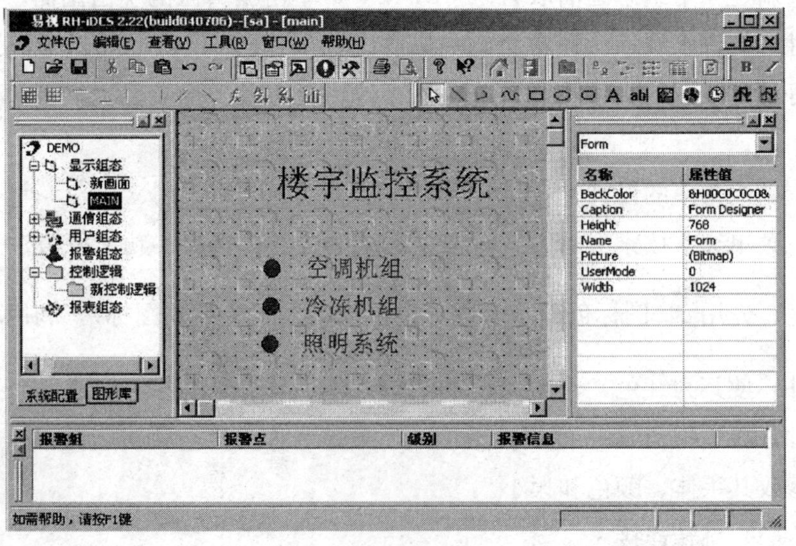

图 4—33　菜单在运行界面中的效果

现，达到菜单选择的目的。

5. 通信协议的定义

RH6000 控制系统采用两层网络结构，所以根据其网络结构，它包括模块内部总线和站点连接总线，这两种总线的物理层都采用 CAN。控制系统的通信协议是参照 BACnet 协议中的属性、特性、服务等定义规则，自定义的一套协议。

链路层的访问均采用了 CSMA/CD（载波监听多路访问/冲突检测）访问机制，在串行总线上的各设备完全平等，信息帧有可靠发送的应答机制，实现可靠的点对点和一对多的收发。

下面以 DDC 内部模块通信协议为例进行阐述。

(1) 信息的发送与接收

信息的发送采用侦听——冲突检测方式进行，信息的发送方通过对接收方回发的快速应答信息的处理，实现信息的可靠发送。

信息的发送方发出的信息应是由以 1 个起始位、9 位数据、1 个停止位的串行数据字节构成的信息帧。信息帧中的相邻数据字节之间的间隔应尽可能小，不允许该间隔达到甚至超过一个数据字节的传输时间。

1) 侦听。发送方在发送信息前必须先进行两字节传送时间的侦听。只有在侦听期间内未发现串行总线出现低电平才可在侦听结束后立即将信息发向串行总线。

2) 冲突的判定。冲突判定应从信息帧的第二个字节开始进行。信息帧的首字节为同步码 55H。

3) 冲突的避让。发送方在出现冲突后，不应立即重新侦听，发送方应以自身模块地址作为避让因子，进行必要的延时后再行重新侦听，以便发送。

4) 信息帧的应答。接收方在接收到其他站点发送的一帧信息后应根据所接收信息帧的目的地址决定是否应答和如何应答。若发送信息帧为广播信息帧则不作应答；若是点对点可靠发送则立即应答；若是 1 对 N 可靠发送则限时等待发送方发出符合本模块地址的点名字节后立即应答。

5) 信息的重发。发送方在信息发出后应限时等待接收方的应答信息，若应答信息为“OK”则发送完成；否则必须作重发处理，直至获得“OK”应答或超时。

若发送方接收到应答为“ERROR”，则应重发若干次，若重发次数超限则通信失败。

若发送方接收到的应答为“BUSY”，则应限时等待接收方回发的BUSY解除信息帧，若在时限内收到接收方回发的BUSY解除信息帧则立即重发；若超过时限仍不能收到接收方回发的BUSY解除信息帧则应强行重发，若重发次数超限则通信失败。

(2) 信息帧的格式

1) 发送信息帧。发送信息帧的格式如下：

同步码	试探码 1	试探码 2	目的地址	源地址	内容长度	CRC1	内容	CRC2

除“内容”和“CRC2”外以上各项均为单字节。“内容”由不多于250个字节构成。

①每个字节由九位构成，它们是B8，B7，…，B0 。其中B7～B0为数据位，B8为信息字节的性质指示位。“目的地址”字节是一帧信息的第一个有效信息字节，其B8为“1”；其余字节的B8为“0”。

②CRC1是从“目的地址”开始的前三个字节的校验码。

③CRC2是“内容”部分的校验码。

2) 应答信息

①应答信息不是独立的信息帧，它的发送不需要侦听串行总线。

②应答信息的格式为：

应答码	应答码

应答信息的两项均为单字节，每个字节由九位构成，它们是B8，B7，…，B0。其中B7～B0为数据位，B8为信息字节的性质指示位。应答码的两个字节的B8均为“0”。“应答码”的B7为“1”，B6和B0为应答信息。

3) 应答机制。以发送信息帧的“目的地址”字节区分应答方式。

①当“目的地址”为00H～11H时，是点对点可靠发送。接收方在接收完CRC2后应立即向串行总线发送应答信息。

②当“目的地址”为1EH时，是1对N可靠发送。接收方在接收完CRC2后必须等待发送方发出的点名字节（即接收方地址）后再立即向串行总线发送应答信息。

③当“目的地址”为1FH时，是广播发送，不要求应答。

(3) 信息帧“内容”的构成

信息帧“内容”的构成如下：

帧类型	帧序号	服务选择	服务请求

1）“帧类型”字节。B7 为“0”；B6 为指示该信息帧是单帧还是多帧，“0”为单帧；“1”为多帧；B5 为指示有无下一帧，“0”为无下一帧，“1”为有下一帧；B4～B0 为帧代号。

2）“帧序号”字节。仅在“帧类型”字节的 B6 为“1”时才存在“帧序号”字节。“帧序号”字节应从 0 开始编排。

3）“服务选择”字节

10　　创建对象

11　　删除对象

12　　索要对象特性

15　　发送对象特性

192　　非对象服务

（其余代码无定义）

4）“内容”的固定部分。信息帧的“内容”中的“帧类型、帧序号、服务选择”构成信息帧“内容”的固定部分。信息帧“内容”的固定部分是信息帧“内容”的必要组成部分。在某信息帧以多帧形式发送时，仅是“内容”中的“服务请求”部分进行接续，信息帧“内容”的固定部分不参与接续。

（4）服务请求

1）对象 ID。对象 ID 由三个字节构成

对象类型	模块地址	模块内句柄

①“对象类型”字节部分定义如下

0　　模拟输入

1　　模拟输出

3　　二进制输入

4　　二进制输出

7　　命令

16　　程序

②“模块地址”字节。该字节 B6 和 B5 均为“0”；B7 为“0”时，低五位为对象所在模块的地址。

③“模块内句柄”字节。模块内句柄由模块自由分配。0XH 句柄为

模块级对象使用句柄；1XH 句柄为程序对象使用句柄；参数类对象使用的句柄应从 20H 开始顺序排列。

2）特性 ID。全部参数均以某对象的某特性的形式表示，因而确定了对象 ID 和特性 ID，就可在全系统唯寻找到该参数。

特性 ID 通常有下列若干种：

(ID)	(用户标识)	(含义)
22	DX	执行数变发的 ΔX 值
25	DB	死区，用以表示 $Y=A$（$X-B$）线性变换式中的 B 值
31	ET	设备类型，用于描述外接电阻型号或输出对象的安全特性
36	ES	事件状态，用于报警
45	HL	上限，用于规定报警限
46	NV	事件说明，用于对事件状态作补充说明
59	LL	下限，用于规定报警限
65	UV	最大值，用于描述相关联的对象当前值之间的线性对应关系
69	MP	最小值，用于描述相关联的对象当前值之间的线性对应关系
75	OI	对象 ID
77	OM	对象名称
79	TO	对象类型
85	CV	当前值
90	PC	程序请求
92	PS	程序运行状态
106	SU	增益，用以表示 $Y=A$（$X-B$）线性变换式中的 A 值
110	ST	状态文本，用于说明多态对象当前值的各状态代码的意义
113	TD	时间延迟
118	UD	刷新间隔

3）参数标签。参数前面必须挂有标签，以标明该参数的数型。参数标签通常由单字节构成。

(B7)	(B6)	(B5)	(B4)	
0	0	0	0	无参数
0	0	0	1	布尔量
0	0	1	0	无符号整型
0	0	1	1	有符号整型（2的补码）
0	1	0	0	浮点数
0	1	1	1	ASCⅡ字符串
1	0	1	1	时间型

4）事件状态代码。事件状态代码为单字节无符号整型，其意义如下：

0	正常
1	故障
2	不正常
3	高限
4	低限
16	进入安全模式

5）程序请求和程序状态代码

①程序请求代码

0	ready
1	load
2	run
3	halt
4	restart
5	unload

②程序状态代码

0	idle
1	loading
2	running
3	waiting

4　　　restarting

5　　　unloading

（5）服务选择

信息帧“内容”的“服务请求”部分紧跟在信息帧“内容”的固定部分之后，“服务请求”由若干个字节构成，不同的“服务选择”决定了不同的“服务请求”信息帧格式。

1）对象的创建

创建对象要求的“服务请求”信息较长，既可以使用一个较长的帧发送也可以使用多个分帧进行发送。下面以使用多个分帧进行发送的形式进行举例：

服务选择	特性 ID	标签	对象名称	
… 10	对象 ID			（第一分帧）
… 10	特性 ID			（第二分帧）
… 10	117	21H	工程单位	（第三分帧）
… 10	85	44H	当前值	（第四分帧）
… 10	31	72H	设备类型	（第五分帧）
… 10	22	44H	数变发门限	（第六分帧）
… 10	36	21H	事件状态	（第七分帧）

2）发送参数

服务选择	对象 ID	特性 ID	标签	值	
… 15	XX，XX，XX	85	44H	XX，XX，XX，XX	（浮点数）
… 15	XX，XX，XX	85	11H		（布尔量）

3）非对象服务

非对象服务是指那些与对象访问无直接关系的服务，该信息帧的“服务选择”之后不是跟着对象 ID 而是操作符。操作符是单字节无符号整型数。非对象服务信息帧的基本格式如下：

服务选择	操作符

非对象服务的操作符列表如下：

①网络服务类

信息帧名称　　　　　　　　　　操作符

a. 索要模块类型　　　　　　　　　00H

b. 报告模块类型 01H
c. 便携机登记请求 02H
d. 便携机退出请求 03H
e. 安装开始报告 04H
f. 安装开始报告 05H
g. 发送非 I/O 模块地址表 06H
h. 允许模块创建对象 08H
i. 模块创建对象结束报告 09H
j. 发送下位机登录用的站名 0AH
k. 下位机登录命令 0BH
l. 向模块点名 0CH
m. 向模块分配序号 0DH

②命令类

信息帧名称 操作符
a. 屏蔽数变发 10H
b. 唤醒数变发 11H
c. 保存输出对象当前值 12H
d. 调出输出对象当前值 13H
e. 请求安装 15H
f. 下载后创建请求 16H
g. 下载后创建命令 17H
h. 索要模块创建记录 18H
i. 索要全部 RAM 中的输出对象当前值 1AH

③通知报告类

信息帧名称 操作符
a. BUSY 解除通知 20H
b. 就绪通知 21H
c. 全部输出对象当前值发送完 22H
d. 修改模块工作模式开始 28H
e. 改变创建结束 29H
f. 允许改变创建 2AH
g. 允许安装 2BH

h. 输出对象当前值发送完成　　2CH

i. 下载后创建开始报告　　2DH

j. 错误报告　　2FH

第三节　系统的施工、验收

学习目标

通过学习，能够编制施工组织（设计）方案，编制和整理系统竣工文件、协助建设方完成系统验收工作。

相关知识

一、编制施工组织（设计）方案的要求与内容

1. 一般规定

（1）施工组织设计的内容应具有真实性，能够客观反映实际情况。

（2）施工组织设计的内容应涵盖项目的施工全过程，做到技术先进，部署合理，工艺成熟，针对性、指导性、可操作性强。

（3）施工组织设计中，分部、分项工程施工方法应在实施阶段细化，必要时可单独编制。

（4）施工组织设计中，大型施工方案的可行性，在投标阶段应经过初步论证，在实施阶段应进行细化并审慎详细论证。

（5）施工组织设计涉及的新技术、新工艺、新材料和新设备应用，应通过有关部门组织的鉴定。

（6）施工组织设计的内容应包括常规内容和施工方法，同时根据工程实际情况和企业资质可增设附加内容。

2. 常规内容

（1）编制依据及说明

（2）工程概况

1）工程构成状况。

2）各专业工程设计概况。

3）建设项目的现场条件。

（3）施工准备工作

1）需要业主完成的施工准备工作。

2）施工单位的准备工作。

（4）施工管理组织机构

1）施工管理组织机构设置。

2）项目经理部决策层岗位职责和各管理部门职责。

3）项目主要管理人员的简历及证书复印件。

（5）施工部署

1）工程总体目标。

2）工程总体施工方案。

（6）施工现场平面布置与管理

1）施工现场各个不同阶段的平面布置。

2）施工临时用水。

3）施工临时用电。

4）施工现场平面管理规划。

（7）施工进度计划

1）工期控制目标。

2）施工进度计划。

3）工期保证措施。

（8）资源需求计划

1）劳动力需求计划。

2）主要材料和预制品需求计划。

3）机械设备、大型工具、器具需求计划。

4）生产工艺设备需求计划。

5）施工设施需求计划。

（9）工程质量保证措施

1）质量管理组织机构。

2）保证质量的技术管理措施。

3）工程计量管理措施。

4）材料检验制度。

5）工程技术档案管理措施。

6）工程质量的保修计划。

（10）安全生产保证措施

1）安全生产管理组织机构。

2）保证安全生产的技术管理措施。

（11）文明施工、环境保护保证措施

1）文明施工及环境保护管理组织机构。

2）文明施工及环境保护措施。

（12）不同季节的施工保证措施

不同的施工保证措施应根据下列因素综合考虑：

1）当地的气候特点。

2）场地位置。

3）现场条件；

4）冬季寒冷、夏季高温时的施工特点。

3. 分部、分项工程施工方法

施工组织设计内容应包括分部、分项工程施工方法。分部、分项工程施工方法应涵盖工程项目的各个专业。

（1）分部、分项工程施工方法宜包括下列内容

1）施工准备。

2）材料构件。

3）机具设备。

4）工艺流程。

5）操作要点。

6）检验检测。

7）质量控制。

8）安全环保。

9）成品保护。

（2）工程施工的重点和难点宜根据下列因素综合考虑

1）企业和项目部经理自身的施工经验。

2）场地和气候的特点。

3）机械设备和人员素质能力。

4）工程的复杂程度和技术要求。

4. 附加内容

下列专题宜作为施工组织设计的附加内容：

（1）新技术、新工艺、新材料和新设备应用

结合工程的实际情况，应推广应用新技术、新工艺、新材料和新设备。当采用“四新”技术时，施工组织设计宜包括下列内容：

1）“四新”技术名称和简介。

2）应用部位和范围。

3）注意事项及采取措施。

4）社会效益和经济效益。

（2）成本控制措施

成本控制措施宜包括下列内容：

1）成本控制目标。

2）降低成本的措施。

（3）施工风险防范

项目施工风险应根据施工经验、社会发展、国际环境、工程特点和施工周期等因素进行综合预测。施工风险防范宜包括下列内容：

1）项目施工风险。

2）风险管理重点。

3）风险防范对策。

4）风险管理责任。

（4）总承包管理与协调

当工程采用总承包方式时，宜编制下列内容：

1）总承包管理工作内容。

2）总承包管理计划。

3）对各分包单位的管理措施。

4）与各分包单位的协调配合措施。

（5）工程创优计划及保证措施

当有创优目标时，宜编制下列内容：

1）工程创优计划。

2）创优组织机构。

3）创优保证措施。

二、系统竣工验收的程序

1. 验收包括的内容

建筑设备监控系统验收包括的内容见表 4—6。

表 4—6　　建筑设备监控系统验收内容表

阶段	验收项目	验收内容	验收方式
施工前	环境要求	已完成机房、弱电竖井的建筑施工；预埋管及预留孔符合设计要求；空调与通风设备、给排水设备、动力设备、照明控制箱、电梯等设备安装就位，并应预留好设计文件中要求的控制信号接入点	施工前检查
	设备及材料的检查	外观检查；规格、品种、数量的检查；电缆、电气性能的检查	施工前检查
	软件产品的检查	使用许可、使用范围的检查；软件功能的检查；文档资料的检查	施工前检查
施工过程中	缆线布放检查	线管敷设检查；桥架、线槽敷设检查；缆线敷设检查	随工检查
施工过程中	原器件、设备安装检查	传感器、电动调节阀、电动开关、电动阀门、驱动器及执行器、控制柜安装时的检查；智能分站（DDC）安装检查；中央工作站设备安装检查	随工检查
系统测试	线路检查	线路外观检查；线路连接校验	竣工验收
	功能测试	系统功能检测；系统实时性检测；系统可维护功能检测；系统可靠性检测	
	系统接地	符合设计文件要求	
工程总验收	竣工技术文件	清点、交接技术文件	竣工验收
	工程验收评价	考核工程质量，确认验收结果	

2. 验收报告的内容

建筑设备监控系统验收报告应由验收机构负责填写，报告内容应包括：建设单位、设计单位、监理单位、承包单位、检测单位的名称，建设工程名称，工程概况，系统简介等。验收机构将对工程合同技术文件，设计变更审核记录，工程实施及质量控制检验报告及记录，系统检测报告及记录，系统的技术、操作和维护手册，施工图样及竣工文件，重大施工事故报告及处理记录，监理文件的完整性和准确性给出审查结果并对系统竣工验收得出结论。结论包括：工程实施及质量控制检验结论、系统检测结论、系统检测抽验结果、感观质量验收结论、资料审查结论、人员培训考评结论、运行管理队伍及规章制度审查结论、设计等级要求评定结论、系统验收总结论。

能力要求

一、编制施工组织（设计）方案

1. 施工组织（设计）方案的编制流程

由于施工工程项目的大小不同，所要求编制组织设计的内容也有所不同，但其方法和步骤基本大同小异，大致可按以下步骤进行。

（1）收集编制依据文件和资料

1）工程项目设计施工图样。

2）工程项目所要求的施工进度和要求。

3）施工定额、工程概况预算及有关技术经济指标。

4）施工中可配备的劳力、材料和机械装备情况。

5）施工现场的自然条件和技术经济资料。

（2）编写工程概况

主要阐述工程的概貌、特征和特点以及有关要求等。

（3）选择施工方案、确定施工方法

主要确定工程施工的先后顺序，选择施工机械类型及其合理布置，明确工程施工的流向及流水参数的计算，确定主要项目的施工方法等。

（4）制定施工进度计划

包括对分部、分项工程量的计算、绘制进度图表，对进度计划的调整、平衡等。

（5）制定资源用量和供应计划

计算施工现场所需要的各种资源用量及其供应计划。

（6）绘制施工平面图

要求绘制出施工平面图样。

（7）其他

指出有关工序的质量通病和易于发生安全问题的环节。定出防治措施，制定降低成本（如，节约劳力、材料、机具及临时设施费等）的具体措施，以及超奖减罚等的具体要求和技术指标。

2. 技术准备

（1）学习和掌握建筑设备监控系统工程有关的规范和标准

建筑设备监控系统工程的施工，应严格遵守智能建筑工程施工验收规范和所在地区的安装工艺标准及当地有关部门的各项规定。

国家颁布的安装施工及验收规范主要有：

《民用建筑电气设计规范》（JBJ/T 16—92）

《通信光缆的一般要求》（GB/T 7424—87）

《工业企业通信设计规范》（GBJ 42—81）

《建筑给排水及采暖工程施工质量验收规范》（GB 50242—2002）

《通风与空调工程施工质量验收规范》（GB 50243—2002）

《建筑电气工程施工质量验收规范》（GB 50303—2002）

《智能建筑工程质量验收规范》（GB 50339—2003）

《自动化仪表工程及验收规范》（GB 50093—2002）

（2）熟悉和会审图样

图样是工程的语言、施工的依据。施工之前，施工及施工管理人员应首先熟悉施工图样，了解设计内容及设计意图，明确工程所采用的设备和材料，明确图样所提出的施工要求，核对土建与安装图样之间有无矛盾和错误，明确建筑设备监控系统工程和主体工程以及其他安装工程的交叉配合，以便及早采取措施，确保在施工过程中不破坏建筑物的强度、外观，不与其他工程发生位置冲突。

设计单位应在施工准备阶段完成所有的施工图样设计，其中包括：系统图样、平面施工图样、设备安装图样及其他必要的技术文件。

建筑设备监控系统工程施工图样中要清楚地绘制出有关线槽、桥架的规格尺寸、安装工艺要求，设备的平面布置。并应标出有关尺寸，设备、管线编号，型号规格，说明安装方式等。施工平面图样上还应注明预留管线、孔洞的平面布置，开口尺寸以及标高等。

在图样会审前，施工单位负责施工的专业技术人员应预先认真阅读、熟悉图样的内容和要求，把疑难问题整理并记录下来，在图样会审和设计交底时逐项解决。

图样会审应由建设单位组织智能建筑工程总包方、设计单位、设备供应商、施工安装承包单位有步骤地进行，并按照工程的性质、图样的内容等分别组织会审工作。会审结果应形成纪要，由建设、设计、施工三方共同签字，形成设计文件的补充技术资料。

（3）智能建筑系统施工工期时间表

在工程合约签订以后，应由建设方组织系统设备供应商、机电设备供应商、工程安装承包商进行工程施工界面的协调和确认，从而形成智能建筑系统工程施工时间表。该时间表主要内容包括：系统施工图样的确认或二次深化设计、设备选购、管线施工、设备安装前单体（进货）验收、设备安装、系统调试开通、系统竣工验收和培训等。同时工程施工界面协调和确认应形成纪要或界面协调文件。

（4）技术交底

技术交底包括设计单位（或负责二次深化设计的智能建筑工程总承包商）与工程安装承包商、各分系统承包商与机电设备供应商、工程安装承包商与机电设备供应商、工程安装承包商内部负责施工的专业工程师与工程项目技术主管的技术交底工作，它们应分级、分层次进行。

设计单位与工程安装承包商之间的技术交底的目的在于以下两个方面：一是明确所承担施工任务的特点、技术质量要求、系统的划分、施工工艺、施工要点和注意事项等，做到心中有数，以利于有计划、有组织地完成任务。工程项目经理可以进一步帮助工人理解消化图样。二是对工程技术的具体要求、安全措施、施工程序、配置的工机具等作详细地说明，使责任明确，各负其责。

技术交底最关键的是施工技术人员一级的交底，实际上是专业性的技术交底，是技术交底工作中的关键环节，是把上级对有关工程施工的技术要求落实到实际工程项目上的重要步骤，既要交代技术要求又要说明实际操作的过程。

技术交底的主要内容包括：设计要求，细部做法和施工组织设计中的有关要求，工程的用料材质，施工机具设备性能参数，施工条件，施工顺序，施工方法，施工中采用的新技术、新工艺、新设备、新材料的性能和操作使用方法，预埋部件注意事项，相关工程质量标准，成品保护和验收评定标准，施工中安全注意事项等。

技术交底的方式有书面技术交底、会议交底、施工组织设计交底、分部、分项工程技术交底和口头交底。几种不同的交底方式，可根据工程的实际情况，因地制宜地参考使用。技术交底编写遵循针对性、可行性、完整性、及时性和科学性原则，并做好交底记录，装入竣工技术档案中。

3. 施工组织（设计）方案的编制

建筑设备监控系统施工组织（设计）方案一般包括工程概况、施工方案和施工方法、施工进度计划、施工准备工作计划、各项资源需要量计划、质量保证体系、施工平面图、技术经济指标等部分。对于较简单建筑设备监控系统其施工组织（设计）方案可以简化，主要包括工程概况、施工方案、进度计划等。下面是编写较简单施工组织（设计）方案的细化提纲。

（1）工程概况

1）工程特点。包括工程种类、名称、地点、内容、工程量、交付使用的时间、建设单位和设计单位等。

2）施工地点的特征。包括施工部位的特征、规模、施工地点的地质情况、地下水及当地的气候情况等。

3）施工条件。包括现场条件与协作单位的施工配合条件和其他工种交叉情况、材料和预制加工品的供应情况、劳动力和机械运输情况等。

（2）施工方案和施工方法

施工方案和施工方法的选定，应在拟订的几个可行的方案和方法中进行分析比较，选用最优的。选用时应注意下列事项：

1）施工程序安排

①做好施工准备工作后再施工。

②摆正建筑设备监控系统工程施工在全局的地位。

③严格按施工工艺要求安排施工流向。

④要注意施工最后阶段的收尾、调试、使用前的准备及交工验收等

工作。

2）流水段的划分

①要使各流水段之间具有相对的独立性和整体性。

②各段的工程量应大致相等，使各组工人在此段上工作的时间也应相同。

③流水段的大小和多少要适当，既要与施工工艺相协调，又要和劳动组织相适应。

3）施工机具的选择

施工机具应遵循符合需要、切合实际、经济合理的原则进行选择。

4）主要项目施工方法的选择

①主要项目施工方法的选择应方法可行、条件允许、可以满足施工工艺的要求。

②主要项目施工方法的选择应符合国家和地方颁布的施工验收规范和质量评定标准的有关规定。

③主要项目施工方法的选择应尽量选择那些经过试验鉴定的科学、先进、安全、节约的方法，尽可能进行技术经济分析。

④主要项目施工方法的选择要与选择的施工机具及划分流水段相协调。

5）技术组织措施

技术组织措施是指在技术上、组织方面对保证质量、安全、节约和季节施工所采用的方法。

（3）施工进度计划的编制

施工进度计划是在确定了施工方案的基础上，对工程的施工程序、各个项目的延续时间及项目之间的搭接关系、工程的开工时间、竣工时间及总工期等作出安排。在此基础上，可以编制劳动力计划，材料供应计划，成品、半成品计划，机具需用量计划等。施工进度计划是组织施工设计中一项非常重要的内容。

1）编制依据。施工组织总设计进度计划、施工方案、施工预算和定额、资源供应情况、上级和建设单位对工期的要求等，都是编制施工进度计划的依据。

2）施工项目的划分。施工项目划分的粗细程度，应根据计划的需求来决定。一般划分项目应顺序列成表格，编排序号。凡是与工程施工直接有关的内容均应列入，非直接施工辅助性项目和服务性项目不必列入。划分项目应与施工方案一致。

3）计算工程量和确定项目延续时间。计算工程量应针对划分的每一个项目并分段进行。可套用施工预算的工程量，也可以根据图样并按施工方案自行计算或根据施工预算加工整理。

项目的延续时间最好是按正常情况确定，它的费用一般是最低的。待编制出初始计划并经过计算，再结合实际情况作必要的调整，这是避免盲目抢工而造成浪费的有效方法。但现在一般是按实际施工条件来估算项目的延续时间，这样较为简便。

4）确定施工顺序。确定施工顺序是为了按照施工的技术规律和合理的组织关系，解决各项目之间在时间上的先后和问题，以做到保证质量、安全施工、充分利用空间、争取时间、实现合理安排工期的目的。

当施工方案确定后，项目之间的工艺顺序也就随之确定了，若违背这种关系，将会出现质量、安全事故或造成返工浪费。

由于劳动力、机具和材料等资源的组织和安排需要形成各项之间的先后顺序关系，不是由工程本身决定的，而是人为的。所以，组织方式不但可以调整，而且应该按规律、按管理需要和管理水平进行优化，并将工艺关系和组织关系有机地综合起来，形成项目之间的合理的顺序关系。

5）流水作业的组织。流水作业是一种科学组织生产的方法。它建立在分工、协作和大批量生产基础上。施工进度计划的编制应当以流水作业原理为依据，以便使生产有鲜明的节奏性、均衡性和连续性。

按流水作业法划分的每一个施工过程或工序（也称施工段），应由固定的施工队（班组）负责完成；并确定各施工队（班组）在各施工段上的工作持续时间（称流水节拍）；各施工队（班组）按一定的施工工艺，配合必要的机具，依次地、连续地由一个施工段转移到另一个施工段，反复完成同类工作；不同的施工队（班组）完成工作的时间应适当起来。

6）施工进度计划的评估。为了鉴别计划的可行性，应从时间、技术经济效果、劳动力均衡情况等方面进行评估。若有不合理之处，应重新调整。

二、系统的竣工验收

1. 系统竣工验收的时间

建筑设备监控系统竣工验收应在系统正常连续投入运行时间超过3个月后进行。

2. 系统竣工验收的文件资料

建筑设备监控系统竣工验收的文件资料应包括以下内容：

（1）工程合同技术文件。

（2）竣工图样

1）设计说明。

2）系统结构图。

3）各子系统控制原理图。

4）设备布置及管线平面图。

5）控制系统配电箱、电气原理图。

6）相关监控设备电气接线图。

7）中央控制室设备布置图。

8）设备清单。

9）监控点（I/O）表等。

（3）系统设备产品说明书

（4）系统技术、操作和维护手册

（5）设备及系统测试记录

1）设备测试记录。

2）系统功能检查及测试记录。

3）系统联动功能测试记录。

（6）其他文件

1）工程实施及质量控制记录。

2）相关工程质量事故报告表。

3. 竣工验收结论与处理

（1）建筑设备监控系统竣工验收内容

1）工程实施及质量控制检查。

2）系统检测合格。

3）运行管理队伍组建完成，管理制度健全。

4）运行管理人员已完成培训，并具备独立上岗能力。

5）竣工验收文件资料完整。

6）系统检测项目的抽检和复核应符合设计要求。

7）观感质量验收应符合要求。

8）根据《智能建筑设计标准》（GB/T 50314—2000）的规定，智能建筑的等级符合设计的等级标准。

（2）竣工验收结论与处理

1）竣工验收结论分合格和不合格。

2）竣工验收内容条款全部符合要求，为各系统竣工验收合格，否则为不合格。

3）各系统竣工验收合格，为智能建筑工程竣工验收合格。

4）竣工验收发现不合格的系统或子系统时，建设单位应责成责任单位限期整改，直到重新验收合格；整改后仍无法满足安全使用要求的系统不得通过竣工验收。

5）竣工验收时应按《智能建筑工程质量验收规范》（GB 50339—2003）中的要求填写资料审查结果和验收结论。

第四节　系统的管理

学习目标

通过学习，能够编制年度的保养和大修计划，制定系统升级的方案。了解建筑设备监控系统的系统集成。

相关知识

一、设备档案管理

1. 基本原则

（1）建立设备档案

在设备购置、验收、调试、运行、管理、维修、改造、报废等活动中，具有保存利用价值的文字、图表、声像载体材料，以及随机材料均需纳入设备档案管理内容。

（2）实施统一管理

设备档案是智能建筑档案的组成部分，必须坚持集中统一管理的原则，任何单位和个人不得据为己有。

（3）档案移交制度

设备档案的收集与归档，是固定资产管理工作和设备管理工作的组成部分。要设专人负责收集、整理、立卷，按规定向档案馆移交。

2. 归档内容

（1）申购计划报告、准购批示、定购合同复本。

（2）开箱记录及装箱单、验收报告。

（3）安装调试记录、双方签字移交文件、保修单。

（4）仪器设备技术说明书及全套随机文件材料。

（5）索赔来往文件及结果文件。

（6）使用、检修、故障事故记录（设备履历书）。

（7）设备管理规章制度。

3. 档案保管期限

设备档案的保管期限一般为长期保管。

4. 档案员立卷职责

（1）档案员应执行《中华人民共和国档案法》及有关规定，遵守企业档案管理规章制度。

（2）设备档案员负责从设备申购到验收完毕（进口设备到索赔期满）过程中的管理性文件和技术性文件的收集、积累、立卷、归档工作。

（3）档案员负责对设备随机文件材料及开箱、调试、验收、使用记录等文件材料的收集、积累并及时整理、移交设备管理部门。

（4）设备到现场后，管理部门在建账、建卡、登记、编号以后，填写相应的设备履历登记表。书写要用钢笔或签字笔，要求字迹工整，图样清晰。

（5）严格执行档案借阅制度，认真履行借阅档案报批手续。

5. 归档时间

仪器设备档案的归档时间为仪器设备验收完毕投入使用后两个月，

进口设备为索赔期满后二个月。

6. 档案借阅

档案借出的期限一般不得超过两个星期，如需要继续使用档案，需办理续借手续。使用部门在借用期间必须妥善保管，不得丢失损坏，并按规定时限归还。

二、设备技术管理

1. 设备资料管理

全面收集设备技术资料，进行分类、排序、存储。做到设备编号和技术标牌齐全，设备资产账、物、卡相符。对设备实行全过程的管理，从选型、安装、调试、使用、维修、改造，直至报废更新等都实施管理。

2. 电气设备管理

一台设备、一项装置往往是多种高新技术的综合体现，电气设备管理是设备管理工作的重要内容。电气设备管理必须与设备结合在一起管理，建立《电气设备台账》《电气设备定期保养表》《电气设备检修计划表》等，定期实施并如实填写，以确保电气设备安全运行。

3. 设备日常管理

对企业设备的小修和大修、技术改造、设备故障、生产能源消耗、设备运转时间等信息要进行详细记录。便于设备管理人员根据记录制定最佳维修方案，并指导维修人员按照设备运转部位的性能、技术要求、运转情况，采取正确的维修方法，缩短因设备修理而停机的时间。

4. 设备故障管理

设备故障管理主要记录设备故障发生的日期、故障维修方式、故障类型，并掌握设备运转状态和磨损情况。设备管理人员根据对历次设备故障记录的分析，故障类型的统计可得出易损零配件，在正常条件下的磨损和使用期限，有计划地进行更换维修；对非正常的设备故障，设备管理人员可采取相应的措施，进行改进性维修，降低故障率。

5. 安全技术管理

把企业的安全技术管理，纳入设备日常管理工作之中。专门设置《安全技术管理台账》《安全事故报告单》对事故调查分析，如实反映事故，并进行正确及时的处理。把“安全第一，预防为主”方针落实到各个有关部门，使企业最高领导到第一线的操作人员，都直接和间接地参与到安全管理工作中，承担相应的职责。

6. 设备管理信息系统

利用先进的设备管理信息系统软件，规范设备基础信息和工作流程，保证企业设备系统和设备管理工作的标准化、制度化和程序化，保证信息的准确性和工作的高效性。通过计算机实现对设备资产运行的有效管理和监督，建立动态的设备统计系统，加强设备的终生管理，延长设备的经济使用寿命。

7. 设备管理经济技术指标考核

传统的设备管理，只强调设备的技术状态最好，忽视维修费用与管理费用的经济性。制作《设备管理技术指标报表》和《设备管理经济指标报表》，从宏观的角度反映设备管理的技术成果和经济成果，要求设备经常保持良好的运行状态，设备维修和管理费用支出合理。

能力要求

一、制定管理方案

为了使系统真正起到为大厦的管理者提供方便的管理手段，为大厦的经营者减少能耗并降低管理成本，为物业管理现代化提供物质基础，建筑设备监控系统的维护保养和管理至关重要。所以要对系统的修理计划和升级方案进行编制。

1. 编制系统的年度小修、大修和保养计划

（1）系统的年度小修计划内容

1）更换前端所测模拟信号不准的温度传感器、湿度传感器、压力传感器和执行器等。

2）更换子系统（DDC站）无法修复的直接数字控制器和开关电源等。

3）整理报警故障数据中央监控站的显示器和打印机，看是否能以报表、图形及趋势图方式显示或打印。

4）根据报表图形及趋势图，修改重要设备运行的时间、区域、编号和状态的信息。

5）根据日常数据记录增减前端传感器数量。

6）按实际情况更换传感器的安装位置。

7）更换水阀口径不合适的电动水阀，确保达到控制目的。

8）利用时间程序根据需求重新调整、安装所控照明回路，以达到节能的目的。

9）检修系统前端设备的暖通设备和电气设备。例如，清洗各类过滤网和更换各类开关。

10）检修与楼宇自控系统监控相关的动力配电箱。

（2）系统的年度大修计划内容

1）根据系统的设备设施使用的频度，酌情计划更换设备、设施。

2）根据本系统的设备设施运行状况（包括故障隐患）和事故报告内容做大修内容计划。

3）合理制定实施计划的时间。

4）做好外委维修内容计划。

5）计算大修工作的预计费用。

（3）系统的保养计划内容

为了确保建筑设备监控系统运行良好，智能楼宇管理师在日常维护工作的基础上，还要做好系统的维护保养工作计划。制定保养计划内容时应包括以下内容：

1）中央控制站的保养计划内容

①一天一检查现场执行机构或对象是否动作正确。

②一天一检查人机界面是否正常，由中央监控站屏幕的画面查询、控制设备状态，观察设备运行过程是否直观、操作方便，以证实界面的友好性。

③一天一检查中央监控站显示器和打印机是否能以报表、图形及趋势图方式，提供所有或重要设备运行的时间、区域、编号和状态的信息。

④一星期一检测下属系统模拟输出量或数字输出量是否正常。

⑤一星期一检测中央控制站是否具有设备组的状态自诊断功能。

⑥一星期一检测中央控制站所设的控制对象参数与现场所测得的对象参数是否与设计精度相符。

⑦一个月进行一次人为在DDC站的输入侧制造故障，检查在中央监控站屏幕上是否有报警故障数据登录、并发出声响提示，及其响应时间。

⑧一个月进行一次人为制造中央控制站失电，重新恢复送电后，检查中央控制站能否自动恢复全部监控管理功能。

⑨一个季度检测一次中央控制站赋予操作人员的操作权限是否有效，以确保楼宇自动化系统的安全。应从非法操作、越权操作的拒绝，给以证实。

2）系统（DDC站）的保养计划内容

①一星期一检测子系统（DDC站）时钟是否与中央监控站时钟保持同步，以实现中央监控站对各类子系统（DDC站）进行监控。

②一个月进行一次人为制造中央监控站停机，观察各子系统（DDC站）能否正常工作。

③一个月进行一次人为制造子系统（DDC站）失电，重新恢复送电后，子系统能否自动恢复失电前设置的运行状态。

④一个月进行一次人为制造子系统（DDC站）与中央监控站通信网络中断，现场设备是否保持正常的自动运行状态，中央监控站是否有DDC站高线故障报警信号登录。

3）现场设备（传感器、变送器、执行机构等）的保养计划内容

①一天一检查在中央监控站控制下的执行机构动作是否正常。

②一星期一检测中央监控站所显示的数据、状态是否与现场的读数、状态一致。

③一个月一检测执行机构的动作或动作顺序是否与设计的工艺相符。

④一个月一检测当参数超过允许范围时，是否产生报警信号。

2. 编制系统的备件购置计划

（1）根据系统设备设施情况制定备品备件清单

1）根据本系统设备设施情况确定易耗、易损配件清单，结合系统所配备的设备的数量，提出至少应保证3年所需的备品备件清单。

2）制定国内可以采购到或能加工的、技术含量较低的备品备件购置计划。

3）制定国内采购不到，技术含量较高必须进口的备品备件明细，并应考虑到资金的占压，提出合理的最低限额。

4）制定备件购置计划时，要对同型号、同品牌的备件设计合理的最低限额。

5）考虑到进口配件供货周期长的因素，制定一些重要设备的备件购

置计划时，必须保证一定量的库存。

（2）系统备件购置计划的制定

制定系统设备、设施月度和年度的维修保养计划的同时要与仓库管理员配合，合理制定备品备件采购计划，确保工程部备件齐全，仓储数量经济、合理。通常以表格形式报批，见表4—7、表4—8。

表4—7　　备品备件计划表

编报日期			编报人员			
需求部门			使用时限			
序号	名称	型号及规格	品牌	单位	数量	制造厂

备注：

部门主管：　　审核：

表4—8　　紧急物品申购表

序号	物品名称	型号及规格	特殊需求	数量

主要事项说明：

部门主管签字：

续表

主管经理审批：	总经理审批：

3. 编制中控值班室管理制度

（1）制定中控值班室值班员的岗位职责

1）确定值班员的职责范围和工作标准

①规定值班员的职责范围和逐级上报程序。

②制定值班员的工作标准，包括各类记录表的填写标准。

2）制定值班员的工作程序要点

①交接班工作内容。

②交班和接班人员在交接班时的注意事项，包括交班前工作内容和不准交接班内容。

③公用工具、器具、消防器材的管理内容。

（2）制定中控值班室门禁管理规定

1）规定中控值班室门禁许可内容。

2）规定中控值班室来宾申请程序。

3）规定来宾进入中控值班室的方式。

（3）制定中控值班室公用工具、器具、消防器材的管理规定

1）公用工具、器具的使用、保管规定内容。

2）公用工具、器具的损坏报废更新办法。

3）手持消防器材的管理规定。

（4）制定中控值班室卫生管理制度内容

1）规定卫生责任范围。

2）制定设备卫生和环境卫生的工作标准。

（5）设计中控值班室各类记录表格

1）系统运行记录表。

2）交接班记录表。

3）故障处理记录表。

4）设备缺陷记录表。

5）工具、器具借用记录表。

6）值班室来访许可证。

7）来宾登记记录表。

二、制定系统的升级、更新方案

1. 系统软件的升级方案

智能建筑楼宇自控系统将建筑内所有设备集成为一个系统，实现信息共享，进行综合管理，其作用和效益是巨大的。要实现这些作用和效益，就必须实施优化，建筑智能化工程的最优化设计离不开软件升级，系统优化和软件升级应考虑有以下内容：

（1）可以从系统的各种可能结构和参数中找到最佳匹配，使整体效能最佳，从而提高系统的效率，降低投资和运行费用。

（2）可以对系统及其过程进行定量化的状态模拟，减少控制环节，提高可靠性与稳定性，使发生故障概率降到最低可能限度，系统响应输出最优化，通过优化控制方案达到节能目的。

（3）强调系统中的电力、照明、电梯等自控子系统的一次到位，使节能、节人的措施一次到位，节费、节约的效果一次实现。

（4）更加强调开放式的平台。要求子系统具有开放式结构和协议，具有标准化、规范化的接口，从而使各自分离的设备、功能和信息能集成到相互关联的统一协调的系统之中。

（5）更加强调系统集成。首先要实现以BAS为主体的BMS系统集成，以实现BAS与SAS、FAS之间的联动控制信息的集成，还要与CAS及OAS实现物理上、逻辑上和功能上的连接，实现信息综合与资源共享，以构成IBMS系统。

2. 制定系统报废与更新方案

（1）系统报废管理

系统报废管理遵循设备管理中的设备报废审批程序，主要内容有：设备名称、设备编号、设备型号、安装位置、产地及出产商、使用年限、大修次数及维修记录、原值、报废原因说明、残留物处理办法、财务处理办法以及各级领导审批等（见表4—9）。

表 4—9　　　　设备报废审批表

设备所在部门：

设备名称				设备编号		
型号		已使用年限		产地及出产商		
原值		已大修次数和修理费用			安装位置	
设备现状和报废理由	填报人签名/日期：					
使用部门鉴定意见	鉴定人员签名/日期：					
残留物的处理办法	签名/日期：					
财务会计处理办法	签名/日期：					
财务主管意见	签名/日期：					
主管经理审核	签名/日期：					
公司总经理审批	签名/日期：					
备注：						

（2）系统更新方案

1）系统自动控制设备的更新

系统自动控制设备主要包括各类传感器、变送器和执行机构。传感器、变送器在将各种物理量（温度、湿度、压差、流量、电动阀开度、液位、电压、电流、功率、功率因数、运行状态等）转换成相应的电信号的长期运行中难免会出现这样那样的故障，各类执行机构根据 DDC 输出的控制信号频繁动作时也是如此。在坚持日常的维护管理工作的同时还要及时识别现场设备的故障点，在此过程中有的可以维修，有的则需要更换。在更换现场设备的过程中，由于电子产品业的迅猛发展，原型号的现场设备大多被新型号所淘汰。因此，要求管理者要尽快选型找到相应的替代设备，从而实现系统现场设备的更新。例如，目前配置有微处理机的数字式、智能式传感器和执行器已经出现，它具有分布智能和通信能力，采用开放式通信协议。同时，无线传感器也已逐渐进入市场。这些产品的面世都给模拟量信号和开关数字信号的传感器和执行器的更新提供了更多选择。

2）直接数字控制器（DDC）的更新

①直接数字控制器故障。直接数字控制器通过故障诊断后确认自身有故障，且经过制造商确定没有维修价值，则应按设备管理中报废审批

程序申请报废，同时更换同型号同规格的控制器。

②直接数字控制器监控点数不足，由于监视和控制系统中有关机电设备系统的改造而增加了自控点数，从而原有控制器不能满足控制点数要求，则要更换相应规格容量的直接数字控制器（DDC）以满足要求。

③随着某层智能建筑物结构功能的改造而改变设备运行方式、增加控制内容或改变控制内容，则要通过现场标准串行数据接口和通过网络操作，将数据重新写入直接数字控制器（DDC）控制器。同时，要对应用软件进行一系列的调整更新。

第五章

安全防范系统的设计与验收

第一节　系统的设计

学习目标

通过本节内容的学习，使学员掌握安全防范系统的设计方法，能够完成安全防范系统的系统设计和设备选型。

相关知识

一、安全防范系统设计原则

智能建筑安全防范系统工程的设计，应根据建设单位设计任务书、现场勘查报告和安全防范级别及行业特点进行系统工程设计，不同行业、不同防范级别的安全要求是不相同的。设计中应根据不同行业，不同防范级别的要求，以及建设单位特殊防范的重点等，从安全性、科学性和对人为破坏的抵抗和防御能力出发，配置符合要求的安全防范系统设备，组成相应的安全防范系统。

安全防范系统的设计应根据建筑物的使用功能、建设标准及安全防范管理的需要，综合运用电子信息技术、计算机网络技术、安全防范技术等，构成先进、可靠、经济、配套的安全技术防范体系。

安全防范系统的系统设计及其各子系统的配置须遵照国家相关安全防范技术规程并符合先进、可靠、合理、适用的原则。系统的集成应以结构化、模块化、规范化的方式来实现，应能适应工程建设发展和技术发展的需要。

二、安全防范系统设计标准

根据GB/T 50314—2000《智能建筑设计标准》，安全防范系统设计标准分为甲、乙、丙三级。

1. 甲级标准应符合的条件

（1）集成式安全防范系统

1）应设置安全防范系统中央监控室，应能通过统一的通信平台和管理软件将中央监控室设备与各子系统设备联网，实现由中央控制室对全系统进行信息集成的自动化管理。

2）应能对各子系统的运行状态进行监测和控制，应能对系统运行状况和报警信息数据等进行记录和显示，应设置必要的数据库。

3）应建立以有线传输为主、无线传输为辅的信息传输系统，中央监控室应能对信息传输系统进行检测，并能与所有重要部位进行无线通信联络，应设置紧急报警装置。

4）应留有多个数据输入、输出接口，应能连接各安全防范子系统管理计算机，应留有和外部公安报警中心联网的通信接口，应能连接上位管理计算机，以实现更大规模的系统集成。

（2）入侵报警系统

1）系统应根据各类建筑安全技术防范部位的具体要求和环境条件，分别或综合设置周界防护、建筑物内区域或空间防护、重点实物目标防护系统。

2）系统应自成网络，可独立运行，有输出接口，可用手动、自动的方式以有线或无线系统向外报警；系统除应能本地报警外，还应能异地报警；系统应能与电视监控系统、出入口控制系统联动；应能与安全技术防范系统的中央监控室联网，满足中央监控室对入侵报警能够系统地集中管理和集中监控。

3）系统的前端应按需要选择、安装各类入侵探测设备，构成点、面、立体或组合的综合防护系统。

4）系统应能按时间、区域、部位任意编程设防或撤防。

5）系统应能对设备运行状态和信号传输线路进行检测，能及时发出故障报警指示故障位置。

6）系统应具有防破坏功能，当探测器被拆或线路切断时，系统能发出报警。

7）系统应能显示和记录报警部位和有关警情数据，并能提供与其他子系统联动的控制接口信号。

8）在重要区域和重要部位发出报警的同时，系统应能对报警现场的报警信息进行核实。

（3）电视监控系统

1）系统应根据各类建筑物安全技术防范管理的需求，对建筑物的主要公共活动场所、通道、电梯及重要部位和场所等进行视频探测的画面再现、图像的有效监视和记录。对重要部门和设施的特殊部位，应能进行长时间录像，应设置视频报警装置。

2）系统的画面显示应能任意编程，能自动或手动切换，在画面上应有摄像机的编号、监控部位、地址和时间、日期显示。

3）系统应自成网络，可独立运行，应能与入侵报警系统、出入口控制系统联动。当报警发生时，能自动对报警现场的图像和声音进行复核，能将现场图像自动切换到指定的监视器上显示并自动录像。

4）系统应能与安全技术防范系统的中央监控室联网，实现中央监控室系统的集中管理和集中监控。

（4）出入口控制系统

1）系统应根据建筑物安全技术防范的要求，对楼内（外）通行门、出入口、通道、重要办公室门等处设置出入口控制装置。系统可对被设防区域的位置、通过对象及通过时间等数据进行实时控制和设定多级程序控制。系统应有报警功能。

2）出入口识别装置和执行机构应保证操作的有效性。

3）系统的信息处理装置应能对系统中的有关信息自动记录、打印、储存，并有防篡改和防销毁等措施。

4）出入口控制系统应自成网络，独立运行。应与电视监控系统、入侵报警系统联动。系统应与火灾自动报警系统联动。

5）系统应能与安全技术防范系统中央监控室联网，实现中央监控室对出入口进行多级控制和集中管理。

2. 乙级标准应符合的条件

（1）综合式安全防范系统

1）系统应设置安全防范系统中央监控室，应能通过统一的通信平台和管理软件将中央监控室设备与各子系统设备联网，实现由中央监控室对全系统进行信息集成的集中管理和控制。

2）系统应能对各子系统的运行状态进行检测和控制，应能对系统运行状况和报警信息数据等进行记录和显示。

3）系统应建立以有线传输为主、无线传输为辅的信息传输系统。中央控制室应能对信息传输系统进行检测，并能与所有重要部位进行无线通信联络。系统应设置紧急报警装置。

4）系统应留有多个数据输入、输出接口，应能连接各安全技术防范子系统的管理计算机。系统应留有与外部公安报警中心联网的通信接口。

（2）入侵报警系统

1）系统应根据各类建筑安全技术防范管理的具体要求和环境条件，分别或综合设置周界防护、建筑物内区域或空间防护、重点实物目标防护等。

2）系统应自成网络，独立运行，有输出接口，可用手动、自动方式以有线或无线系统向外报警。系统除应能本地报警外，还应能异地报警。系统应能与电视监控系统、出入口控制系统联动，应能与安全防范系统的中央监控室联网，满足中央监控室对入侵报警系统进行集中管理和控制的有关要求。

3）系统的前端应按需要选择、安装各类入侵探测器设备，构成点、面、立体或组合的综合防护系统。

4）系统应能按时间、区域、部位任意编程设防或撤防。

5）系统应能对设备运行状态和信号传输线路进行检测，能及时发出故障报警并指示故障位置。

6）系统应具有防破坏功能，当探测器被拆或线路被切断时，系统能发出报警。

7）系统应能显示和记录报警部位和有关警情数据，并能提供与其他子系统联动的控制接口信号。

8）在重要区域和重要部位发出报警的同时，系统应能对报警现场的信息进行核实。

(3) 电视监控系统

1) 系统应根据各类建筑物安全技术防范管理的需要，对建筑物内的主要公共活动场所、重要部位等进行视频探测的画面再现、图像的有效监视和记录，对重要部门和设施的特殊部位，应能进行长时间录像。系统应设置视频报警或其他报警装置。

2) 系统的画面显示应能任意编程，能自动或手动切换，在画面上应有摄像机的编号、地址、时间和日期显示。

3) 系统应自成网络、独立运行，应能与入侵报警系统、出入口控制系统联动。当报警发生时，能自动对报警现场的图像和声音进行复核，能将现场图像自动切换到指定的监视器上显示并自动录像。

4) 系统应能与安全技术防范系统的中央监控室联网，满足中央监控室对电视监控系统的集中管理和控制的有关要求。

(4) 出入口控制系统

1) 系统应根据建筑物安全技术防范的要求，对楼内（外）通行门、出入口、通道、重要办公室门等处设置出入口控制系统。系统应对被设防区域的位置、通过对象及通过时间等数据进行实时控制和设定多级程序控制。系统应有报警功能。

2) 出入口识别装置和执行机构应保证操作的有效性。

3) 系统的信息处理装置应能对系统中的有关信息自动记录、打印、储存，并有防篡改和防销毁等措施。

4) 出入口控制系统应自成网络、独立运行，应与电视监控系统、入侵报警系统和火灾自动报警系统联动。

5) 系统应能与安全技术防范系统中央监控室联网，满足中央监控室对出入口控制系统进行集中管理和控制的有关要求。

3. 丙级标准应符合的条件

(1) 组合式安全防范系统

1) 系统应设置安全技术防范管理中心（值班室），各子系统分别单独设置，统一管理。

2) 各子系统应能单独对系统运行状况进行监测和控制，并能提供可靠的监测数据和报警信息。

3) 各子系统应能对系统运行状况和重要报警信息进行记录，并能向管理中心提供决策所需的主要信息。

4）系统应设置紧急报警装置，应留有向外部公安报警中心报警的通信接口。

（2）入侵报警系统

1）系统应根据各类建筑安全技术防范管理的具体要求和环境条件，分别或综合设置周界防护、建筑物内区域或空间防护、重点实物目标防护。

2）系统应自成网络，独立运行，有输出接口，可用手动、自动方式以有线或无线系统向外报警。系统除应能本地报警外，还应能异地报警，并能向管理中心提供决策所需的主要信息。

3）系统的前端应按需要选择、安装各类入侵探测设备，构成点、面、立体或组合的综合防护系统。

4）系统应能按时间、区域、部位任意编程设防或撤防。

5）系统应能对设备运行状态和信号传输线路进行检测，能及时发出故障报警指示故障位置。

6）系统应具有防破坏功能，当探测器被拆或线路被切断时，系统能发出报警。

7）系统应能显示和记录报警部位和有关警情数据，并能提供与其他子系统联动的控制接口信号。

8）在重要区域和重要部位发出报警的同时，系统应能对报警现场的声音进行核实。

（3）电视监控系统

1）系统应根据各类建筑物安全技术防范管理的需要，对建筑物内主要的公共活动场所、重要部位等进行视频探测的画面再现、图像的有效监视和记录。对重要或要害部门和设施的特殊部位，应能进行长时间录像。系统应设计报警装置。

2）系统的画面显示应能任意编程，能自动或手动切换，在画面上应有摄像机的编号、地址、时间和日期显示。

3）系统应能与入侵报警系统联动。当报警发生时，能自动对报警现场的信息进行核实，能将现场图像自动切换到指定的监视器上显示并记录报警前后数幅图像。

4）系统应能向管理中心提供决策所需的主要信息。

(4) 出入口控制系统

1) 应根据建筑物安全技术防范的总体要求，对楼内（外）通行门、出入口、通道、重要办公室门等处设置出入口控制系统。系统应对被设防区域的位置、通过对象及通过时间等数据进行实时控制和设定多级程序控制。系统应有报警功能。

2) 出入口识别装置和执行机构应保证操作的有效性。

3) 系统的信息处理装置应能对系统中的有关信息自动记录、打印、储存，并有防篡改和防销毁等措施。

4) 出入口控制系统应能与入侵报警系统联动。系统应与火灾自动报警系统联动。

5) 系统应能向管理中心提供决策所需的主要信息。

三、安全防范系统设计技术依据及遵循标准

1. 设计技术依据

所谓技术依据，当然是与系统设计有关的具体技术要求。这不同于设计任务书的情况。设计任务书总体上说是对系统功能的要求和描述，而技术依据是在设计中，在系统功能要求的基础上，对一些具体技术问题加以了解，考察甚至实际测试，得出技术结论后，据此再落实到设计中去。这方面的一些问题与设计任务书的要求有关，但又不是在设计任务书中能全部包括和解决的。所以，技术依据有它单独的一些特点和具体问题。一般说来，设计的技术依据来自以下几个方面：

(1) 国家有关的标准与规范。

(2) 设计任务书。

(3) 工程现场勘察。

(4) 设备说明书中所用设备的技术指标。

(5) 计算。

(6) 其他必要的技术依据。

以上这些，在工程现场勘察中都是非常重要的，任何一种不通过现场勘察就进行设计的情况，可以说是没有的。现场勘察在决定设备的配置、安装位置、传输距离、工作环境、传输方式等诸多方面都是很重要的因素。所以，对现场勘察必须非常重视。在现场勘察时，应做出记录，画出草图等，以备设计时作为依据。

2. 安防系统设计遵循的标准

近年来，国家公安部、建设部等有关部门相继发布了几十个有关公共安全技术防范范畴的国家标准、行业标准和智能建筑设计国家标准等规范性标准文件，为安全防范系统的设计提供了重要的设计依据。这些标准和规范是安全防范系统设计工作中必须遵循的原则和依据。

能力要求

一、安全防范系统的设计

安全技术防范系统的设计，是完成一个安全防范系统工程项目的第一步，也是非常关键的一步，它直接决定着安全防范系统工程的实施和工程质量。安全防范系统的设计应根据不同建筑类别安全防范的需要，从项目的具体实际出发，做到配置合理、技术先进、性价比高，并要留有扩展余地。安全防范系统的设计应确保整个系统高质量、高可靠性，提高安全防范系统工程质量，首先必须优化系统设计方案，严格把好系统设计关。

1. 视频监控系统方案设计

视频监控系统方案设计是把设计目标具体化的过程，根据安全需求将选定的技术手段系统化、具体化。设计的要点是：确定系统的技术架构模式、系统的组成、系统的集成方式、子系统间的联动关系，既要保证系统满足安全需求，又要考虑系统的适用性和经济性，既要从子系统和各种手段的功能出发，又要考虑到它们之间资源的共享、功能上的关联和子系统间的技术集成、与其他技术系统关系（网络、环境监控、布线）等。

智能建筑视频监控系统的系统控制设备种类很多，可以组成的系统设计方案也多种多样，各种系统设备的不同组合，可以满足各种用户的不同需要。系统方案设计应依据国家和行业有关标准和规定、建设单位的设计要求和现场勘察报告进行设计。

目前市场上主要采用两类产品：数字控制的模拟视频监控和数字控制的数字视频监控。前者技术发展已经非常成熟、性能稳定，在实际工程中得到广泛应用，特别是在大、中型视频监控工程中的应用尤为广泛；

后者是新近崛起的以计算机通信技术及图像视频压缩技术为核心的新型视频监控系统，解决了模拟系统部分弊端，更适合企业的远程智能数字视频监控管理。

从当前的视频监控系统结构来看，可以分为模拟监控系统结构、数字网络式监控结构、模拟加数字混合的综合监控结构等，每种结构都具有各自的优点和不足。根据用户需求，尤其是用户使用功能的需要来确定系统实际的控制方式，也就确定了系统的结构。无论是模拟系统还是数字系统，当前的趋势都以多站点远距离联网控制为主要特点。在系统方案设计时应灵活掌握，设计组合出满足用户需求、性价比高的系统方案。

视频监控系统的设计方案包括以下几种：

（1）切换器控制视频监控系统方案设计

切换器控制视频监控系统是一种模拟式监控系统，它的输入路数和输出路数较少，摄像机输入一般在 16 路以内，输出显示路数为 1～2 路，可以配合多画面处理器等，以提高摄像信号显示路数。系统方案经济实用，操作简单，适合小型企、事业单位，银行储蓄所和小型建筑使用，一般没有分控系统。系统可以带有音频监听或报警系统功能，可带多个报警防区。

切换器视频监控系统的主要系统控制设备为：视频音频切换器、云台镜头控制器、多画面处理器、视频报警器、录像机、监视器、控制台和控制柜等。

切换器控制视频监控系统连线较多，适合系统范围较小的环境使用。

（2）矩阵控制视频监控系统方案设计

矩阵控制视频监控系统功能全、容量大，是目前大量使用的视频监控系统。它集声音、图像和报警于一体，是比较完善的安全防范系统。

以模拟矩阵控制设备为核心的电视监控系统技术成熟、功能强大、可靠性高。当前，在数字视频技术及产品的冲击下，小型系统已经逐渐被数字系统取代，但在一些大型项目建设中仍然广泛采用模拟矩阵控制器作为核心控制设备。

矩阵系统控制设备有：矩阵系统控制主机前端解码器、多画面处理器、录像机、控制键盘、分控键盘、监视器、控制台、电视墙等。

(3) 多媒体视频监控系统设计

随着计算机多媒体技术、视频压缩编码技术、网络通信技术的发展，数字视频监控系统迅速崛起。现今市场上有两种类型的多媒体数字视频监控系统，一种是以数字录像设备（硬盘录像），也即所谓的DVR（数字视频录像）产品为核心的视频监控系统，另一种是以嵌入式视频 Web 服务器，也即所谓的 DVS（数字视频服务器）为核心的视频监控系统。

在需要计算机对视频图像、报警信号进行处理的场所，较宜选择多媒体视频监控系统。

多媒体视频监控系统设备分两种方式组成。

1）采用矩阵系统控制方案，增加多媒体计算机和专用系统控制软件。这种方案可随时对矩阵视频监控系统升级。

2）采用专用多媒体视频监控系统主机，具有控制能力强、功能好、系统可靠性高的优点。

当前在监控要求较高的系统中更多的是以模拟与数字相结合的方式建设一个综合性监控系统，以模拟矩阵控制器为核心，充分发挥其功能强大、技术成熟、稳定性高的优势；补充 DVR 实现数字视频图像的录制，发挥数字录像质量高、磨损小、易查询的优点；DVS 结合使用可以充分利用 DVS 的网络传输功能，为用户提供新数字视频技术带来的新功能。

(4) 其他系统方案设计

根据建设单位的特殊要求和特殊场所，设计用户需要的其他系统方案，如“柜员制”视频监控系统等。

2. 防盗报警系统方案设计

(1) 防区类型的设定

根据安全防护要求，设定需要的防区类型。

1）出入防区设置。出入口通道有人员进出时，确定为出入防区。出入防区具有布防和撤防时，需延迟一定的时间后设定触发报警功能。根据需要，选用报警探测器可以是门磁开关、被动或主动红外报警探测器、复合技术报警探测器等。

2）周界防区设置。周界防区作为安全系统的第一道防线使用，当需要周界防护时，设定周界防区，用于围墙、建筑物四周、门、窗的防护。建筑物四周、围墙的防护选用红外线对射式报警探测器、平行线电场畸变报警探测器、激光报警探测器等。门窗和墙体防护选用玻璃破碎报警探测器、门磁开关、振动报警探测器、被动红外线微波报警探测器等。

3）内部防区设置。内部防区几乎是每个安全防范报警系统都用的一种防区类型。它用于建筑物内部防护。建筑物内一般需分区域、分场所和分重点部位进行安全防范，主要防护对象为走廊、出入口、营业厅、办公室、展柜、柜台、金库、财务室、重要档案资料室等。

内部防区根据防范区域内工作、生活情况，设定为立即报警防区或延时报警防区。一般设置被动红外线报警探测器、被动红外/微波报警探测器、主动红外对射报警探测器、振动报警探测器、玻璃破碎报警探测器、紧急报警开关等，以提供对室内平面和空间的防护以及重点特定部位的防护。

4）24 h 日夜防区的设置。需要 24 h 连续防范的场所应设置 24 h 日夜防区，例如金库、重要档案室、重要仓库及重点防护部位（如珠宝展柜）等，用于对现场状态连续不间断防范。24 h 日夜防区又可设置为有声报警、无声报警和有声无声设定报警 3 种方式，根据具体使用要求确定。

5）火警防区的设置。需要进行火警防范的区域，设置为火警防区。根据现场易燃物的特点和防护现场需要，设置烟感探测器、温感探测器、紧急报警开关等。

（2）防区的划分

防区划分的要求如下：

1）每种防区类型可以划分一个或多个防区。防区的划分是根据防范现场的实际工作、生活情况和布局结构，划分出在报警系统控制主机上需要独立识别报警位置的一个防范区域。

2）防区不应该划分过细，应以一个需要单独识别的区域作为一个防区。重点部位需要单独划分防区，例如每层楼作为一个防区、财务室单独作为一个防区等。过细的划分会增加系统成本，有时也没必要。

3）不同防区类型一般应分别划分作为独立防区，以方便主机设定和分别布防、撤防的要求。

4）每个防区内根据防范面积和要求，选择报警探测器的性能、种类和探测工作范围。不同种类的报警探测器可以混合使用。

5）重点防护部位有时采用多防区或多重防范，例如贵重物品玻璃展柜使用玻璃破碎报警探测器、振动报警探测器和被动红外/微波报警探测器构成三重防范系统。

6）每个防区内报警探测器都是串联或并联在一路防区传输线上的。防区内报警探测器设置是以完全覆盖防范区域，不允许出现防范死角为基本要求的。合理搭配各种报警探测器是系统设计者设计时应很好考虑的一个问题。

（3）安全防范报警控制系统设计

安全防范报警控制系统设计要求如下：

1）安全防范报警系统控制主机一般安装在报警控制室内。报警控制室应该设计在相对安全的房间内，一般应靠近保卫部门的值班室，以确保报警控制室的安全。

2）报警系统控制设备应安装在控制台内，也可以与其他系统设备和用控制台，但要考虑相互之间不能产生干扰。

3）报警系统控制主机应带有备用蓄电池，保证停电时能继续维持系统的正常工作，并应有自动充电功能或电池电压降低后报警提示功能，以便及时对电池充电或更换新的蓄电池。

4）报警系统设备应采用稳压电源向系统供电，有条件应采用 UPS 不间断稳压电源或交流净化稳压电源供电，以保证系统长期可靠工作。

5）带有警灯、警笛及联动报警设备时，应计算这些设备的功率。不超过报警系统控制主机输出端子的驱动功率时，可以直接由系统控制主机驱动这些设备；当超过驱动功率时，应外加继电器驱动箱来满足需要的驱动功率要求。

（4）传输系统的确定

传输系统确定的要求如下：

1）根据确定防区、现场环境、建筑物结构、传输距离确定选用有线传输方式、无线传输方式或其他传输方式，优先选用有线传输方式。

2）根据传输系统和主机要求、防区数量、报警探测器功耗、平面图等确定系统布线方式、线材种类、数量和布线路径。

（5）系统图样设计

画出安全防范报警系统图样、平面配置和连线图样，进行系统详细设计和有关数据计算。

3. 门禁系统方案设计

门禁系统又称为出、入口控制系统，用于对出、入口的出、入门进行控制。门禁控制系统可以单独组成独立的出、入口控制系统，也可以组成大型的电子门禁控制和报警监视系统，还可以与其他安全防范系统配合使用或联网，构成功能齐全的安全防范系统体系。

门禁控制系统根据用户的使用要求不同可以分为独立的门禁控制系统、大型联网门禁控制系统及报警监视系统等多种方式和类型。

门禁系统在设计时，应根据用户的要求，实际出、入口环境条件，持卡人的习惯，使用方便性，以及与其他安防系统设备的配合与联网要求等因素综合考虑，选择适合用户要求的系统类型和设备组成。

(1) 独立式门禁控制系统

独立式门禁控制系统是目前采用较多的系统。它多用于控制出、入门，卷帘门，自动门等。系统根据出、入口的数量选择读卡器、读卡控制器。按控制出、入口（门）的数量可分为一个出、入口（单门）和多个出、入口（多门，一般为1～8个门）控制系统。

独立式门禁控制系统一般由控制卡、读卡器、读卡控制器和控制执行机构（电控门锁、驱动电源、传动机构等）组成，可以有效进行出入、口管理，具有经济实用的特点。

控制卡是用户用来控制出、入门开启和关闭，大小如同一般信用卡的识别卡片。控制卡按采用的不同识别技术分为感应卡、磁卡、条形码卡、韦根卡等不同种类。不同种类的控制卡应配用不同识别技术的读卡器进行识读。

(2) 大型联网门禁控制系统

大型联网门禁控制系统是基于计算机的综合性出、入口管理系统，适合于集群控制。它采用专用系统控制软件，运行于计算机操作系统环境中，系统采用分散式数据设计及多处理器组合式结构，使大型联网门禁控制系统具有更大的设计灵活性和兼容性。当在一个建筑群、建筑区或不同地点的建筑物之间需要集中进行管理时，或当具有数量较多的出、入口需要控制时应采用大型联网门禁控制系统。

大型联网门禁控制系统一般由计算机、网络通信接口及其附属设备、专用门禁系统控制软件、系统读卡器、读卡器控制器、控制卡制作系统等组成。大型联网门禁控制系统如果传输距离较远时，应使用线路延长器进行远距离传输，使用线路延长器可将传输距离延长至2 000 m以上。当传输距离再远时，可利用调制解调器进行电话线传输方式的传输。

4. 安全防范系统联动设计

为了进一步发挥安全防范系统的作用，需要实现安全防范各子系统的联动协调控制。系统在对非法入侵或非法请求发出报警的同时，对非法入侵或非法请求进行识别、启动联动装置，加强系统的抗冲击性，进一步提高系统的安全性、完善性。

例如，安全防范报警系统一般情况下需要联动警灯、警笛、打印机进行报警声光指示和报警事件的记录，通过电话线进行警情报告，视频监控系统通过其视频运动检测报警设备实现联动功能。当报警事件发生时，联动功能打开现场灯光，联动录像机进行实时现场录像，联动警灯、警笛进行声光报警，联动功能将带有预置功能的摄像机快速移动到预置位置。

以上的报警联动功能，在目前的安全防范系统中已经是不可缺少的功能，安全防范系统设备也已经设计有以上功能。在系统设计中应按照设备说明书要求，进行合理连接。

在安全防范系统的联动设计中，一般按以下步骤进行设计。

(1) 联动系统设计步骤

1) 系统联动方案的确定。在安全防范系统方案设计时，根据建设单位设计任务书对联动系统的要求和有关标准、规定确定系统联动方案。

2) 确定系统控制主机的联动输出控制要求。根据联动方案要求，确定具有符合输出联动端子要求的系统控制设备。根据联动设备控制要求，设计联动接口设备或联动接口电路，确定系统连接方式。根据选择设备和器材，画出联动部分系统图、连线图和安装图。确定联动部分器材、设备、辅材明细表。

(2) 报警联动的两种方式

现在常用的系统控制设备有两种输出接口可供联动设计选用。

一种是报警联动输出端口直接联动控制方式。带有报警功能的系统控制设备，都有一个报警输出口，用于对报警外部设备的联动。

另一种是系统控制设备带有与计算机通信的RS—232接口，可以通过计算机的强大处理能力，对系统联动设备进行联动。这种联动方式可以实现更大自由度的联动功能。

1）报警联动输出口联动方式。采用系统报警联动输出口联动方式一般只能实现报警状态下的外部设备联动。

报警联动输出口联动方式，除了联动常用的联动设备外，有时还要与门禁控制系统、消防自动化系统、安全防爆控制系统、公共广播和影像系统、自动门、卷帘门等系统设备进行联动。

带有报警联动输出口联动功能的设备有：报警系统控制主机、带有报警功能的矩阵视频监控系统主机、多媒体视频监控系统、带有报警功能的视音频切换器，等。

系统控制主机的报警联动输出接口方式，在不同的系统控制主机中，其输出的方式也不相同。一般分为有源输出和无源输出两种。有源输出方式分为脉冲信号输出和直流电平输出两种方式。无源输出方式是目前较多采用的输出联动方式。它一般以小型电磁（舌簧）继电器作为输出电路。继电器的触点作为输出端，一般具有常开（报警联动时闭合）或常闭（报警联动时断开）方式。无源方式具有与外部控制系统容易兼容，设计灵活方便等特点，因此被多数系统控制主机采用。

当系统控制主机与电动门、防爆装置、消防自动化系统等联动设计时，除应考虑功率要求外，还应考虑强电电路对安全防范系统的干扰问题。一般情况下系统控制主机不直接驱动具有较大电容和电感负载的设备，而采用继电器、中间驱动器等驱动设备进行驱动，并且不共用同一电源进行供电。与这些设备进行联动设计时，应同时设置手动控制方式，有时要考虑确认功能，以防止出现误报或系统出故障时产生错误的联动。

2）计算机综合管理系统集成的联动方式。在现代建筑中，智能建筑集合了各种各样的自动化集成系统，如通信自动化系统、建筑物自动化系统、办公自动化系统等。安全防范系统是建筑物自动化系统的一个子系统，这些系统各自发挥着不同的作用。随着管理要求的不断发展，在智能建筑中诸多自动化系统需要在一个智能建筑管理平台上统一管理起来，这就是系统集成——计算机综合管理系统。

实行计算机综合管理系统，可以使智能建筑中各种自动化系统有机地联系起来。使现代化建筑的管理上升到一个完全智能化的水平。

带有 RS—232、RS—422、RS—485 接口的安全防范系统，可以很容易地与计算机综合管理系统进行联网，实现与其他系统的联动与资源共享。目前使用的矩阵视频监控系统主机，大部分都带有与计算机通信的 RS—232 接口，可以直接与系统计算机实现通信功能。

例如，将多媒体视频监控系统控制软件直接安装在计算机综合管理系统的计算机上，在综合管理系统软件的管理下，即可实现系统之间的联动和资源共享。报警输出联动也可以通过计算机综合管理系统，联动控制其他系统的相关设备，进行共用，以充分发挥这些设备的作用。

有关系统的联动设计，在实际中要求不同，因而设计思路和方法也各不相同。充分熟悉系统设备性能，根据建设单位提出的要求，灵活组织设计方案，符合标准规定，满足建设单位的需要，是联动系统设计中应遵循的设计原则。

5. 安全防范系统方案设计步骤

设计程序与步骤应按下述顺序进行：

(1) 建设单位给出设计任务书。任务书应根据建设单位安全防范风险等级和防护级别标准，确定建设单位的防范要求原则和必须具有的基本功能。例如，银行、文博系统标准规定的风险等级和防护级别。

当建设单位提出的设计要求低于标准规定的防护级别时，应按标准规定要求进行设计，并将设计更改内容与建设单位协商，确定系统的设计标准内容。

(2) 设计方根据设计任务书、现场勘察报告和有关的规范与标准，提出方案设计。方案设计的主要内容包括：确定前端系统设备的种类、数量、采用的传输方式和传输路由；根据确定的前端设备种类和数量、传输路由和传输系统方式、将来系统扩展的要求和最大可扩展前端设备数量、总体设计标准要求等内容，确定要选择的系统类型；根据选定的系统类型，确定要选择的前端设备、系统控制设备和附属设备的数量、基本技术参数、特殊技术要求等；根据联动系统要求，确定联动方案；根据以上要求，对各种设备进行性能价格比较，选择主要系统设备，画出系统图；系统图应仔细考虑原理、基本连线关系等，已确定设备组合中接口的配合；确定所用主要器材和设备明细表；编制系统方案说明，列出方案优缺点。方案设计一般来说是个粗线条的设计，所以也称为初步设计。

(3) 将方案设计（初步设计）提交给建设单位，征求建设单位意见，进行修改等。待双方协调并同意后，由建设单位签字盖章并返还设计方，双方签订合同书。

（4）将方案设计（初步设计）等有关资料，按要求上报公安机关技防管理部门进行资料的初步审查，并在此基础上由建设单位的上级主管部门会同公安机关技防管理部门对方案设计（初步设计）进行论证。

（5）设计方根据建设单位已同意的、并经论证通过了的方案设计（初步设计）书进行正式设计。正式设计书应包含方案设计（初步设计）中的几个部分内容，只不过应更加确切和完善。此外，还应包含施工图、测试调试说明、以及其他必要的文件（如设备使用说明书、产品合格证书等等）。

以上是设计程序和步骤的一般形式。在具体做法上，有些步骤可以简化，但总体上不应相差太远。

方案设计（初步设计），有时需要做出几套方案与建设单位协商或经有关主管部门审核批准确定最终的系统设计方案。

6. 安全防范系统深化设计、设计文件和相关图样

（1）深化设计

深化设计，是指在原设计的基础上，对现场实际反映出与原设计图样不同的情况进行调整，同时进行具体化，体现施工的工艺方法。深化设计不仅有利于提高工程质量，而且节省设计人员的重复劳动，为顺利施工创造条件。

（2）设计文件

安全防范系统设计文件一般包括以下内容：

1）概述或前言。

2）设计依据。

3）设计思想。

4）系统功能介绍。

5）系统特点。

6）系统各部分器材性能及指标介绍。

7）系统各部分器材分布点位统计表。

8）管线敷设说明。

9）管线敷设及器材分布明细图。

10）系统构成原理图。

11）系统设备及报价清单。

12）控制室机柜设计图。

13）控制室布设效果图。

另外还包括系统验收说明、售后服务说明、工程款项说明、设计及施工公司的有关证书文件以及相关器材的资料彩页等文件。

（3）安全防范系统设计中的相关图样

1）系统图。系统图是说明安全防范系统工作原理、系统设备组成方式和基本配置的指导性文件。它对安防系统工程的安装、调试以及系统的维修起着指导作用。系统图根据选定的系统方案，初步对设备器材性能指标进行设计。

系统图应按技术制图的标准规定、安全防范系统规定的标准图形符号进行绘制。一般分成多个功能块进行绘制。如按前端器材设备系统、走线路径、控制系统设备等分块绘制。

2）工程施工图。工程施工图包括系统平面布线图、系统安装连线图等。

根据系统图，在建设单位提供平面图参考基础上，详细设计系统平面布线图，系统平面布线图用于表明系统在建筑物内传输线的敷设路径方向和连接关系。系统平面布线图一般应标明系统设备分布、安装位置、传输线路敷设路径、出线位置、敷设安装基本要求等项参数。

系统安装连线图包括前端设备安装连线图和控制中心设备连线图。前端设备安装连线图说明前端设备安装要求，具体安装位置，安装高度、角度，安装方式，前端设备与传输系统的连接安装工艺要求，使用器材及辅件的型号、名称、数量以及安装注意事项等。控制中心设备安装连线图标明控制中心设备详细安装连线关系，连接电缆长度、数量，安装连接工艺要求，安装设备名称、型号、数量等。

另外，工程施工图还包括控制室布局平面图、控制台配线安装图、控制台设计加工图等。

二、安全防范系统的设备选型

1. 视频监控系统设备选型

（1）视频监控系统的前端系统设计

每个不同前端系统应分别设计图样。确定器材选择、安装、连接、调试要求等。

1）摄像机选择设计。根据总体设计要求，确定每个监控点摄像机参数要求，选择摄像机型号。摄像机选择设计主要考虑参数为：色彩要求（黑白或彩色）、水平清晰度要求、最低照度、供电电源、安装方式（吸顶、壁挂、普通护罩、半球、全球）等。

摄像机其他参数确定。如背光补偿、自动增益控制、电子光度控制、自动跟踪自平衡（ATW）、镜头自动光圈控制等。摄像机接口形式，可与镜头一起考虑。

2）摄像机镜头的选择设计。摄像机镜头的选择设计主要要求包括：

①镜头规格和安装方式。根据摄像机确定镜头规格和安装方式。常用规格为 1/2 in（12.7 mm）和 1/3 in（8.47 mm）。安装方式有 C 型和 CS 型。

②焦距、光圈、聚焦方式的选择设计。在光照条件比较好、变化不大的固定监视环境，可选择手动变焦、固定光圈，固定焦距、手动光圈和手动变焦、手动光圈镜头。在光照条件有一定变化的固定监视环境，可选用自动光圈镜头，以适应光线变化，保持图像清晰。光照条件变化、焦距也需改变的使用环境（如安装在云台上的摄像机），宜选用电动变焦、自动光圈（二可变）镜头或电动变焦、电动聚焦、电动光圈（三可变）镜头，以适应观察不同目标的需要。二可变镜头适用于环境光线有一定变化的场所，三可变镜头适合安装在环境变化较大的场所。在室外适合使用三可变镜头。

③计算镜头焦距。镜头焦距大，则观察的视场角小；镜头的焦距小，则观察的视场角大。镜头焦距、物体的大小和距离之间的关系如下：

$$f=hD/H;\ f=vD/V$$

式中　f——镜头焦距；

D——镜头中心到被摄物体的距离；

H——被摄物体的水平尺寸；

V——被摄物体的垂直尺寸；

v——靶面成像的高度；

h——靶面成像的水平宽度。

当选用电动变焦镜头时，应分别计算最近观测景物的焦距和最远观测景物的焦距，确定所应选用镜头的可变焦距范围。

为了获得预期的摄像效果，在选配镜头时，应着重注意六个基本要素：被摄物体的大小、被摄物体的细节尺寸、物距、焦距、CCD摄像机靶面的尺寸、镜头及摄像系统的分辨率。

镜头的选择还应注意其他参数选择，包括：摄像机镜头有针孔镜头、鱼眼镜头、电动预置变焦镜头、特写镜头等特种镜头可供选择；自动光圈镜头应考虑摄像机输出驱动方式为视频驱动还是直流驱动。

3）摄像机防护罩选择。常用的摄像机防护罩有半球防护罩、全球防护罩、铝合金防护罩、钢板防护罩和塑料防护罩等。外形尺寸也各不相同。室内无特殊要求时，可根据美观实用特点进行选择。室外防护罩和有特殊防护要求的，应选用金属防护罩。室外防护罩还应根据使用环境，选用带雨刷、散热风机、防霜玻璃和加温器的密封防护罩。上述有些功能是以选择件方式供货，选择时应提供这些附件要求。

选择防护罩应考虑摄像机和镜头尺寸，以确定防护罩的规格。

4）云台的选择设计。应根据现场使用要求，选择摄像机云台。当观察角度在垂直方向上不需要改变角度、只需水平方向旋转时，可以选用只在水平方向上旋转的水平云台，此种云台价格较低。当需要在垂直和水平方向上都需要调解时应选用全方位云台。在采用三可变镜头时，一般应选择全方位云台。

室外使用的云台应选择室外型云台，它结构牢固、能适应一定环境温度变化，并具有密封结构，能防雨、防尘。

根据安装在云台上面的摄像机、镜头、防护罩和其他附件的总质量来确定云台的承重能力。选择云台承重能力应有1/3以上余量，以保证云台在运动时运行平稳，不至于产生较大的晃动而影响观测效果。

根据现场观测的需要，确定云台垂直和水平方向转动角度和转动速度。有快速报警定位观测要求时，应选择可预置云台，事先将观测预置位置存入系统中，当报警时，云台会按事先设置的程序快速旋转到预置位置。

根据系统的整体设计考虑选择云台的工作电压，从安全角度考虑，宜优先采用交流电AC 24 V云台。当需要运行平稳、晃动很小时，可以选择直流电云台。

根据使用环境选定安装方式（吊装或壁挂式）。根据环境装饰要求选择半球、全球护罩，一体云台还是普通云台。由于一体化球形摄像机价格低，在一些具有装饰要求环境（如大厅）中，应优先考虑美观、方便的一体化球形摄像机。

5）解码器的选择。解码器是与矩阵系统控制主机配套使用的。选择解码器主要考虑它的控制功能应满足前端设备的控制需要。主要应考虑的有：驱动云台镜头的控制电压，当使用 AC 24 V 云台时，应选择具有 AC 24 V 驱动电压的解码器。有些解码器内部带有 AC 220 V 和 AC 24 V 电压变换插头，在使用中应变换到合适的位置。

当有灯光和其他设备联动控制时，应具有灯光控制或辅助（AUX）控制端口，并应考虑驱动能力。当驱动能力不足时，可以设计附加继电器、交流接触器等器件，推动附属设备工作。

室外安装时，应选择室外型解码器。它具有密封结构并能适应室外环境温度变化。

6）现场灯光的选择设计。被监视现场有时需要设计满足于摄像机需要的照明灯具，尤其是在报警期间应能联动打开的照明灯具。照明灯具应能由监控室控制。

目前绝大多数视频监控系统均配置随摄像机转动的射灯以辅助照明，其最大好处是灵活、方便，且价格便宜。黑白视频监控系统宜配置高压水银灯，彩色视频监控系统宜配置碘钨灯。

照明灯具的功率和数量应按满足摄像质量要求的亮度进行设计，它与被监视现场面积有关，可根据具体环境考虑，也可以采用联动控制现场原有照明灯具总开关的办法，联动打开现场照明灯，而不再重新安装灯具。

由于彩色摄像机摄取的图像与照明灯具的色温有关，色温高的光线，使摄取图像会偏蓝色；色温低的光线，使摄取图像会偏红色。比较合适的色温为 3 200 K 左右。因此设计选择灯具时，还应考虑照明灯具的色温。

实现夜视的方法，可以采用常规的可见光照明，但此法不仅不能隐蔽，反而更加暴露监控目标。当需要隐蔽照明时，如地下金库等，应选择红外线照明灯。灯光安装位置和方向不应使摄像机产生逆光现象。

红外摄像技术分为被动红外摄像技术和主动红外摄像技术。如果选用红外线照明设备，则需要使用黑白摄影机，因为黑白摄影机对红外线感光较为灵敏，而彩色摄影机则无法发挥红外线功能。

红外灯有室内、室外，短距离和长距离之分，室内一般常用 10～20 m范围的红外灯，由于墙壁的反射，图像效果比较好。用在室外长距离的红外灯效果就不会很理想，而且价格昂贵，不到必要时一般不采用。

7）前端设备安装设计。应在安装工程图上确定摄像机、解码器、声音探测器、报警探测器、紧急照明灯等前端设备应安装的位置、安装高度和角度、安装方式以及前端设备连线方式和其他技术要求，以指导安装施工。

（2）系统控制中心设备的设计选择

根据系统方案设计，确定系统控制设备。根据系统设备的不同性能特点组合，完成系统控制设备的组合设计。在系统控制设备的组合设计中，根据设备的输入输出端口和技术性能指标，完成设备之间的连接关系。系统控制设备选择应满足使用功能要求和性能指标，并留有一定的扩展余量。

1）监控室的选择要求。监控室按照标准规定，使用面积应为 12～50 m^2，监控室设置应符合《民用闭路监视电视系统工程技术规范》（GB 50198—94）有关监控室的规定要求。监控室在设计安排位置时，应考虑监控室的安全性。监控室位置安排应靠近安全保卫值班室，一般情况下，不要把监控室安排在临街的一楼或窗外比较偏僻的房间内，以保证监控室的安全。

监控室不要安排在有较大振动场所和大型变电设备（如变电室或大型空调设备等）附近，宜安排在比较安全、环境噪声较小的房间内。

监控室应专门配置配电箱，配电功率应不小于系统总功率的 1.5 倍。配电箱为单相 AC 220 V、50Hz 供电，当功率较大时应由有关变、送电人员考虑三项平衡，以保证系统的可靠供电。摄像机和监控主机电源应同相供电，以免切换不同步，图像产生抖动。

监控室应设置专用接地线。当单独设置接地时，接地电阻不应大于 4 Ω。当采用建筑综合接地网时，接地电阻不应大于 1 Ω，接地母线应符合标准规定。

监控室应设置线槽或防静电活动地板等。系统控制设备安装在控制台内，监视器正面应避开阳光方向，以得到良好图像观看效果。监控室应考虑自身的安全防护。

2）监视器的确定。监视器的数量和屏幕的大小可根据用户实际监视需要而定。需要连续监视的场所一般应单独设置监视器进行监视。

专业监视器一直是视频监控系统的主要显示设备，在专业监视器的选择时主要考虑的是技术参数与前端设备的匹配问题以及可靠性，另外外型尺寸是否适合标准机架安装、设备功耗、设备的坚固程度、设备的散热、设备的外观等也是选择的参考指标。除了专业监视器以外，当前越来越多的监控项目中采用的大屏幕投影，无论是选择 DLP 投影还是液晶投影设备，显示系统已经由单一的监视器显示设备变为多种显示方式和显示设备并存的格局。

大屏幕的基本配置为：投影单元（含内部图像处理器）、外部图像处理器、控制计算机（含控制软件）、视频切换矩阵、计算机信号切换矩阵、连接线缆、控制机柜。

在大屏幕投影的实际设计中，需要针对现场条件和显示要求，确定大屏幕的数量和信号显示数量。

3）系统控制主机的选择设计。根据系统方案中确定的摄像机输入数量和监视器要求输出显示的数量，确定系统控制主机的输出和输入。在设计中，为了用户以后扩展需要，应适当留有余量。首先要确定自己有多少个摄像机需要控制，是不是还会扩充，把现有的和将来有可能扩充的摄像机数目相加，选择控制器的输入路数。选择控制器的输出路数是看监控室内需要几台监视器。根据系统控制主机手册及主机性能指标要求，选定符合要求的标准系统主机。

目前控制主机常用的输入有 8、16、32、48、64、80、96、128 到 512 路，一般以 8 或 16 的倍数递增。输出从 2、4、6、8、16、24 到 32，一般以 2 或 4 的倍数递增。主机的控制码有多种，大部分不兼容，必须配合其系列产品或说明可以使用的设备工作。如解码器、辅助跟随器、报警接口、分控键盘、多媒体软件等。

根据系统方案的要求、确定系统控制主机的其他要求，如报警输入、音频输入、主控键盘和分控键盘数量、具备和报警系统联动的接口等。

根据控制功能要求，确定系统控制主机配套的前端解码器。

4）录像机选择设计。根据使用要求，选择录像机的配置。录像机的数量需根据用户使用要求确定。一般至少应配备一台录像机，以保证用户在紧急情况下录像保存资料的需要。

随着数字技术的发展，模拟监控录像系统作为第一代监控系统设备已经逐步被淘汰，取而代之的是数字硬盘录像系统，也即所谓的 DVR（数字视频录像）产品。近年来，随着视频板卡硬件技术的升级，硬盘录像机的发展突飞猛进，MPEG-1、MPEG-4 等各种压缩格式的硬盘录像机得到了广泛的应用。

严格地说，DVR 形成的系统不能称之为数字监控系统，因为从前端摄像机输出的模拟图像信号仍然按照模拟系统的传输方式通过同轴电缆或其他传输方式连接到 DVR 上，在进入 DVR 之前图像信号仍然是模拟视频信号，只是通过 DVR 的数字压缩进行图像的储存、切换、控制等。在 DVR 设计时需要考虑的是稳定性问题，由于 DVR 已经不是简单的录像设备，而是充当了系统核心控制器来使用。因此，DVR 的工作负担、连续工作时间、系统容量、所需要完成的功能等都是需要考虑的。一般 DVR 输入不超过 16 路，尽量不要让 DVR 同时工作在不间断录像和网络传输应用之中。

5）交流稳压电源的选择设计。安全防范系统一般是长时间连续工作。系统设备需要一个稳定的电源电压条件来保证系统的工作可靠性。供电电压的过高、过低或忽高忽低，对设备可靠性影响很大。因此，视频监控系统需要设置交流稳压电源，集中向系统设备统一供电。

根据风险等级的不同，交流稳压电源应设置 UPS 不间断交流净化稳压电源、交流净化稳压电源或普通交流稳压电源。为了滤去电网电压尖峰时对设备造成的危害，建议在视频监控系统中使用 UPS 不间断交流净化稳压电源或交流净化稳压电源。

交流稳压电源的功率选择应等于或大于所有设备总功率的 1.5 倍。

根据系统方案要求，还应设计选择其他系统设备，如射频传输时选择射频调制解调器，报警联动时选择警灯、警笛及联动设备，视频检测报警时加装视频报警器等。这些设备选择设计应根据具体要求进行考虑。

（3）控制台、电视柜（墙）的设计

1）控制台、电视柜（墙）是将监控系统设备组合成一套完善的系统时采用的组合方式。控制台、电视柜（墙）设计应根据系统设备的安装尺寸和《电子设备控制台的布局、形式和基本尺寸》（GB 7269—87）标准要求，合理布局进行设计。

需要进行操作的控制设备，其面板应安装在控制台上，以方便操作。控制台、电视柜（墙）布局形式，应以美观实用、宜人操作作为设计原则。

2）控制台配电系统设计。控制台、电视柜（墙）的配电系统设计，必须符合安全标准的有关规定。

控制台应设置电源总开关。配电系统的交流电输入和输出应设置保险装置对系统进行保护。内部配线应规范，强弱电分开配置，并应有明显的永久性标志。每个系统的配电应根据系统不同进行设计。

在控制台配线时，控制台所有裸露金属部分应与专用接地线很好地连接，保证良好接地。

（4）分控系统设计

按照用户要求设计分控系统。一般矩阵系统控制主机可带 8 个分控键盘。分控键盘具有优先权，根据用户要求安排分控系统的优先权。

一个分控系统占用矩阵系统控制主机的一个视频输出端，每个分控系统只需要敷设一根 75 Ω 视频同轴电缆和一根对绞线作为控制通信线即可。采用总线制的系统控制矩阵主机，可以几根路由共用一根对绞线连接多个分控键盘进行控制。

分控点一般设置为一个分控键盘和一台监视器。需要录像时配置录像机。

具有视频捕捉卡的计算机，也可以将视频电缆连接到计算机上，利用计算机的资源对视频信号进行处理。

2. 防盗报警系统设备选型

由于现场情况不同，安防系统使用的入侵探测器也不尽相同。为了获得最佳效果，通常需要根据用户的实际情况对报警系统进行裁剪，这样才能使探测器更好地发挥作用。报警探测器有许多种类，各种探测器有各自不同的工作原理和适用条件，它们各有优缺点。在设计选择报警探测器时首先要掌握和分析各种入侵行动的特点，并在掌握各种报警探测器性能基础上，根据被防范场所的不同地理特征、外部环境及警戒要求合理选用报警探测器，以达到最佳效果。

（1）报警探测器的设计选择

1）报警探测器使用环境选择。报警探测器按使用环境分为室外型和室内型报警探测器。室外安装的报警探测器应选择适合使用环境条件要求的室外型报警探测器。室外型报警探测器选择时，应考虑工作环境温度、密封、防雨功能，有小动物如猫、狗、老鼠出入的地方要考虑防宠物要求，以及各种干扰的影响，室外报警探测器还应考虑防破坏措施。

2）报警探测器探测范围选择。各种报警探测器都有一定探测范围、探测距离或探测角度，有些还具有安装方向要求。应根据防区防范要点、探测区间选择报警探测器探测范围。在满足防范要求情况下，每个防区使用探测器应以设备技术指标提出的保护面积为依据并留有一定的余量。

3）探测灵敏度选择。根据现场环境适当选择探测器的灵敏度，在满足防范要求的情况下，探测灵敏度以低为好，这样可以提高系统防误报能力。根据现场不同要求，选择不同灵敏度报警探测器。例如，在选择振动报警探测器时，机械式振动报警探测器的灵敏度较低，适用于有轻微背景振动的场所；电子式振动报警探测器的灵敏度较高，适用于安装在地下金库等场所。总之，振动探测器适合安装在远离诸如铁路、公路及其他强振动源的场所。

4）安装方式的选择。根据使用现场最佳探测方式，选择适合的安装方式，如吊装、壁挂或隐蔽式安装方式。

5）探测方式选择。长距离的防范场所适合选择主动式报警探测器，如周界长廊、隧道防范等。长距离防范可选择主动对射红外线报警探测器、激光入侵报警探测器、电场畸变报警探测器等长距离报警探测器。

空间、室内的立体防范，以被动式红外报警探测器、被动红外/微波三技术报警探测器、声音探测器等被动式报警探测器比较适宜。

门窗、玻璃展台、展柜适合选用玻璃破碎报警探测器，探测玻璃破碎产生的声音。

重点场所、重点部位可以采用多重探测方式进行安全防范，选用不同类型报警探测器进行组合，或设置多道防线进行防范。例如，贵重物品展柜可设置被动红外/微波报警探测器，对展柜进行全范围空间的防范，再用玻璃破碎报警探测器和振动报警探测器安装在展柜内进行展柜玻璃防范和移动贵重物品的振动报警防范。

不同的防护位置和环境条件，适合选用不同形式、特点的报警探测器。在前端系统设计时应充分考虑，选择最合适的探测方式。

（2）报警探测器数量确定

一个防区内，往往在防范空间内有各种设施、设备、立柱、拐弯等。有时一个报警探测器的防范距离内，会出现防范死角。在防范区域较大时，也需要几个报警探测器组合，才能将防范区域覆盖。在确定报警探测器数量时，经常需要在防范区域的平面图上，按照报警探测器的覆盖面积和角度做出防区图，计算确定报警探测器最佳安装位置和需要的报警探测器数量。有时采用几种类型的报警探测器组合使用，以得到最佳防范效果。

在确定平面防护效果同时，应考虑报警探测器的空间防范是否符合要求。原则上决不能出现防范漏洞和防范死角。

（3）安装方式、安装角度和高度设计

报警探测器安装位置和数量确定后，应具体设计每个报警探测器的安装高度、安装方式、探测角度和引出线安装方式，选择适合的安装附件，在图样上标出。报警探测器具有探测范围以外的无法探测区域，在考虑安装方式、高度和角度时，应注意在无法探测区域应使人不能接近报警探测器，以避免探测器有被破坏的可能性，保证报警探测器和引出线的安全，否则应采取保护措施。

（4）选用和安装报警探测器应注意事项

不同类型的报警探测器，具有不同的性能和特点，在选用和安装时应予以注意。

1）被动红外线报警探测器。被动红外报警探测器本身不发射任何形式的能量，隐蔽性好。但被动红外线报警探测器对变化的热源敏感，设计选用时应避开变化的热源，如灯光、窗户、通风口、空调、暖气、开水炉和其他能产生热变化的设备。也不应该安装在振动较大的地方，否则当振动时，报警探测器随之振动，相当于背景辐射产生变化，容易引起误报。一般适合安装在环境变化较小的地方。

2）微波报警探测器。微波报警探测器对非金属材料有一定穿透能力，具有微波多普勒效应的报警探测器，不能对准具有可能有活动背景的地方。在选用时防范灵敏度和探测器距离不宜选择过大于防范的区域，以避免防范区域外的活动引起误报。微波多普勒报警探测器是以监测物体的运动产生报警功能，它不受光、热、空气的流动影响，工作环境比较容易满足要求。

3）被动红外/微波报警探测器和三技术报警探测器。被动红外/微波报警探测器和被动红外/微波三技术报警探测器具有双重探测方式和专有的分析技术。具有抗干扰能力强、可靠性高的特点，一般情况下不易产生误报现象，是优先在室内采用的报警探测器。但是实际使用时，也须考虑被动红外和微波报警探测器的注意事项，并适当调整灵敏度，确保可靠工作。

入侵探测器应有防拆、防破坏等保护功能。当入侵者企图拆开外壳或信号传输线断路、短路或接其他负载时，探测器应能发出报警信号，在设计连线时应将防拆端子连线接上，以确保报警探测器不被人拆动破坏。

(5) 报警系统控制主机的选定

根据确定的防区类型、防区数量和有关报警的要求（如报警联动、电话线报告警情、打印、警灯和警号要求等）选定合适的报警系统控制主机。还应考虑今后系统扩展或升级的需要。必要时，应留有备用防区或选择能够进行系统扩展防区的报警系统控制主机。

3. 门禁系统设备选型

(1) 门禁前端设备选型

1) 门禁系统控制卡的选择。门禁系统的控制卡片是门禁系统开门的电子钥匙，这个“钥匙”可以是磁卡、IC卡、ID卡等各种卡片。

门禁系统的控制卡片有感应卡、磁卡、条形码卡、IC卡等

磁卡、条码卡由于其结构简单，存储容量小，安全保密性差，已逐渐被淘汰。接触式IC卡由于存在芯片外露而导致的污染、损伤、磨损、静电干扰以及插卡不便的问题，不能满足门禁系统的需求。而感应卡完全密封的形式及无接触的工作方式，使之不受外界不良因素的影响，并且卡的使用频率和期限以及操作的便利性都大大高于接触式IC卡。

目前，感应卡已经彻底取代了磁卡、条码卡等，成为门禁系统的主流卡片。

2) 门禁读卡器的选择。读卡器是安装在出入口附近，用来对控制卡进行识读的设备。根据使用控制卡的不同，选用与之配套的读卡器。

使用感应卡时应安装接近式读卡器。根据感应卡的不同格式，配用识别不同格式的读卡器。不同格式、型号的读卡器的读卡距离也不相同。设计中，应根据读卡器的读卡距离要求不同，确定相应的读卡设备。接

近式读卡器可根据现场环境要求选用表面安装、门框安装和墙壁安装等不同的安装方式。读卡器一般采用直流电源进行供电。

磁卡读卡器有平面安装和表面安装等安装方式，可全天候工作在室内、室外环境中。

条形码读卡器一般采用双向红外条形码读卡方式。

除了以上介绍的读卡器以外，还有键盘式读卡器等其他形式的读卡器以及生物识别设备，如指纹机、掌纹机、视网膜识别机、声音识别机等。

在门禁系统的设计中，可以根据系统的需求，选择各种类型的读卡器。目前，感应式读卡器在门禁系统中的应用最为广泛。随着技术的不断发展，生物识别系统开始得到认可。指纹识别已经被广泛应用，面部识别、虹膜识别系统也已经逐渐应用于一些门禁系统上，提高了系统的安全性。

3）门禁锁具的选择。锁具是门禁系统的执行设备，由于门的材质、装置和开门要求的不同，可选用不同的锁具。

电磁锁是利用电磁铁通电，产生磁吸力的原理制成。电磁锁要符合消防对门锁的要求，即发生火警时可自动打开，即使控制器已失电或失去控制，也不会因门锁紧闭的原因影响人们逃生。电磁锁适合于单向开启的门。

电插锁的工作方式可以是断电时打开，也可以是断电时关闭，它适合于木门、铝合金门和有框玻璃门，特别适合安装于开启180°的门。

阴极锁是与传统的锁具配套使用的新型电控锁，当安装完传统的锁具中的锁头后，把阴极锁安装在原来要安装锁舌匣（或称锁扣）的地方，这样当阴极锁被通电后，阴极锁的翻板部分能因人力的推动而被翻开，使锁舌从锁舌匣中脱出从而打开门。当经常有停电情况发生时，这种锁相对是较安全的电锁。阴极锁适合安装在单向开启的木门上。

（2）门禁系统控制器的选择

门禁系统控制器是用来接收读卡器送来的识读信号，对出入门和其他执行设备进行控制的主控设备。

门禁控制器是门禁系统的核心部分，是门禁系统的灵魂。门禁控制器的质量和性能优劣直接影响着门禁系统的稳定性，而系统的稳定性会直接影响着门禁系统使用者的工作和生活秩序，甚至影响到生命和财产的安全。

在设计时，应根据门禁系统使用的控制卡片和门禁读卡器以及系统的需求（如独立式门禁、大型联网式门禁等）选择相应的门禁控制器。

目前我国市场上门禁控制器产品众多，功能相差无几，但质量参差不齐。因此产品的选型尤为重要。门禁系统的稳定性、操作的便捷性、功能的实用性是门禁控制器评估的重要因素和核心标准。

第二节 系统的施工、验收

学习目标

通过本节内容的学习，使学员了解安全防范系统的施工、验收的相关知识，能够进行安全防范系统施工组织方案的设计，能够编制工程竣工文件。

相关知识

一、安全防范系统技术要求

安全防范系统技术要求应符合公安部《视频安防监控系统技术要求》（GA/T 367—2001）、《入侵报警系统技术要求》（GA/T 368—2001）、《出入口控制系统技术要求》（GA/T 394—2002）等相关规定。

标准中规定了建筑物内部及周边地区防范用视频监控系统、入侵报警系统、出入口控制系统的技术要求，是设计、验收安全技术防范系统的基本依据。

标准对安全防范系统中的各子系统的基本组成、系统设备要求、系统设计要求、系统功能要求、电源、安装要求、安全性要求、防雷接地要求、环境适应性要求、系统可靠性要求、电磁兼容性要求、标志、文件提供等方面做出了相关的规定。

二、安全防范系统验收规则

公安部《安全防范系统验收规则》（GA 308—2001）对安全防范系统的质量验收，从设计、施工、效果及技术服务等方面提出了必须遵循的基本要求，是对安全防范系统（工程）进行验收的依据。

标准适用于一、二级安全防范系统（工程）的验收，三级安全防范系统（工程）的验收可适当简化。

1. 验收条件

（1）初步设计方案通过论证

安全防范系统设计要通过相关单位的论证。

（2）系统试运行达到设计要求并得到建设单位认可

试运行：系统调试开通后，应至少试运行一个月，并做好试运行记录。

试运行报告：建设单位依据试运行记录，提出系统试运行报告。内容包括系统运行起止日期，试运行是否正常，故障（包括误报警、漏报警）产生的次数、原因和排除故障的日期，系统功能是否符合设计要求以及综合评述。

试运行期间设计、施工单位应配合建设单位，建立系统的值勤、操作和维护管理制度。

（3）技术培训

依据合同有关条款对有关人员进行培训，培训应提供有关设备，系统操作和日常维护的说明、方法等技术资料。培训内容应征得建设单位同意。

（4）系统竣工

系统按设计任务书的规定内容全部建成，经试运行达到设计要求并为建设单位认可视为竣工。

系统竣工后由设计、施工单位写出竣工报告。竣工报告内容包括：工程概况、安装的主要设备、对照设计任务书或合同所完成的质量自我评估等。

（5）初验合格

由建设单位（含监理单位）组织设计、施工单位根据设计任务书或合同提出的设计使用要求进行初验，要求初验合格并写出初验报告。

初验报告包括以下内容：系统试运行评述；对照设计任务书要求，系统功能检测情况及质量主观评价；对照正式设计方案，核对安装设备数量和型号的结果；施工质量初验意见（含隐蔽工程随工验收单）。

（6）系统检测

一、二级安全防范系统（工程）在正式验收前，设计、施工单位必须向公安技防管理部门申请办理委托系统检测手续，并由公安技防管理部门向检测机构出具检测委托书。

检测机构在接到检测委托书和图样资料后，应及时对系统进行检测，并出具系统检测报告。

（7）验收图样资料

一、二级安全防范系统（工程）在正式验收前，设计、施工单位应向验收小组（验收委员会）报送全套验收图样资料（三级工程可提供相关验收图样资料）。

2. 系统验收的组织与职责

（1）验收组织

系统验收由建设单位会同公安技防管理部门组织安排。

（2）验收参加单位（人员）

出席验收会的单位（人员）有建设单位的上级业务主管部门，建设单位（含工程总包单位、使用单位、监理单位），设计、施工单位，公安技防管理部门，公安业务主管部门和一定数量的技术专家，必要时还应有检测机构代表参加。

（3）验收机构

系统验收时要协商组成验收小组或验收委员会。

（4）验收机构职责与要求

验收机构对系统（工程）应做出正确、公正、客观的验收结论。验收中，对照设计任务书、合同或正式设计方案及相关规定，逐项进行审查。发现系统有重大缺陷或明显不符合要求的，应向设计施工单位提出质询，并视答辩情况决定验收工作是否继续进行。

验收机构应对系统建设中存在的主要问题提出整改意见和建议。

3. 验收内容

（1）施工验收

1）基本要求

①施工验收由验收小组（验收委员会）指定的施工验收组负责检查验收。

②施工应按照设计文件及相关标准的要求进行，按图样施工，不得随意更改。

若根据实际情况确需作局部调整或变更的，应按程序进行审批，并提供建设（使用）单位和设计、施工单位双方认可的更改审核单。更改审核单可由设计、施工单位提出，经本单位负责人审核，报建设单位批准。重大变更要报公安技防管理部门备案，必要时要经审查认可。

③施工验收前，设计、施工单位应提供工程正式设计文件及相关图样、施工记录等。

2）施工验收内容

施工验收主要验收工程施工质量，包括设备安装质量和管线敷设质量。

①按规定的项目和要求，分别检查前端设备和终端设备的安装质量；

②在进行施工验收时，复核随工验收单的检查结果；

③复核土建施工单位提供的弱电系统接地电阻测试数据，应符合 GB 50198—94 标准要求；检查接地系统是否按等电位接地要求施工，并符合 GB 50057—94 标准要求。

④抽查明敷管线及明装接线盒、桥架、管井中线缆接头等施工工艺，并应符合 JGJ/T 16—92 等相关标准的要求。

（2）技术验收

1）基本要求

①技术验收由验收小组（验收委员会）指定的技术验收组负责检查验收。

②对照原初步设计论证意见与整改情况以及系统检测报告，检查系统的主要功能和主要技术指标，应符合国家或公共安全行业相关标准、规范的要求和设计任务书或合同提出的技术要求。

③对照系统竣工报告、系统初验报告，检查系统设备的配置（数量、型号及安装部位）应符合正式设计方案要求。

④检查系统选用的技防产品，应符合国家或公共安全行业有关标准和管理的规定。

⑤检查系统中的备用电源，备用电源在主电源断电时，应能自动切

换，保证系统在规定的时间内正常工作。

⑥对具有集成功能的安全防范系统，应按照正式设计方案和相关标准进行检查。

⑦对工程按各分系统项目进行现场功能抽检复查，并做好记录。

2）报警系统的抽查与验收

①根据试运行报告，复核误、漏报警情况；对入侵探测器的安装位置、角度、探测范围作步行测试抽查；作防拆保护抽查；检查室外周界报警探测装置形成的警戒范围有无盲区。

②检查系统布防、撤防、旁路和报警显示功能。

③抽查当有联动要求时，联动对应的灯光、摄像机、录像机等联动功能。

④对于已建成区域性安全防范报警网络的地区，检查系统直接或间接联网的条件。

3）电视监控系统的抽查与验收

①对照系统检测报告，系统的技术指标应满足 GB 50198—94 中的相关要求。

②系统结构与配置同正式设计方案的符合度。

③监视图像主观评价不低于 4 级，记录图像的回放质量至少能辨别人的面部特征。

④对操作与控制的功能检查，如图像切换，云台转动是否平稳，镜头的光圈、变焦等功能是否正常，避免逆光效果等。

⑤摄像时间、摄像机位置和电梯内楼层显示等图像的标志符，显示是否稳定正常；电梯内摄像机的安装位置（要求安装在电梯厢门左或右侧上角）是否能有效监视电梯乘员。

⑥对金融系统银行营业场所、文博系统，是否满足 GB/T 16676—1996 和 GB/T 16571—1996 的相关要求。

4）出入口控制系统的抽查与验收

①系统工作是否正常，并按正式设计方案达到相关功能要求。

②系统存储通行目标的相关信息是否正常，对非正常通行是否具有报警功能。

③楼宇对讲电控防盗门作为一种出入口控制系统是否能正常工作，开锁继电器是否有自我保护功能，可视对讲系统的图像是否能辨别来

访者。

④出入口控制的联网报警部分，是否符合相关技术要求。

5）中心控制室的检查与验收

①检查通信联络手段（一般不少于两种）。

②是否具有自身防范、防火和雷电防护等安全设施。

（3）资料审查

1）基本要求

①资料审查由工程验收小组（验收委员会）指定的资料审查组负责审查。

②工程正式验收时，设计、施工单位应按规定的要求提供全套验收图样资料。

③图样资料应保证质量，做到内容齐全、标记正确、文字清楚、数据准确、图文表一致。

④图样的绘制应符合 GA/T74—2000 及国家标准的有关规定。

2）审查内容

①按要求审查设计、施工单位提供的验收图样资料的编制质量（准确性、规范性）和与工程实际的符合度。

②根据工程规模，审查验收图样资料的完整性，包括日常维修服务条款。

4. 验收结论与整改

验收小组（验收委员会）根据施工验收、技术验收及资料审查的结果，认真如实地作出验收结论。对验收通过或基本通过的安全防范系统（工程），设计、施工单位应根据验收结论写出经建设单位认可的整改方案，建设单位上级主管部门、公安技防管理部门和公安业务主管部门应督促、协调、检查整改方案的落实。

（1）验收判据

施工质量验收：按要求对隐蔽工程质量进行复核，并根据各单项的检查结果，综合后填写验收意见；对设备安装质量和明装管线质量进行检查并根据各单项的检查结果统计出合格率。

技术质量验收：对系统实施情况同正式设计方案的符合度和系统功能进行现场复核抽查，并根据各单项的检查结果统计出合格率。

资料审查：对资料的完整性、准确性、规范性进行审查，并根据各单项的审查结果统计出合格率。

按《安全防范系统验收规则》（GA308—2001）规定，合格率大于等于0.8判为通过，合格率小于0.8、大于等于0.6，判为基本通过，合格率小于0.6判为不通过。

（2）验收结论

验收结论分通过、基本通过和不通过三种。

验收小组（验收委员会）在作出验收结论时，对验收中存在的主要问题提出建议与要求。

（3）验收不通过的系统不得交付使用。设计、施工单位应根据验收结论提出的问题，抓紧落实整改后再进行验收，系统复测时应适当提高原不通过部分的抽样比例。

（4）验收会结束，应及时把全套验收图样资料退回设计、施工单位。

（5）验收通过或基本通过后，设计、施工单位应根据验收结论写出整改落实措施，并经建设单位认可。

5. 系统移交

（1）系统竣工图样资料修改整理归档

验收通过或基本通过后，设计、施工单位应按下列要求整理编制系统竣工图样资料，一式三份交建设单位。建设单位签收盖章后，其中一份交还设计、施工单位存档。

1）提供经修改、校对并符合规定的验收图样资料。

2）验收结论（含验收机构组成人员名单）。

3）设计、施工单位根据验收结论写出的并经建设单位认可的整改落实措施。

4）设计、施工单位提供的有关设备日常维护和系统操作的使用说明书。

（2）系统投入使用

系统验收通过或基本通过并有整改落实措施后，才能正式移交投入使用。建设单位或使用单位应有专人负责，并建立系统操作、保养、管理等制度；系统设计、施工单位应建立、落实维修服务制度。

（3）办理登记手续

设计、施工单位应按要求将经整理编制的全套竣工图样资料复印件，报送公安技防管理部门办理竣工登记手续。

(4) 保密规定

涉及机密级以上的图样资料，建设单位，设计、施工单位和相关单位及其人员必须遵守国家有关保密规定，并将知密面控制在最小范围。

能力要求

一、编制施工组织（设计）方案

安全防范系统的工程施工必须严格执行国家现有的标准、规范的规定。由有专业施工资质、有安装经验的专业安装队伍施工安装。系统的施工安装要经过公安技防监督机构的监督和验收。

1. 工程主要施工程序

工程项目的施工一般按以下程序和步骤进行施工的组织和工程安排。

(1) 工程前期的准备工作

完成施工人员现场准备工作，进行现场察看并确定施工现场的实际情况。组织采购工程前期所需材料、设备、施工工具等，材料、设备的规格、型号及数量可视工期情况组织购进。

(2) 材料及设备的进场

在现场具备进场条件时，材料进场。进场后及时填写报表送甲方与监理进行材料的验收。如果现场不具备进场条件，要等现场具备进场条件后，主要材料、设备才能进场，这一期间延误工程所造成的损失及工期由总包方及监理签字认可。

(3) 路由管路的核实

按照甲方确定的设计图样和工程规范，按照已确定的设计方案进行路由的核查工作，并且一边核实一边进行自检工作；按进度填写相应的工程报验单或隐蔽工程报验单，报送监理验收。

(4) 工程布线施工

布线施工材料进厂后报送总包和监理验收，验收完后进行布线施工，布线施工完毕后报监理验收。

(5) 设备的安装调试

采购工程所需设备，报送甲方和监理验收，如果不具备安装条件，必须等到具备安装条件后再进行设备的安装；如因延误工期并造成损失由总包方及监理签字认可。根据设计方案进行设备的安装调试，安装调试完毕后报甲方和监理验收。

(6) 测试

按照测试规范进行测试工作，在测试过程中对出现的错误进行改正，以保证测试通过；对测试数据进行整理并根据合同要求做好测试报告及软盘的准备；测试完成，请甲方及监理签字认可，提交成品保护。

(7) 工程验收

根据甲方、监理及参加工程验收单位的要求，做好工程验收的准备，及时做好整改工作；验收后落实验收报告，并请甲方或有关单位做出工程评价。

(8) 竣工资料

工程竣工后要做出竣工资料，竣工资料包括：工程概况、技术方案文件、主要设备清单、移交文件记录、竣工图样、楼层配置表、地址配置表、调试报告等；资料要经项目经理及主管工程师签字认可，竣工资料交于甲方。

2. 施工组织（设计）方案的编写

安全防范系统的施工、安装与调试过程是项目的实施过程，是比较复杂和细致的工程。科学合理地进行施工、安装、调试，是决定整个系统质量的关键步骤，必须根据设计图样和标准、规范要求进行施工。它是工程顺利进行的必要保证。

在工程施工前，应编写工程施工组织方案。施工组织设计方案包括如下内容：

(1) 工程项目概况

工程项目的简要介绍包括：工程名称、工程施工地点、工程内容范围、工程工期等。

(2) 工程施工组织机构及职能

确定工程施工组织机构，做好组织工作。工程施工组织及分工责任如下：

1) 项目经理（工程项目负责人)。项目经理负责对该工程项目的全面组织、领导、协调工作；根据总体设计方案确定现场施工班子，全面掌握施工规范和标准，明确各方具体职责，对施工细节和施工进度做出详尽安排，并配合公司财务部严格控制工程投资施工预算；在施工过程中协调项目业务人员、设计人员同施工现场保持联系，对施工过程实施全面指挥，并将施工中的重要信息通报公司领导。

2）工程施工现场负责人。直接负责现场施工管理，组织调配施工人员，严格按图施工；协助项目经理组织协调施工顺序，负责现场所需设备材料的加工和准备，特别注重施工安全和施工质量的管理。

3）现场工程师。由工程技术人员担任，负责施工工程中的技术管理工作，解决工程施工过程中出现的技术问题，负责与有关部门和人员的技术协调工作，负责现场的技术指导和设备的安装调试；把握施工质量，及时反馈技术方面有关信息。

4）现场质量管理和检验工程师。贯彻质量保证体系，按照相关技术规范、相关标准和设计方案要求，进行施工工程质量的把关；负责现场施工、安装、调试各工序、各步骤的质量检验，竣工前的预检和最终的竣工验收。

5）现场安全员。依照现场施工安全管理条例，负责在现场实施安全监督管理；督促施工人员严格自觉遵守制定的现场施工安全管理制度。

6）现场材料员。对现场材料实施保管，按规定存放和发放；做好施工现场的各项统计工作；严格按照工程预算，科学合理使用工程设备和工程材料。

7）后勤保障人员。根据工程项目需要，安排后勤保障人员，负责对施工人员食宿等方面的保障工作。

（3）施工规范与标准

说明工程施工的技术依据和相关规范标准。

（4）工程施工部署

说明工程施工的总体部署、施工布置及阶段划分。

（5）施工工程进度计划和工期安排

根据各相关协作单位的编制计划，合理编制安全防范系统工程的控制性实施计划，再根据各个施工阶段的具体要求，明确重点项目，保证工程的施工进度，协调各工种的配合；及时编制各阶段施工计划，在各系统施工逐渐明朗时，组织施工计划人员编制总体的控制性网络计划。

（6）工程主要施工方法

说明工程施工技术要求、布线要求、系统设备安装方法、线缆连接要求等施工工艺及相关工艺标准；说明工程施工难点、重点及重点工序的施工步骤；告知施工使用的技术装备、机具。

(7) 工程质量保证措施

工程质量保证措施包括工程使用材料、设备质量的控制依据和工程施工质量的控制依据，以及在质量控制中使用的支持工具（测试仪器等）、技术（优化设计和技术交底）和方法（组织方法为主，包括工程准备工作质量管理、质量管理工作程序、质量保证体系等）。

(8) 安全施工保证措施

明确安全生产组织管理体系及职责；明确安全防范重点；保证工程施工安全的措施、保证系统运行安全的措施等。

(9) 施工工期保证措施

根据施工进度计划，明确进度目标，说明保证施工工期的措施及方法。

(10) 文明施工保证措施

实现现场文明施工的技术措施及相关规章规定。包括对场容场貌、临时设施的管理措施，现场施工守则等。

(11) 工程施工的协调

包括施工现场与建设单位、其他专业施工单位、监理单位等的协调措施及方法。

二、编制工程竣工验收文件

工程资料是工程项目竣工验收和质量保证的重要依据之一，施工单位应按照合同要求提供全套竣工验收所必需的工程资料，经监理工程师审核，确认无误后，才能同意竣工验收。竣工验收资料包括两部分，商务文档和技术文档。

1. 竣工验收的商务文档

竣工验收的商务文档内容包括：

(1) 工程项目开工报告。

(2) 工程项目竣工报告。

(3) 项目总包、分包等单位的设计和施工人员名单。

(4) 设计变更通知书。

(5) 工程质量事故发生后的调查和处理资料。

(6) 材料、设备的质量合格证明资料。

(7) 试验、监测报告。

(8) 工程施工进度记录及施工日志。

(9) 工程竣工验收及资料。

2. 竣工验收的技术文档

工程竣工资料中最重要的部分是技术文档的验收。

安全防范系统的竣工验收技术文档包括：

(1) 安防工程验收合格证书与安防工程验收技术文档。

(2) 安全防范系统的设备（软硬件）清单、产品说明书及操作手册。

(3) 安防系统运行管理规章制度。

(4) 安全防范系统运行记录。

第六章
培训与管理

第一节 培 训

学习目标

通过学习，能够完成对智能楼宇管理员和助理智能楼宇管理师的培训。

相关知识

一、培训概述

1. 培训的概念

培训是通过短期的以掌握某种或某些较专门的知识和技巧为目的的指导活动。培训可使员工具有完成某项工作所必须的技能。经过培训之后，一般要求员工能较快地把这种技能运用于工作之中，马上给企业带来收益。培训强调知识、技术、能力和正确态度的获取。培训能有效开启企业员工的潜能，对企业而言，开启企业员工的潜能可以实现人力资本的增值，增进企业的竞争力。由此可见培训有以下四个重要性：

（1）培训是企业发展的支柱。

（2）培训逐渐成为员工对企业的要求。

（3）培训是企业的一项投资。

（4）培训是企业挖掘自身资源的手段。

2. 培训与教育的区别

（1）培训

企业的培训与学校中的教学是不同的，它是由企业战略规划所决定的，是为企业经营目标服务的。员工通过培训学习要出现行为的改变，使其能做以前所不能做的事。而教育涉及个人成长和发展中的一系列问题，包括知识、道德品质、价值观、法律以及能力等多方面，而培训的范围则较为狭窄，注重某一门专项的与工作有关的技术或品格。使员工掌握相应的管理知识和管理技能，增长技术知识和提高技术能力，更好地完成现在承担的工作。

（2）教育

教育通常指通过系统的、正规的、整体性的教学、训练、实习等活动来提高教育对象的素质，包括知识能力、品德修养等，以使他们能胜任未来的工作。教育是一个系统过程，包括早期教育、学前教育、学校教育以及技能教育等。企业培训与学校教育的区别具体内容见表6—1。

表6—1　企业培训与学校教育的区别

内容	企业培训	学校教育
学习目的	有针对性，是解决企业问题的方法和手段，完成企业任务的措施和途径	提高学生个人素质和改善知识结构，是提高社会经济文化水准的措施和途径
学习基础	以能力为基础	以学科知识为基础
学习依据	培训需求分析	教学大纲
学习重点	技能教育、素质教育	知识教育、素质教育
学习方法	案例分析、演练、现场学习、模拟练习、角色扮演	单向教学为主
学习教材	特别编制	统一课本
学习氛围	浓烈的企业文化特点，宣扬企业文化	承传社会传统的文化特征

目前，世界上很多大企业的经验表明，不花大量的时间和金钱去做有效的培训，企业很难实现其发展目标和提高劳动生产率。因此，建立有效的企业教育培训系统至关重要。企业从自身的生产发展需要出发，积极通过学习、训练等手段提高员工的工作能力、知识水平，最大限度地使员工的个人素质与工作需求相匹配，将会促进员工提高工作绩效，最终能够有效地改善企业的经营业绩，从而完成一个系统化的行为过程。企业正是通过这个行为改变过程，最终实现企业人力资源发展战略计划。

3. 培训的原则

培训作为人力资源开发的一项重要手段，可以为企业创造价值，但这种价值的实现，还要求企业在实施培训的过程中，要遵循以下几个基本的原则。遵循这些原则也是培训任务完成和培训目标实现的重要保证。

（1）战略原则

企业应根据经营发展战略要求和技术变化的预测，以及将来对人力资源的数量、质量、结构的要求与需要，有计划、有组织地培训员工。使员工了解企业的发展战略、经营方针、经营状况、规章制度、文化基础、市场环境及竞争情况等。如对管理人员要进行计划、组织、领导和控制等管理知识的培训，还要他们掌握心理学、激励理论等有关人的知识，以及经营环境，如社会、政治、文化、伦理等方面的知识。

（2）长期性和速成性

随着科学技术的日益发展，人们必须不断接受新的知识，不断学习。任何企业对其员工的培训应是长期的，员工学习的主要目的是为企业工作。所以，培训一般针对性较强、周期短，具有速成的特点。许多培训是随经营的变化而设置的，如为改善经济技术指标急需掌握的知识和技能以及为掌握已决定进行的攻关课题、革新项目急需的知识和技能，为强化企业内部管理急需掌握的管理基本技能等。

（3）人性化原则

对员工的关心和爱护是企业培训的一个重要原则，也就是说，任何培训除对企业负责，满足企业发展要求外，更重要的是对员工个人负责，甚至是对其一生的发展和幸福负责。所以在培训中，除一些专业技能的训练外，还应该告诉员工如何有效处理工作和家庭的关系，如何度过自己的业余时间，如何保持好一种平衡的心态，如何管理压力等。

（4）按需施教、学用一致原则

企业员工培训和一般院校的普通教育不同，只有和实际相结合才能产生较好的效果。理论联系实际，就是要求培训要根据企业经营和发展状况以及企业员工的特点来进行，既讲授专业技能知识和一般原理，提高受训者的理论水平和认识能力，又解决一些企业在经营管理中存在的实际问题，以提高企业的整体效益和管理水平。

（5）因材施教原则

培训作为教育的一种形式，运用教育的基本原理来指导培训，也可以保证培训的有效性，因材施教便是其中之一。因材施教首先要求承认企业员工个体之间的差异，这对于制定有针对性的培训计划是非常重要的。所以，培训要根据企业员工的不同状况，选择不同的培训内容，采取不同的培训方式。同时，即使是对同一员工，在不同的发展阶段，其培训也应有所差异。

（6）心态原则

企业员工以一种什么样的心态来对待培训，对培训效果有很大的影响。所以，对任何企业的培训而言，员工的积极心态是非常重要的。因此，培训都要让员工有一种开始学习的心理准备。换句话说，就是首先要有思想发动，使其对培训内容、安排等各个方面都有一个初步的了解。而且要尽力使培训成为一个轻松的过程，不要成为员工的一种负担。

（7）培训方式和方法多样性原则

企业在选择培训方式时要采用丰富多彩的、多样性的形式，目的是为了提高受训人的兴趣。有了兴趣，企业员工才有可能全身心地参与和投入到培训当中。所以，任何企业开展培训，如果员工对其不感兴趣是没有什么效果可言的。要使员工对培训发生兴趣，就必须使培训的内容、方式等能最大限度地满足其需要，变“要我学”为“我要学”。

（8）自发创造原则

每一次培训对组织者来说，都是一次新的挑战，都是一个创新的过程。因此，在培训的过程中要注意充分调动企业员工的主动性、创造性，强调员工的参与和合作，使他们在每一次培训的过程中都能自发地体验到创造的乐趣。

二、企业培训的种类和方法

1. 企业培训的种类

一般情况下，企业培训包括以下几种类型。

(1) 职工上岗前培训。

(2) 在职员工的培训。

(3) 总经理、部门经理的培训。

(4) 管理人员的培训。

(5) 工程技术人员的培训。

2. 企业内部培训方法的选择

要使员工培训更有效，适当的培训方法是必要的。培训方法大致可分为六类：课堂授课法、案例分析法、情景模拟法、角色扮演法、行为塑造法和影视培训法。

(1) 课堂授课法

课堂授课法指培训者用语言表达其传授给受训者的内容，它是一种单向沟通的方式——从培训者到听众。尽管交互式录像和计算机辅助讲解系统等新技术不断出现，但课堂授课法仍是员工培训中最普遍的方法。课堂授课法的成本低、节省时间；有利于系统的讲解和接受知识，易于掌握和控制培训进度；有利于更深入地理解难度大的内容；并且可同时对许多人进行教育培训。课堂授课法适合以培养受训者工作技巧和工作技能为目的的培训。

(2) 案例分析法

案例分析法是将实际发生过或正在发生的客观存在的真实情景，用一定视听媒介，如文字、录音、录像等描述出来，让受训者进行分析思考，学会诊断和解决问题。它特别适应于开发高级智力技能，如分析、综合及评价能力。该方法的优点是提供了一个系统的思考模式，在案例分析学习过程中，接受培训可得到一些管理方面的知识和原则，建立一些先进的思想观念，有利于受训者参与企业的实际问题的解决。案例还可以使受训者在个人对情况进行分析的基础上，提高承担风险的能力。案例分析法适合于以培养企业中级以上经营管理人员的经营决策能力为目的的培训。

(3) 情景模拟法

情景模拟是一种代表现实中真实生活情况的培训方法，受训者的决策结果，可反映其在被“模拟”的工作岗位上工作会发生的真实情况。该方法常被用来传授生产加工技能和人际关系技能等。模拟环境必须与实际的工作环境有相同的构成要素。模拟的环境可通过模拟器仿真模拟出，模拟器是员工在工作中所使用的实际设备的复制品。该方法培训的有效性关键在于模拟器对受训者在实际工作中使用设备时遇到的情形的仿真程度，即模拟器应与工作环境的因素相同，其反应也要与设备在受训者给定的条件下的反应完全一致。仿真模拟法的优点在于，能成功地使受训者通过模拟器简单练习增强信心，使其能够顺利地在自动化生产环境下工作。

虚拟技术用在情景模拟法的培训工作中已成为现实。它是为受训者提供三维学习方式的计算机技术。即通过使用专业设备和观看计算机屏幕上的虚拟模型，让受训者感受模拟环境并同虚拟的要素进行沟通，且利用技术来刺激受训者的多重知觉。在虚拟现实中，受训者获得的知觉信息的数量、对环境传感器的控制力以及受训者对环境的调试能力都会影响到“身临其境”的感觉。虚拟现实法适用于工作任务较为复杂或需要广泛运用视觉提示的员工培训。

（4）角色扮演法

角色扮演法是设定一个最接近现状的培训环境，指定受训者扮演角色，借助角色的演练来理解角色的内容，从而提高积极地面对现实和解决问题的能力。角色扮演有助于训练基本技能，有利于培养工作中所需素质和技能，有利于受训者态度、仪容和言谈举止的改善与提高。角色扮演不同于情景模拟，主要表现在：角色扮演提供的情景信息十分有限，而情景模拟所提供的信息通常都很详尽；角色扮演注重人际关系反应，寻求更多的信息，解决冲突，而情景模拟注重于物理反应；情景模拟的受训者的反应结果取决于模型的仿真程度，而在角色扮演中结果取决于其他受训者的情感与主观反应。角色扮演法适合于以改变受训者的工作态度为培训目的的培训。

（5）行为塑造法

行为塑造法是指向受训者提供一个演示关键行为的模型，并给他们提供实践的机会。该方法基于社会学习理论，适应于学习某一种技能或行为，不太适合于事实信息的学习。有效的行为塑造培训包括以下四个重要的步骤：

1）明确关键行为。关键行为就是指完成一项任务所必需的一组行为。通过确认完成某项任务所需的技能和行为方式，以及有效完成该项任务的员工所使用的技能或行为来确定关键行为。

2）设计示范演示。即为受训者提供了一组关键行为。录像是示范演示的一种主要方法，科学技术的应用使得示范演示可通过计算机进行。有效的示范演示应具有几个特点：演示能清楚地展示关键行为；示范者对受训者来说是可信的；提供关键行为的解释与说明；向受训者说明示范者采用的行为与关键行为之间的关系；提供正确使用与错误使用关键行为的模式比较。

3）提供实践机会。即让受训者演练并思考关键行为，将受训者置于必须使用关键行为的情景中，并向其提供反馈意见。如条件允许还可以利用录像机将实践过程录制下来，再向受训者展示自己模拟正确的行为及应如何改进自己的行为。

4）应用规划。即让员工作好准备，在工作当中应用关键行为，以促进培训成果的转化。如，可以让受训者制定一份“合约”，承诺在工作中应用关键行为，培训者应跟随观察受训者是否履行了合约。

（6）影视培训法

影视培训法是利用幻灯、电影、录像、录音等视听教材进行培训。这种方法利用人体感官（视觉、听觉、嗅觉等）去体会，比单纯讲授给人的印象更深刻。录像是最常用的培训方法之一，被广泛运用在提高员工沟通技能、面谈技能、客户服务技能等方面，但录像很少单独使用。视听教学法表现出的优点有：

1）视听教材可反复使用，从而能更好地适应学员的个体差异和不同水平的要求。

2）教材内容与现实情况比较接近，易于使培训者借助感官去理解，加上生动的形象更易引起兴趣。

3）视听教学法使受训者受到前后连贯一致的指导，使项目内容不会受到培训者兴趣和目标的影响。

4）将受训者的反应录制下来，能使他们在无须培训者进行解释的情况下观看自己的现场表现。

影视培训法既适合于以培养受训者工作技巧和工作技能为培训目的的培训，也适合于以培养企业中级以上经营管理人员的经营决策能力为培训目的的培训，又适合于以更新受训者的知识为培训目标的培训以及以改变受训者的工作态度为培训目的的培训。

三、企业培训管理流程

1. 培训需求分析

培训工作的开展始于对其需求的分析，只有正确地把握了对培训的需求状况，才可能真正有效地实施培训。

培训需求分析的目标就是确定实际运行和最佳操作的差距，进而通过培训消除这个差距。

2. 培训计划的制订

确定培训需求之后，要着手制订培训计划。

从时间期限上看，培训计划可分为长期培训计划和短期培训计划，如对应于企业人力资源规划的 3～5 年培训计划、年度培训计划及月度培训计划。

从范围层次上看，培训计划可分为公司总体培训计划和部门培训计划等。

此外，还有为满足特殊培训需求而制订的专项培训计划。

3. 培训实施准备

培训计划制订完毕，接下来的工作就是进行培训实施的准备。准备工作主要包括以下内容：

（1）资金准备。落实培训经费，为培训的顺利实施提供财力保证。

（2）物力准备。包括培训设备、培训场所、培训教材等的落实。

（3）人力准备。落实负责培训的机构、人员以及培训教师等。

4. 培训实施运作

一切准备工作就绪，就应按照培训计划中规定的程序和进度实施培训。实施过程中应特别注意以下问题：

（1）培训的组织工作应做到责任到人，每个环节都有专人负责。

（2）帮助受训人员明确培训目的，端正态度。

（3）严格培训纪律，对受训人员的考勤情况提出明确要求并做详细记录。

（4）及时收集受训人员对培训所做出的反映（意见、建议和要求等）并记录在案。

（5）培训结束及时对受训人员进行考核。

（6）必要时，根据考核情况对受训人员进行适度的奖惩。

5. 培训效果评价

对培训效果的评价是培训管理流程的最后一项工作。评价是培训的重要组成部分，没有对培训的评价，就等于培训工作没有最后完成。评价既是对上一阶段培训效果与利弊的估量，也是改进和完善下一阶段培训工作的重要依据。

能力要求

一、制订培训、指导方案

1. 编制技术培训计划

(1) 技术培训需求分析

技术培训需求分析的目的在于提高员工的理论知识和操作技能，因此需要有一种机制来决定培训对象现有技术是否需要提高，以及在哪些方面和何种程度上来提高。在技术培训设计过程中，这种机制就是需求分析。

1) 需求分析的目的是搜集、寻找现有技术缺陷的有关数据，以判断是否在现有水平和理想水平之间存在着差距。工作的哪些方面存在差距，哪些工作人员对这些差距负责，显示现阶段和理想绩效之间差距的有关数据来决定是否需要培训、需要在哪些方面培训、多少培训，以及哪些工作人员需要培训。

2) 根据实际情况以及培训中可利用的资源选择一种合适的培训方法。可以运用从纯粹的主观判断到客观的定量分析之间的各种办法。哪些工作领域是最重要的和哪种培训效果是最好的，均需准确判断。要尽可能客观地收集和分析数据和信息，可采用问卷调查等方法收集培训需求。

(2) 技术培训内容的设置

技术培训内容的设置要包括以下几方面。

1) 确定技术培训的目标，明确培训计划要解决什么问题或达到什么目的。

2) 针对具体岗位不同，设置相应的技术培训内容。

3) 确定在技术管理过程中，什么地方与现实需要存在差距，需要弥补。

4）为满足设备运行管理需求，开展技能提高性培训。

5）为满足今后企业发展需要，在专业领域保持一定的技术或管理水平，开展前瞻性培训。

6）掌握培训对象情况。培训计划中的培训项目是对什么人或者什么岗位的任职人员进行的，他们的学历、经验、技能状况如何。

7）新员工的理论知识培训和技能培训。

8）确定培训时间。培训时间包括三方面：首先，培训计划的执行或者有效期；其次，培训计划中每一个培训项目的实施时间或者培训时间；第三，培训计划中每一个培训项目的培训周期或者课时。

9）确定培训地点。培训地点包括两方面的内容：一是每个培训项目培训实施地点；二是实施每个项目时的集合地点或者招募地点。

10）确定培训形式和方式。指培训计划中的每个培训项目所采用的培训形式和培训方式。如，是外派培训还是内部组织培训，是半脱产培训、脱产培训还是业余培训等。

11）确定培训教师。培训计划中每个培训项目的培训教师由谁来担任，是内聘还是外聘。

12）确定培训组织人。培训组织人包括两个方面的人员：第一，培训计划的执行人或者实施人；第二，培训计划中每一个培训项目的执行人或者责任人。

13）确定考评方式。每个项目实施后，对受训人员的考评分为笔试、面试、操作三种方式。笔试又分为开卷和闭卷，笔试和面试的试题类型又分为开放式或者封闭式试题。

（3）培训课程的设置

1）培训课程首先要满足培训学员的需求，这是培训课程设置的基本依据。培训课程设置不同于学校课程设置，它要把培训学员作为占主导地位的或唯一的依据，也就是以学习者的需要、能力以及过去的经验作为课程要素决策的基础。

2）培训课程设置要符合成人学习者的认知规律，这是培训课程设计的主要原则。由于成人学习方法的特点，例如，成人学习目的性非常明确，他们参加培训的原因就是为了提高自己某一方面的技能或补充新知识，以满足工作的需要。因此，培训课程就要有一个明确目标，而且在培训课程教学内容的编排、教学模式与方法的选择、教师的配备、教材的准备等方面要有利于培训学员的学习方式。下面为某企业就加强安全生产管理工作做的培训计划案例。

例：培训目的是为了全面系统地提高安全工程技术人员的专业知识和业务水平，提高安全生产管理人员的业务素质，进一步提高管理人员的安全生产管理水平，更新安全管理理念，落实市安全生产会议的有关精神，建立、完善企业安全生产法制建设，特举办“安全生产技术、事故案例分析及安全管理知识强化培训班”。

培训对象：各级安全生产监督管理部门负责人及管理人员、企业安全工作负责人、安全机构处（科）长、安全生产技术和管理人员。

培训内容：安全生产法律法规、安全生产管理知识、安全生产技术、安全生产案例分析。

培训教材：《中华人民共和国安全生产法》《建设工程安全生产管理条例》《安全生产技术》。

培训方式：培训班由外请专家组授课。

培训时间：2006 年 07 月 22 日～2006 年 07 月 25 日。

培训地点：四楼多功能厅。

2. 编制技术指导方案

(1) 技术指导内容

在物业管理中，设备运行管理是管理过程中的重要环节，它关系到物业的使用价值的体现，是支撑物业管理活动的基础。智能楼宇的设备运行成本在物业管理运作中占有相当大的比重，设备运行不好，不但会直接影响业主的利益，而且会严重影响物业管理企业的社会声誉。因此，如何搞好物业设备运行，有效的技术指导必不可少。尤其是给智能楼宇管理人员编制技术指导方案，要结合智能楼宇的设备运行特点、设备运行目标以及设备运行管理三个方面的内容进行。

1) 掌握智能楼宇设备运行特点

①各类管线结构。各类管线包括：各类空调管路、给排水管路、消防管路，各类电力母线、干支线，电话、电视、监视线缆，各类通风、排风管路等。管线结构的特点是纵横交错，以隐蔽或半隐蔽的工程结构形式布置。各类管线通过阀门、插接箱、接线架框等结点构成网络形式，分布楼宇的各个层面。各类设备的运行都依赖这些管线网络的联系，要把握这些管线网络，必须加强技术指导。

②终端设备的运转状态。如空调风机盘管，用户配电箱，各类照明器具，电视、电话插座，卫生洁具，等。这些设施数量多、分布面广、易损。单台设施的停用，不会影响到系统的工作，易使运行管理人员疏忽。但由于这些设施直接为用户使用，是设备运行管理与用户对话的界面，直接反映工作质量和服务效果。因此，编制技术指导方案不能少此内容。

2）明确设备运行目标

物业设备运行目标从物业管理行业角度来看，应包括安全性、可靠性、舒适性、经济性四个方面。

①安全性。安全是设备运行管理的第一要求，没有安全就没有一切。设备运行管理的安全目标，一是设备体系运行安全，包括本体、管线、终端、环境的运行安全；二是用户的使用安全，如热水器热水温度的控制、用电器的接地保护等；三是操作者的生产安全。

②可靠性。物业设备运行的可靠性表现在两个方面：一是对服务需求的保障能力；二是应付突发事件的及时性。提高设备运行的可靠性，取决于两基本条件：

第一，设备保障能力。包括设备容量、备用设备余量，设备运行参数的稳定性、可调节性，管线布置的合理程度，以及终端设施的完好率，等。

第二，管理能力。良好的管理往往可以弥补设备配置的一些先天缺陷。反之，混乱的管理就可能抑制设备能力，使原本可以满足需求的设备配备感到不足，形成浪费。在设备运行体系已经配置完成，且不易更改的情况下，使设备保障能力得到充分发挥，必须做到“三严”：严格的管理制度，严密的运行计划（包括突发事件应对计划），严肃的工作作风。

③舒适性。从物业管理行业服务性的特点看，舒适性目标是物业设备运行管理必备的目标之一。舒适性是最能体现物业管理行业服务特点的一项指标，也是反映物业管理员工工作细腻性一面的一项指标。舒适性指标包括两个方面：一是指标满足性，即功能满足程度，这是一项硬性指标，靠设备参数的调节来实现。设备参数的调节可以通过自动化仪表和自控系统来实现精确控制，但给定参数的高、低，要靠操作者和管理人员长期探索，认真总结分析才可以得到。这必须要有细腻严实的工

作作风方可实现。另一项是感官满足性，即感觉满足程度，这一要求除了考虑服务对象的共性之外，还要考虑服务对象之间的差异，在现有条件下做到“因人而异”，提供高质量的服务。

④经济性。物业管理企业在提供服务时，经济性目标必然是设备运行管理的目标之一。经济性目标与以上三个目标相比，是一个收敛性或限制性的目标。经济性对物业设备运行的要求是：必须在满足安全、可靠、适度舒适的前提下实现经济性目标；省能是实现经济性目标的主要途径。能源费用是物业设备运行费用的主要部分，节省能源费有两种方式：一是利用能源的可替代性，采用适用的经济的能源；二是省能，采用第一种方式一般需要进行一些工程和设备改造。在物业管理中，工程和设备改造是比较困难的。所以，降低能源费用基本上靠省能方式实现。省能有两个途径：第一，减少使用量，这在某些场合和时间是可行的。例如，降低照度过高的照明功率，降低过高的供暖温度等。但减少使用量与用户需求往往是矛盾的。因此，这个途径有较大的限制。第二，提高能源利用率。主要方法是，改造设备，提高能源利用效率；合理调节运行方式和运行参数，最大限度地利用能源；减少能源损失。总之，采取一切可行的方法，努力提高能源利用率，是楼宇省能、节省能源费的主要方式。

(2) 技术指导方案

1) 建立和完善标准体系内容。根据设备所在物业的特点和服务对象，结合设备本身的技术要求，制定与之相适应的运行标准，是搞好物业设备运行的首要工作。标准的制定是一个动态的，不断完善的过程。随着设备运行时间的推移，物业服务对象的变动等种种因素的改变，设备运行标准的补充和完善、变动和修订将伴随着设备运行管理的全过程。

2) 预防性措施内容。由于物业管理设备运行的连续性特点，各种预防性措施在物业设备运行管理中处于特别重要的地位，包括：预防性试验，预防性检修，突发事件应变方案，巡检、点检、定检。在突发事件应变方案中，最重要的是组织方案。由于物业运行后，用于突发事情应变的设备一般来说变动不大，其应对能力受设计限制，突发事件发生时，通信、组织及时是处理好突发事件的最重要保证。在组织措施中，人员培训是基本保证。由于人力是一个可变的资源，同样数量的人员，训练有素和毫无准备，产生的作用有天壤之别。所以，物业设备运行管理中，有效地处理好突发事件应变是员工考核中最基本的一个项目。

所有类型的设备运行管理，都离不开人，人是各项因素中最活跃的因素。在现代自动化程度、智能化程度较高，硬件设施配备完善的物业中，重视人的数量、讲究人数比例已很少。强调人的素质，重视人的技术技能，已放到管理工作的首位。武器再先进，没有人会使用，先进的武器只能作为摆设，如果人的素质高、能够掌握先进的武器，人可以成为物的因素发挥的“催化剂”，量小作用大。因此，无论物业设备现代化水平如何，都决不可以忽视员工思想、技术、技能技巧。要重视技术能力，重视员工思想建设和组织建设，其中主要的方法是加强员工培训。在现代管理方法中，培训和工作是统一的，工作的过程也是培训的过程，培训是工作中不可分割和缺少的一部分。其中的关键是组织和方式。培训的意义和方式用两句话可概括为：只有经过培训的才是可以上岗的；只有在岗上继续培训的才是合格的。

二、制订授课计划与教案的编写

1. 制订授课计划

(1) 符合企业和学习者的需求

培训课程首先要满足企业和学习者的需求，这是培训课程设置的基本依据。培训课程设置不同于学校课程设置，它要把学习者作为占主导地位的或唯一的依据，也就是以学习者的需要、兴趣、能力以及过去的经验作为课程要素决策的基础。

(2) 体现企业培训功能的基本目标

企业培训的基本目标是进行人力资源开发。培训是人力资源开发三个主要组成部分（职业开发、培训与组织提高人力资源质量）之一，除了体现培训功能以外，还是实现其他两个部分的手段。培训课程正是实现培训功能的具体体现。

2. 编写授课教案

(1) 编写教案的前提

1) 深入研究本课程的教学大纲。教师在备课过程中，要深入研究教学大纲，明确本课程的教学任务和基本要求，掌握各章节的教学内容，分析大纲与教材之间的内在联系，要以教学大纲作为本门课程的“法律依据”，该课程教学成功与否，应根据教学大纲规定的教学要求进行检查。

2）钻研教材、习题集及实习课题。教材是教学内容的基本依据，是直接为培养目标服务的。这是对教材本质作用的概括。因此，教师必须吃透教材，了解全书的内容及各章节之间的内在联系，依据所授专业的要求来评估教材的深度和广度，在此基础上，再具体分析、确定每一课题的教学目的、重点、难点和关键问题，并进一步安排教学过程和组织教学内容。若有习题集，应做好习题解答，评估习题集各章节的难易程度、数量等。对实习课，应规范自己的示范动作或操作演示，以及巡回指导中如何突出重点，分散难点，做到心中有数。对教材、习题和实习应达到懂、透、化的境地。在钻研教材的同时，还要收集有关的参考资料和生产实践中的实例，来补充、丰富讲课的内容。

3）做好培训对象的调查了解工作。教学活动是教师和学生的双边活动，学生是学习的主体，即学生学习的主动性和积极性是学习的内因，教师的授课则是外因，只有调动了学生在课堂中学习的能动性，教师在课堂教学中才能发挥主导作用。切记，教学最终目的是要使学生按教学要求掌握知识、发展智力、提高能力。教学成败的关键之一，是内容和方法是否符合学生的实际。这就要求教师必须了解学生的知识现状、文化基础、接受能力、学习习惯、思想状况和个别差异等，以利调动学生的学习积极性，充分利用学生已有的知识和经验进行有的放矢的教学，更好地贯彻因材施教的教学原则，避免主观盲目性，不致挫伤学生的学习积极性而导致教学的失败。因此，教师要通过多种途径和办法去了解学生。

4）研究教学方法。教学方法是完成教学任务所采取的工作方法，是为教学目的服务的。教师运用教学方法向学生传授知识、技能和技巧，培养学生的能力，发展学生的智力。教学方法是由许多教学方式和手段所组成的，是一种富有创造性的艺术，具有很大的灵活性和独创性，并往往带有教师的个人色彩和独特风格。对不同的教学环节，不同的教学内容和教学对象，各有其不同的特点，这就需要有不同类型的教学方式、课堂结构和教学方法与之相适应。教学艺术取材于生活，但需依据教材进行巧妙的构思，精心设计出丰富多彩的表现手法。

学有规律，教无定法。只有在教学实践中根据教学的具体内容和学生的实际情况，灵活地选择和运用恰当的教学方法，并在实践中不断地创新，才能不断地提高教学质量，达到预期的教学目的。

（2）教案的内容

教案是一套精心设计的教学方案的简称，是备课的结果，是教学的书面指导文件。内容有课程名称、任课教师、授课班级、章节名称、课题排序、讲授时间、审批权限、教学目的与要求、教学重点、教学难点、授课类型、所需教具（挂图、模型、小黑板及电化教学等）、课外作业、教学程序与时间分配、板书板图设计等。编写教案可以促使教师在课前更充分地做好准备，上课时有计划地进行教学，又可积累资料，还可使课后总结有据可查。写教案可将讲课步骤事先设计好，包括如何联系旧课、引入新课，以及如何由浅入深、深入浅出、引人入胜，采取什么样的教学方法，举什么样的例子，用什么样的比喻，向学生提什么样的问题以及教具如何运用等。以利教师掌握时间，把整个课堂组成一个生动活泼的有机整体，避免离题、拖堂和冷场等情况的发生。一般来说，教案有扉页和续页，扉页包括的内容有：课程名称、任课教师、授课班级、章节名称、课题排序、讲授时间、审批权限、教学目的与要求、教学重点、教学难点、授课类型、所需教具（挂图、模型、小黑板及电化教学等）、课外作业、教学程序与时间分配、板书板图设计等。

培训课程教案的计划设置必须满足岗位要求、符合技术现状、顺应科技进步、适应社会发展。而在培训教学中要求教员在授课时对狭义专业的通用理论进行广义的介绍，以扩展参培人员的知识面，丰富能力结构内涵。因此，在制订培训计划时就必须立足现场作业的需要选好切入点，只有这样才能使现场员工立即获得必须的知识，不绕圈子，节省时间。在极短的时间内，获取急需的知识。

（3）编写教案应注意的问题

1）教案应在有准备的前提下编写。教案必须在备大纲、备教材、备学生、备方法的基础上编写。

2）教案应源于教材，又高于教材。教案决不是对教材简单的重复或缩写，也不是抄写教学参考书。教材是教材编著者的知识和成果，而教案应该是教师对教材进行消化以后，把教学内容用自己的语言，按自己教学组织的顺序编制而成，教案付出了教师的心血，是教师对教材的再加工和再创造，它源于教材，又高于教材。

3）教案繁与简要适当。教案有繁有简，但繁简要适当。过繁的教案，不仅编写教案花费的时间过多，在教学中也易出现照本宣科的毛病；过简的教案，往往会使教学内容讲解分析不透，使授课内容显得干瘪而空洞。一般来讲，教案的繁简可因人而异，新教师或担任新课程教师的教案应稍繁一些，这样对教学业务水平的提高有很大帮助，而老教师由于对教材教法比较熟悉，教案可简单一些。

4）编写教案思路要开阔。编写教案应参考一定数量的其他有关教材和参考书籍，翻阅有关资料，以开阔教师自身的知识视野，拓展和诱发编写教案时的创新思路。

5）课后应对教案进行及时修改和完善。教案是课前一种教学设想的方案，能否行之有效，还得经受课堂教学的检验。因此，每教完一次课应及时回顾小结，及时地写出本教案实施的得失体会，总结经验、找出不足、改进教法，以便“推陈出新”，使教案不断完善。

总之，编写教案必须在“四备”的基础上，不断地设想，不断地总结，不断地改进，不断地创新，才能使设想不断地符合教学要求，从而不断地提高教学水平和教学质量。

第二节　管　　理

学习目标

通过学习，能够完成对智能楼宇管理员和助理智能楼宇管理师的岗位管理。

相关知识

一、什么是人力资源管理

人力资源管理是指为了完成管理工作中涉及人或人事方面的任务，所需掌握的各种概念和技术。它的内容包括多种专业性活动，这些活动之间需要相互协调、相互配合，以保证获取足够数量和较高质量的人力资源，形成人力资源管理系统的整合功能，保证公司总体目标的实现。人力资源管理有以下内容：

1. 工作分析（确定每一位员工所承担的工作性质）。
2. 制订人力需求计划并开展人员招募工作。
3. 对求职者进行筛选。
4. 引导并培训新员工。
5. 工资及薪金管理（如何给员工支付报酬）。
6. 奖金和福利的提供。
7. 沟通（面谈、建议与训导）。
8. 培训与开发。
9. 培养员工的献身精神。

二、技术发展趋势对人力资源管理的影响

技术进步产生两种效应，一方面它使生产率逐步提高，另一方面也将进一步使就业机会从某些职业转移到另外一些职业。

类似的变化也正发生在办公自动化领域。在这一领域中，个人计算机、字处理系统以及管理信息系统将改变办公室工作的面貌。

为了使这些新技术能够得到运用，就要求从业者必须具备相应的技能，而这种技能要求，很显然会对组织功能的各个层次都产生重要影响。劳动密集型的蓝领工作和一般事务性工作的作用将会削弱，而技术类、管理类和专业类工作的作用将会强化。这里需要再次强调的是，工作的性质将发生变化，人力资源管理部门所面对的劳动力的性质也将发生变化。因此，工作和组织结构必须重新设计，职位说明书必须重新编写，工资和奖励计划必须重新制定，员工甄选、评价以及训练计划也要重新拟定。这些趋势当然会对人事管理产生影响。

三、人力资源管理与传统人事管理的区别

人力资源管理贯穿始终的一个主题是承认员工是公司的一种宝贵财富。应该认识到，从人事管理到人力资源管理的转变不只是管理职能称谓的改变，而是一场管理观念和管理实践的更新。具体区别见表6—2。

表 6—2　　人力资源管理与传统人事管理的区别

管理涉及的项目	人力资源管理	传统人事管理
观念	员工是具有主观能动性作用的资源	员工是投入的成本负担
内容	不仅是人员与劳动力的管理而且是人力资本的管理	人员与劳动力的简单管理
范围	扩大到非正式组织、团队乃至组织外的人力资源	正式组织内
组织结构	树型、矩阵型扩大到网络型	树型或矩阵型
视野	广阔、远程性	较狭窄
性质	战略、策略性	战术、业务性
深度	主动、注重开发	被动、注重“管人”
功能	系统、整合	单一、分散
地位	从决策层到全员	人事部门执行层
作用	决定企业前途	提高效率与工作生活质量
工作方式	参与	控制、隐秘
协调关系	合作、和谐	监督、对立
角色	挑战性、动态的	例行性、记载式
导向	组织目标与员工行为目标一致	组织目标与员工行为目标分离

能力要求

一、编制人员的定岗定编

1. 编制部门架构

(1) 组织架构的设置

以管理单一物业项目的物业管理公司组织架构的设置为例，一般情况下公司设置为：办公室（含行政、人力资源）、财务部、经营部、工程部、保安部、保洁部、园林绿化部。

(2) 部门架构的设置

以工程部为例，一般情况下设置强电组、弱电组、暖通组，具体岗位设有电工、电梯工、弱电维修工、制冷工、水暖工、土建维修工等，如图 16—1 所示。

2. 编制岗位责任制

(1) 岗位设置的基本原则

一般情况下，每个岗位只有一个直接上级，只对直接上级负责，只向直接上级汇报工作，避免多头管理。在层级管理的前提下，尽量减少

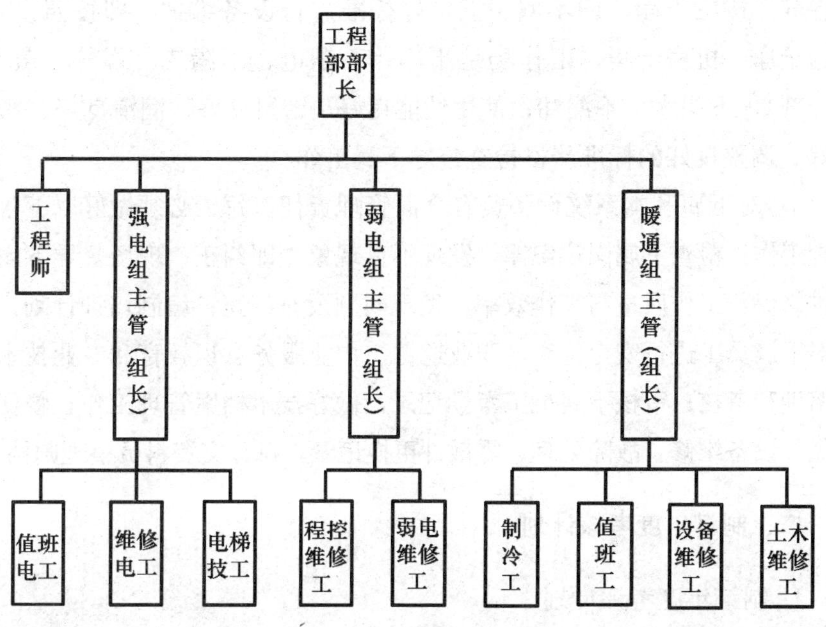

图 6—1 工程部构架图

管理的层次，以提高工作效率。

(2) 岗位责任制的基本内容

制定员工岗位职责制应包括内容有：本岗位工作负责范围、本岗位应具备的工作能力、本岗位工作内容、本岗位工作质量标准等。本岗位如有下级，工作内容中还要制定对直接下级员工的管理内容。图 6—1 所示工程部架构图为某物业管理公司的部门架构，现以弱电组主管为例，编制本岗位的岗位责任制应有以下内容：

本岗位工作负责范围：确保所辖弱电系统（卫星接收系统、通信系统、网络系统、有线电视系统、闭路监控系统、车库管理系统、公共广播系统、会议音响系统、信息发布系统、灯光控制系统、楼宇自控系统、门机系统、消防报警系统、客户集控系统、煤气报警系统等）及其设备设施的安全运行，并使其运行状况良好，对下属和本系统设备负有全面管理责任。

1) 工作内容和工作标准。执行部门经理的指令，并报告工作；贯彻执行国家政府主管部门对有关音像、通信、卫星电视接收等有关政策、法规和标准；确保所辖弱电系统设备设施的安全运行，并使其运行状况良好。

2) 督导下属员工严格执行操作规程，安全操作，坚持设备的日常维修保养。按三干净、四不漏、五良好标准进行设备维护，即按照设备、设施干净，机房干净，工作场地干净；不漏电、不漏气（煤气、蒸汽、制冷剂）、不漏水、不漏油；使用性能良好、密封良好、润滑良好、紧固良好、调整良好的标准严格检查督导下属工作。

3）对下属和本系统设备负有全面管理责任。每天必须做好以下各项管理工作：检查下属岗位纪律，发现不良现象立即纠正；现场督导下属员工维修保养工作质量与工作效率，发现问题及时纠正；编制培训计划，经常对下属员工进行安全生产、职业道德、物业服务意识教育和专业技术知识培训和考核；审核下属员工考勤记录，做好技术档案管理工作；督促下属做好设备维修、故障处理、零散件更换记录，每月交资料员整理归档。

二、制订年度考核计划

1. 制订年度考评计划

（1）选定考评对象，一般为公司各部门的各级管理人员和员工。

（2）制订考评原则和方式，可进行定期量化业绩考评和勤绩考评，实行分项评分和绩效挂钩。

2. 制定考评内容和标准

（1）确定行为规范考评内容和标准

确定行为规范考评内容和标准具体包括：

1）遵规守纪。公司制定的各项规定和制度、纪律有无违反。

2）出勤情况。是否全勤，有无迟到、早退、旷工等违纪行为，有无病事假等。

（2）确定工作业绩考评内容和标准

确定工作业绩考评内容和标准分为工作勤绩情况和岗位技能完成情况。

1）工作勤绩内容和标准。是否按时、按质、按量完成部门、公司布置的工作任务。

2）工作岗位技能内容和标准。是否履行岗位职责，完成岗位应知应会内容。

（3）制订考评办法

1）日常考评、定期考评和不定期抽查相结合。组长负责本组员工的日常考评，并且负责记录所属每名员工每班或每日遵守行为规范和工作质量状况，以做为考评依据。组长由上级负责人考评，实行层级考评办法。

2）月考评。月考评是考评制度的关键，每月由部门经理（部门经理的考评由人力资源部负责）对所属员工按考核内容逐项评定打分，并给出综合得分后报公司人力资源部。年终汇总各月考核得分情况即为全年考核结果，不再另行考评。表6—3为某物业公司的日常考评标准。

表6—3 某公司员工量化考核评分标准

评分 项目	序号	评分内容	标准分	扣分（加分）
行为规范	1	未按规定着装和佩戴胸卡，不使用本岗位的礼貌用语，岗姿、岗态不规范	3分	发现一次扣1分
	2	不讲究社会公德和职业道德，泄露公司机密，损害集体利益和公司声誉	3分	发现一次扣3分
	3	衣容不整洁、责任区卫生差	2分	发现一次扣2分
	4	当值时做与工作无关之事	5分	发现一次扣5分
	5	迟到、早退、擅自替换班、不按规定请假	5分	发现一次扣5分
	6	对客户不讲礼貌，与客户争辩	5分	发现一次扣5分
	7	违反公司其他规定	2分	发现一次扣2分
工作业绩	1	未按照本公司要求接受业务指导、各类培训及考核	5分	发现一次扣5分
	2	不服从上级的工作安排及工作调动，不团结同事，未按时、按质、按量完成工作任务	10分	发现一次扣10分
	3	未按质量标准要求开展工作	10分	发现一次扣10分
	4	工作时间乱串岗位	10分	发现一次扣10分
	5	未坚守本职岗位，随意脱岗、在岗睡觉	15分	发现一次扣15分
	6	违反操作规程，违章指挥或未按规定要求进行操作，但未产生危害性后果	10分	发现一次扣10分
	7	隐瞒工作过失但尚未造成事故或损失	10分	发现一次扣10分
	8	未尽职尽责，发现险情、隐患、事故未即时处理和报告	10分	发现一次扣10分

续表

项目＼评分	序号	评分内容	标准分	扣分（加分）
加分项	1	受到客户口头表扬	3分	表扬一次加3分
	2	受到客户书面表扬	10分	表扬一次加10分
	3	抢险救灾有功	15分	一次加15分
	4	提出合理化建议且公司批准接受	15分	一次加15分

3. 实施年度考核计划

（1）统计和填写各种考核表

统计月考核记录，综合评定行为规范项和工作业绩项，填写各种月考核情况记录表。记录表有受考核员工自填部分和直接上级填写部分。

（2）制定评分结构和分值

1）考核评分月总分为100分，分值分配：行为规范占30分，工作业绩占70分。

2）制定评分标准和办法，一般未完成工作每项扣5分，每项违规分别扣1～10分，在日常工作中每发生一次非正常故障扣3分，造成损失的扣10分，受到客户口头投诉扣5分，书面投诉扣10分。

（3）制定考核奖惩办法

1）各部门的最高分者，每部门一名，可评为当月明星员工。获得明星员工的公司将适时给予奖金作为鼓励。

2）年度考核以月考核为依据，是月考核记录的汇总。

3）年度考核直接和员工的评选先进、升职挂钩。

4）年终考核在优秀分数线或优秀分数线以上的可参加先进评优，连续两年获优秀分或以上有资格竞聘高一级职位。

参考文献

1. 胡崇岳编著. 智能建筑自动化技术. 北京：机械工业出版社，1999

2. 吕景泉主编. 楼宇智能化技术. 北京：机械工业出版社，2002

3. 梁华编著. 建筑弱电工程设计手册. 北京：机械工业出版社，2000

4. 梁华编著. 实用建筑弱电工程设计资料集. 北京：中国建筑工业出版社，1999

5. 芮静康编著. 电工技术百问. 北京：中国建筑工业出版社，2000

6. 中国建筑标准设计研究所. 智能建筑弱电工程设计施工图集. 北京：中国建筑标准设计研究所，1998

7. 李东明编著. 建筑弱电工程安装调度手册. 北京：中国物价出版社，1993

8. 花铁森编著. 建筑弱电工程安装施工手册. 北京：中国建筑工业出版社，1999

9. 李英姿主编. 建筑电气施工技术. 北京：机械工业出版社，2003

10. 李英姿主编. 建筑智能化施工技术. 北京：机械工业出版社，2004

11. 宋建峰编著. 综合布线工程实用设计施工手册. 北京：中国建筑工业出版社，2000

12. 吴达金编著. 综合布线系统工程设计和施工. 北京：人民邮电出版社，2000

13. 张新，李炎峰，刘玉福，武学东等编著. 智能建筑综合布线系统的安装、调试和运行. 北京：国防工业出版社，2005

14. 岳经伟主编. 综合布线技术与施工. 北京：中国水利水电出版社，2005

15. 赵藤任，孙江宏编著. 网络工程与综合布线培训教程. 北京：清华大学出版社，2003

16. 杨绍胤主编. 智能建筑实用技术. 北京：机械工业出版社，2003

17. 朱立彤，孙兰主编. 智能建筑设计与施工系列图集. 北京：中国建筑工业出版社，2003

18. 王学谦主编. 建筑消防百问. 北京：中国建筑工业出版社，2000

19. 龚延风，陈卫主编. 建筑消防技术. 北京：科学技术出版社，2002

20. 赵英然，陈南主编. 智能建筑火灾自动报警系统设计与实施. 北京：知识产权出版社，2005

21. 李林主编. 智能大厦系统工程. 北京：电子工业出版社，1998

22. 张言荣，王殿春，袁萍，张宏庆编著. 智能建筑安全防范自动化技术. 北京：中国建筑工业出版社，2002

23. 周遐主编. 安防系统工程. 北京：机械工业出版社，2003

24. 程大章主编. 智能建筑工程设计与实施. 上海：同济大学出版社，2003